Ilija Trojanow (Hrsg.)
Döner in Walhalla
Texte aus der anderen deutschen Literatur

W0044234

Ilija Trojanow (Hrsg.)
Döner in Walhalla
Texte aus der anderen
deutschen Literatur

Kiepenheuer & Witsch

1. Auflage 2000

© 2000 by Verlag Kiepenheuer & Witsch, Köln
Alle Rechte vorbehalten. Kein Teil des Werkes
darf in irgendeiner Form (durch Fotografie, Mikrofilm
oder ein anderes Verfahren) ohne schriftliche
Genehmigung des Verlages reproduziert oder unter
Verwendung elektronischer Systeme verarbeitet,
vervielfältigt oder verbreitet werden.
Umschlaggestaltung: Barbara Thoben, Köln
Umschlagfoto: photonica / Andrew Robinson und Barbara Thoben
Gesetzt aus der Garamond Stempel (Berthold)
bei Kalle Giese, Overath
Druck und Bindearbeiten:
Franz Spiegel Buch GmbH, Ulm
ISBN 3-462-02894-4

Inhalt

* Kursiv gesetzte Titel stammen vom Herausgeber

Ilija Trojanow

Döner in Walhalla oder Welche Spuren hinterläßt der Gast, der keiner mehr ist?

Es gibt Deutsche und es gibt Ungarn.
Es gibt auch ein Dazwischen, weder Deutsche noch Ungarn,
und allmählich wird aus diesen etwas Drittes.
Zsuzsanna Gahse

Meine Heimat kann nur die sein, die mir Essen gibt.
Franco Biondi

In letzter Instanz geht es um den Kampf um die kulturelle
Hegemonie.
Feridun Zaimoglu

In einem der unzähligen Chawls von Bombay – aneinandergereihte Ein-
zimmerwohnungen mit gemeinsamem Balkon – fragte mich ein Fremder,
woher ich komme. »Aus Deutschland«, antwortete ich kurz, bündig und
ungenau, worauf er mich mit seinem Lächeln umarmte. »Ich spreche
Deutsch«, sagte der Mann, »ich habe bißchen gelernt.« »Wieso?« fragte ich
erstaunt. »Weil ich die Sprache liebe, es ist eine so schöne Sprache.« Der
Mann stand vor einer Wand, deren Putz an der Feuchtigkeit zerbröckelte.
In dem Zimmer, das ich gerade verlassen hatte, sprach die Familie Konkani,
und vom Ende des Gangs trieben einige vergnügte Laute Marathi zu uns
herüber. Es war ein ungewöhnlicher Ort für Liebeserklärungen dieser Art.
»Einen guten Tag«, wünschte der Fremde und rief mir, während ich
beschwingt die Treppen hinunterlief, ein »Auf Wiedersehen« hinterher. Ich
empfand Stolz. Es war, als hätte er die Schönheit meiner Mutter, das Wesen
meiner Frau oder die Intelligenz meines Sohnes gelobt. In diesem indischen
Armenviertel war ich der legitime Vertreter des Deutschen. Zu Hause aber
wartete die aktuelle Ausgabe einer deutschen Wochenzeitung auf mich. Im
Leitartikel wurde darüber diskutiert, wer Deutscher sein dürfe und wer
nicht, und mir wurde klar, daß die Frage, woher ich komme und womit ich
mich identifiziere, nie einfach zu beantworten sein wird. Die Begegnung
in dem Chawl war nur ein kurzer Moment der Idylle.

Eines der großen Mißverständnisse in der an Vorurteilen reichen Debatte um Identität und Integration, um Herkunft und Heimat, ist die Annahme, die Vergangenheit präge das Zugehörigkeitsgefühl eines Menschen. Natürlich ist es wichtig zu wissen, woher man kommt, ebenso entscheidend ist aber die Frage, wohin man gehen will. Jedem Ausgereisten, jedem Flüchtling oder Exilanten zwingt sich diese Frage irgendwann einmal auf, und der Literat lebt in ihr, solange er schöpferisch tätig ist. »Ich schreibe, um mir Wurzeln zu schaffen. Denn Wurzeln zieht man nicht hinter sich her, sie sind eher das Ziel, nach dem man sich streckt« (Mehdi Charef). Der dem Reichtum des Bilingualen ausgesetzte Autor muß zumindest einmal in seinem Leben einer neuen Sprache Treue schwören, und vor jedem neuen Werk muß er seine Sehnsüchte und Unsicherheiten aushorchen. Denn Wurzeln folgen keinem teleologischen Prinzip. Sie treiben in alle Richtungen, und manchmal, wie bei dem Banyan-Baum, wachsen sie von den Ästen.

Die nomadische Reise durch eine sich ewig wandelnde Definition der eigenen Identität steht im eklatanten Widerspruch zu der Forderung nach Assimilierung, durch die der Nationalstaat seinen vorgeblich einheitlichen Körper vor fremden Einflüssen zu schützen sucht. Vergeblich, denn während die Literatur der selbstbestimmten Wurzeln gedeiht, liegt der Nationalstaat im Sterben, zumindest als ideologisches Muster. In allen gesellschaftlichen Sphären kehrt Pluralität ein, das Internet ist als Organisationsform zukunftsträchtiger als der Nationalstaat. Daran ändern auch Rückzugsgefechte wie etwa die Kriege in Exjugoslawien nichts. Im Gegenteil: Sie verdeutlichen, daß der Kampf um einen reinen Nationalstaat wichtigstes Instrument einer politischen Ordnung ist, die Pluralität, Offenheit und Chancengleichheit um ihrer eigenen Existenz willen nicht zulassen kann. Das Denken von den Staatsgrenzen her, den unveränderlichen, zieht Mauern hoch, die bislang nur durch Krieg zu verändern waren, die sich jedoch angesichts der neuen Erschütterungen als wenig erdbebensicher erweisen. Mit dem Nationalstaat löst sich auch das Denken in binären oppositionellen Mustern auf. Nichts verdeutlicht das Scheitern des totalen Assimilierungsanspruches mehr als die in Deutschland provozierte Gegenreaktion.

Unter der türkischstämmigen Bevölkerung sind starke Tendenzen zur Reethnisierung bemerkbar. Man liest die chauvinistische Hurriyet, sieht sich im Satelliten-TV endlose Musik-Talk-Shows an, die sich von der deutschen Fernsehunterhaltung vor allem in den blondgefärbten Haaren der Sängerinnen unterscheiden, und verkehrt in eigenen Kneipen und Klubs. So führt der Wunsch, seine kulturelle Identität zu bewahren, zu einem musealen Traditionalismus, der sich nur an der Vergangenheit orientiert und die Realität von Verlust, Bewegung, Auflösung und Neuformung negiert. Das rigide Festhalten an einer Minderheitenidentität hat etwas Autistisches an sich, führt es doch oft zu einem Sich-Verschließen gegenüber der Außenwelt, einem selbstrestriktiven Verhalten, das in seiner Ignoranz und Intoleranz dem Nationalismus der Mehrheit in erschreckender Weise entspricht. »Die Deutschen haben genug häßliche Varianten des Nationalismus und brauchen weder italienische noch arabische noch türkische noch weißderTeufelwas für Drecknationalismen. Unsere einzige Chance liegt darin, durch den Verlust der Heimat zu Weltbürgern zu werden, ohne auf das eigene Gesicht zu verzichten.« Dieser Ausspruch von Rafik Schami verweist auf die Überzeugung, die wohl allen in diesem Band versammelten Autorinnen und Autoren gemein ist. Sie kennen keine Nationalfeiertage, verbeugen sich vor keinen Flaggen, und wenn sie überhaupt ein Banner hochhalten, dann propagiert es die »Republik der Phantasie« – die einzige Heimat, die der Vergangenheit gerecht wird, der Zukunft alle Möglichkeiten offenläßt und die Freiheit des einzelnen respektiert.

Kaum eine Lesung vergeht, ohne daß ich gefragt werde, wieso ich so gut Deutsch könne. Mir ist noch keine gute Antwort eingefallen. Manchmal wird vermutet, ich müsse ein deutsches Elternteil haben oder aus einer jener gebildeten, großbürgerlichen Familien Osteuropas stammen, in denen die deutsche Sprache wie Hausmusik gepflegt wurde. Leider kann ich auch damit nicht dienen. Es ist erstaunlich, wie schwer sich die deutsche Öffentlichkeit mit fremden Einflüssen tut. Immerhin waren einige der bedeutendsten deutschsprachigen Autoren dieses Jahrhunderts (Franz Kafka, Elias Canetti, Paul Celan u.a.) gemäß üblicher Definition alles andere als deutsch. Einst war Deutsch eine internationale Sprache, das literarische Medium vieler Juden in Osteuropa und die lingua franca in Fächern wie der Jurisprudenz, der Chemie oder der Medizin. Diese Tradition ist spätestens mit dem Zweiten Weltkrieg untergegangen.

Auferstanden aus Ruinen, wurde die Nation mit den zwei Häusern brav monokulturell und provinziell. Derweil im Nachbarland Frankreich trotz des brutalen Kampfes um die Entkolonialisierung jeder Literat aufgenommen wurde, nicht nur Autoren aus den ehemaligen Kolonien, die ein Anrecht empfanden, sich des Französischen frei zu bedienen, sondern auch Osteuropäer (Eugène Ionesco, Émile Cioran, Arthur Adamov, Agota Kristof und Milan Kundera) und Anglosachsen (Samuel Beckett, Julien Green). Zweifellos sind die »Fremdlinge« momentan das Spannendste an der französischen (Tahar Ben Jelloun, Patrick Chamoiseau, Alissa Djebar oder Tierno Monenembo) sowie an der englischen Literatur (Kazuo Ishiguro, Arundhati Roy, Michael Ondaatje, Salman Rushdie, Ben Okri). Sie haben diese Literaturen aus kleinbürgerlicher Langeweile und verknöcherter Nouveau-Roman-Ideologie gerettet.

Dieses Buch spiegelt die neue Internationalität der deutschsprachigen Literatur wider. Galsan Tschinag aus der Mongolei etwa bewahrt die untergehende Kultur seines nomadischen Volkes in Deutsch auf. Die Tuwi, die bis vor kurzem keine Schriftlichkeit kannten, sondern nur den großen Gesang der Oralität fortführten, hinterlassen somit Spuren in einer Sprache, die mehr als zehntausend Kilometer entfernt gesprochen wird. Das ist eine Anregung und Provokation, die von der deutschen Öffentlichkeit geflissentlich übersehen wird. Rajvinder Singh ist von seinem heimatlichen Punjabi aus durch Hindi und Englisch gewandert, bevor er im Deutschen Rast gemacht hat. Yoko Tawada vereint mit der Zange ihrer Zweisprachigkeit zwei Kulturen, die zwar eine düstere gemeinsame Geschichte teilen und sich gegenseitig aus der Distanz bewundern, deren Denk- und Sprechweisen sich jedoch zuvor noch nie so literarisch fruchtbar durchkreuzt haben. Rafik Schami erhält fast im Alleingang die wunderbare Tradition des Geschichtenerzählens aufrecht und hat mit seiner Verführung so viel Erfolg, daß vielen deutschen Kindern der Souk von Damaskus vertrauter ist als der Wald von Hänsel und Gretel. Und Emine Sevgi Özdamar zeigt, wie (sprachlich) bereichernd das Zusammenleben mit der »größten Minderheit« in Deutschland sein kann, indem sie die deutsche Sprache poetisiert.

Das Wundersame an dieser Literatur ist ihre unermeßliche Vielfalt an spannenden Biografien, die wiederum spannende Texte ermöglichen und somit auch den Gemeinplatz der inländischen Habenichtse widerlegen, Literatur habe mit der Biografie des Schreibenden wenig oder nichts zu tun. Der Sohn georgischer Auswanderer Giwi Margwelaschwili, den das Kriegs- und Nachkriegsschicksal in ein sowjetisches KZ und danach zurück in die Heimat seiner Eltern zwang, wo ihm die deutsche Sprache als Rettungsring im stalinistischen und spätsozialistischen Alltag diente, hat kaum etwas gemein mit Franco Biondi, einem »Gastarbeiter« der frühen Stunde. Und dessen Biografie unterscheidet sich in vielem von dem Schicksal des Arbresch-Italieners Francesco Micieli, den es in die Schweiz verschlagen hat. Da die in Süditalien ansässigen Arbresch einen alten albanischen Dialekt pflegen, ist Micieli somit ein Fremder im eigenen Land, der in die Fremde zieht.

Kaum erstaunlich also, daß sich diese Literatur von Anfang an schwer benennen ließ. Wäre ihr großartiger Vorläufer, der jüdisch-bulgarisch-englisch-wienerische Züricher Elias Canetti als Namenspatron auserkoren worden, hätte man sie »canettisch« nennen können, was um keinen Deut ungenauer gewesen wäre als die Abfolge von meist vereinnahmenden Schubladen, in die eine wuchernde Literatur gesteckt wurde. Die »Gastarbeiterliteratur« der siebziger Jahre bezog sich auf Autoren, die meist das Schicksal der eigenen Gemeinschaft protokollierten, als Chronisten oder Mundstücke einer bestimmten Gruppe agierten. Das war ihnen anfänglich gewiß ein Anliegen, doch daraus entwickelte sich eine von den Erwartungen und Belohnungen des Literaturbetriebs festgesetzte Beschränkung. Wer sich an allgemeine Themen wagte, verlor seine Existenzberechtigung als Autor. Seine Aufgabe war es, gefälligst über die Probleme der Gastarbeiter zu berichten, und sein Bericht sollte in Anbetracht der soziologischen Erwartung quasidokumentarisch ausfallen. So zeichnet sich die erste Phase dieser Literatur leider durch wenig Verspieltheit oder Sinnlichkeit aus. Doch schon zu dieser Zeit schrieb eine Zsuzsanna Gahse skurrile, sprachreflektierende, experimentelle Texte, setzte eine Libuše Moníková in origineller Weise die Prager Tradition in der deutschen Literatur fort. Der in Antwort auf solche Unzulänglichkeiten geprägte Begriff der »Minderheitenliteratur«, mit dem in einer zweiten Welle das soziologische Mandat ausgeweitet werden sollte, erscheint besonders absurd, denn er suggeriert, andere Autoren würden die Mehrheit repräsentieren.

Welcher unter den großen deutschsprachigen Autoren dieses Jahrhunderts steht für eine wie auch immer geartete Mehrheit? Welche Mehrheit vertraten Jonathan Swift oder Herman Melville, Fjodor Dostojewski oder Ba Jin?

1985 wurde in München der »Adelbert von Chamisso-Preis« ausgeschrieben, der auf die »deutsche Literatur von Autoren mit nichtdeutscher Muttersprache« aufmerksam machen sollte, womit die Crux durch eine Umschreibung umgangen wurde. Mit diesem hochdotierten Preis wurde ein Zeichen zugunsten der inviduellen Emanzipation und gegen den Stellvertreterstatus von Literatur gesetzt. Neuerdings ziehen es Akademiker und Organisatoren von Seminaren vor, den Begriff der »Migrantenliteratur« zu bemühen, für den eine fast schon allumfassende Unschärfe spricht. Das Scheitern der Namensfindung ist Folge des Reichtums und der Vielfalt dieser Literatur.

Der unsichere Umgang mit der »Überfremdung« der deutschen Literatur zeigt sich am deutlichsten in der jahrzehntelang vorherrschenden Ablehnung sprachlicher Neuschöpfungen. Franco Biondi berichtet von den unzähligen Versuchen von Verlegern und Lektoren, sein Deutsch zu verbessern, und zwar immer dann, wenn er einen eigenwilligen Ausdruck gebrauchte, der idiomatisch nicht korrekt war (etwa »wie das Fernsehen den Leuten einmassiert« oder »seit dem Zug nach Deutschland«). Dabei spiegeln und reflektieren solche sprachlichen Eigenmächtigkeiten der verinlandeten Autoren – im Gegensatz zu dem unangefochtenen Anglodeutsch der Medien-, Marketing- und Computerwelt – ein Stück gesellschaftlicher Entwicklung. Die Überfrachtung mit amerikanischen Begriffen ist hingegen nur Ausdruck der dominanten ökonomischen und politisch-kulturellen Definitionsmacht der USA, vor der Gralshüter des Deutschtums brav kuschen.

»Daran, daß ich Ausländerin bin, erinnern mich Kritiker, wenn sie Ausdrücke aus meinen Büchern, die ihnen nicht geläufig sind, als Eigenwilligkeit interpretieren, die einem nichtdeutschen Autor nicht zusteht«, schreibt Libuše Moníková. »Wenn ich etwas Innovatives versuche, heißt es: die Ausländerin kann nicht einmal Deutsch.« Diese reaktionäre und ignorante Einstellung verkennt gerade die Möglichkeiten der »hybriden« Literatur, die aus scheinbarer Not eine zukunftsweisende

Tugend macht. Sie wird hierzulande gern mit dem Verweis auf die fehlende koloniale Vergangenheit entschuldigt. So als könne Offenheit nur praktiziert werden, wenn sie auf ein Jahrhundert brutalster kultureller Vergewaltigung folgt. Die Chance einer Bereicherung der Sprache um idiomatische und lexikalische Motive, die einen erweiterten Erfahrungshorizont widerspiegeln, ist in Deutschland bis zum heutigen Tag nicht ausreichend wahrgenommen worden. Es ist skandalös, daß nach vier Jahrzehnten des Nebeneinanders mit mehreren Millionen Türken gerade einmal dem »Döner« die Aufnahme in die Walhalla des germanischen Wortschatzes zugestanden worden ist.

Jede Anthologie muß sich zu ihren Lücken bekennen. Leider fehlt in diesem Buch die Lyrik vollständig, weil wir uns frühzeitig für eine Prosaanthologie entschieden haben, um die Gattungsgrenzen nicht zu verwischen, und somit fehlen auch so wunderbare Dichter wie Zehra Çırak und José Oliver, die bislang keine Prosa geschrieben haben. Auch wurden nur auf deutsch geschriebene Werke gesichtet, ohne damit Autoren wie Aras Ören die Zugehörigkeit zur Literatur dieses Landes absprechen zu wollen. Nur wäre es bei Texten in anderen Sprachen sehr schwierig geworden, eine Grenze zu ziehen, die Auswahl wäre ins Unermeßliche gewachsen.

So reichhaltig die Literatur der sprachlichen und kulturellen Symbiosen in deutscher Sprache schon ist, hat sie bislang doch noch zu selten die eigene Position jenseits aller nationaler Territorien radikal zu einer eigenen Ästhetik geführt, zu selten aus dem Zustand der »Fremdheit« den perspektivischen Gewinn geschöpft, der Autoren wie Joseph Conrad, Vladimir Nabokov oder V. S. Naipaul auszeichnet. Einige der jüngeren Autoren, die auch in dieser Sammlung vorgestellt werden, begehen neue Pfade, von denen zu erwarten ist, daß sie jenem Ideal gerecht werden, das Tahar Ben Jelloun so treffend formuliert hat: »Es ist Aufgabe der Schriftsteller, die Sprache lebendig zu erhalten, indem ihre Fenster und Türen weit offen bleiben, damit alle Weltgegenden weiterhin ihre Würze, ihre Farben, ihre Stürme und Verrücktheiten in das Haus von Descartes hineintragen können.« Ersetzt man Descartes durch Goethe, so gilt dies uneingeschränkt auch für das Haus der deutschsprachigen Literatur.

Rafik Schami
Subabe oder Wundersames aus der Fremde

Bis zu dem Tag, an dem Subabe starb, mochte ich keine Haustiere. Tiere sind furchtbare Wesen, die einen ständig beobachten und nie etwas sagen. Am allerwenigsten verstehe ich Hundehalter. Aus meiner Heimat kenne ich diese Spezies Mensch auch nicht. In Damaskus laufen alle Hunde frei herum. Sie sind in meinen Augen die schlimmsten Haustiere, die es je gab. Sie tun schweigend so, als wäre alles in Ordnung, in Wahrheit aber verformt sich Tag für Tag das Gesicht des Hundebesitzers und wird dem seines Hundes immer ähnlicher. Man erzählt von einem Fall in England, wo eine Frau zwei Monate lang nicht bemerkte, daß ihr Hund mit ihr frühstückte, Zeitung las, zur Firma ging und Zigarre rauchte, während sich ihr Mann mit Hundefutter unter dem Küchentisch zufriedengab und sich begeistert an der Leine Gassi führen ließ. Erst ein Nachbar entdeckte von seinem Fenster aus die katastrophale Verwechslung. Als er die Frau darauf aufmerksam machte, daß ihr kläffender Gefährte, der gerade die Hündin einer alten Dame beschnupperte, niemand anderer als ihr Mann sei, rief sie entsetzt: »Wenn das mein Mann ist, wer ist dann der Schweinehund oben in der Wohnung?« Und sie eilte hinauf. Was danach passierte, ist eine lange Geschichte, in deren Verlauf Psychiater, Polizisten, Richter, mehrere Verwandte und sogar ein Beerdigungsinstitut auftreten, die zu erzählen hier aber zu weit führen würde. Ich wollte nur sagen, daß für mich Hunde um so gefährlicher sind, je harmloser sie erscheinen. Mir ist ein bissiger, knurrender Hund tausendmal lieber als ein kuscheliger, winziger Schoßhund. Bei ersterem weiß man manchmal, was los ist, bei letzterem nie.
Katzen wiederum sind nicht nur verdächtig einzelgängerisch veranlagt, sie schleichen auf ihren berühmt-berüchtigten samtenen Pfoten auch überallhin und erspähen viele Geheimnisse, die wir gerne für uns behalten hätten. Obendrein sind sie noch schweigsamer als Hunde. Und was am schwersten wiegt: Katzen bleiben nicht auf dem Boden. Ständig zeigen sie uns wortlos auf arroganteste Weise unsere bodenverhaftete Schwere, indem sie mit Leichtigkeit alle drei Dimensionen erobern. Soviel zu meiner Abneigung gegen Katzen im Haus.

Nein, wann immer früher das Gespräch auf Haustiere kam, und es kommt in Deutschland jedes fünfte Gespräch auf den Hund, lavierte ich orientalisch um eine Antwort herum und erzählte weitschweifig von meiner Tierliebe, die es mir verbiete, Tiere in Gefangenschaft zu halten. Ich führte Freiheit, Natur und die Tierpsyche als bewährte Argumente gegen jede Art der Tierhaltung ins Feld, doch die Hundebesitzer, wahrscheinlich von den Verkäufern ihrer Lieblinge geschult, wurden nur immer dreister und hartnäckiger in ihren Versuchen, sich zu rechtfertigen. Sprach ich, um mein Gegenüber nicht zu beleidigen, vom Leid der Tiere hinter Zoogittern, so bekam ich zu hören, daß es den Tieren in den europäischen Zoos und Haushalten hundertmal bessergehe als in freier Wildbahn in jenen südlichen Gefilden, wo man sie quäle und sie, ob Kröte oder Distelfink, zu guter Letzt in den Backofen stecke. Am liebsten wiederholen Deutsche das Bild vom brutalen, südländischen Bauern, der erbarmungslos auf seinen Esel eindrischt. Und das Allerschlimmste an diesen Gegenargumenten der Tierhalter ist: sie stimmen!

Mir blieb nur eine Ausflucht. Ich würde gerne Tiere halten, heuchelte ich, wenn ich bloß öfter zu Hause wäre. Ich sei aber wegen meiner Vortragsreisen nur selten daheim und könne es daher keinem Tier zumuten, die Einsamkeit in meiner Wohnung oder die Schnoddrigkeit einer Nachbarin zu ertragen, wenn ich für ein halbes Jahr verreise. Genüßlich fügte ich hinzu, daß ich in Ludwigshafen einmal einen Nachbarn gehabt hätte, der einen ihm anvertrauten Papagei mit Katzenfutter ernährte, worauf es diesem die Sprache verschlug und er nur noch miaute. Und ich erzählte voller Vergnügen von dem eingefleischten Vegetarier, dem ein Kollege für eine Woche seinen Schäferhund überließ, nicht ahnend, daß das arme Tier nur Haferflocken, Sauerkraut und Tofureste zu fressen bekommen würde.

Diese Rechtfertigung leuchtete jedermann ein, sie hatte nur den Nachteil, daß ich noch mehr Vorträge vereinbaren mußte, um meine Glaubwürdigkeit nicht zu verlieren. Die tierliebenden Nachbarn wurden mir gegenüber freundlicher, nicht aber ihre Hunde, die meine Heuchelei durchschauten. Sie blickten mich finster an und sagten nichts.

Wer hätte nach alldem gedacht, daß ich eines Tages ein wahrer Freund von Haustieren werden sollte? Der aber bin ich seit Subabes Tod. Wie es dazu kam, ist eine kleine Geschichte:

Eines Tages im August saß ich auf meinem Balkon. Das Licht blendete mich trotz der Sonnenbrille, die ich trug, und das Wetter war nahöstlich heiß. Ich hatte gerade beschlossen, den Nachmittag mit einer in arabischer Sprache verfaßten Sammlung von Kurzgeschichten zu verbringen, die in den Gassen der Altstadt von Damaskus spielten. Vom Kassettenrecorder im Wohnzimmer erklang dazu die sanfte Stimme der Sängerin Feirus, der besten Sängerin Arabiens, und ich befand mich schon mitten in Damaskus.

Der Winter in Deutschland weckt meine Sehnsucht nach dem Mittelmeer, der Sommer macht sie unerträglich. Doch nach vielen Jahren Exil habe ich ein verläßliches Repertoire von Methoden zur Beruhigung meiner Sehnsucht entwickelt. Und eine Methode ist eben diese, arabische Geschichten zu lesen, während arabische Musik den letzten Rest Deutschland gleichsam verfliegen läßt. Plötzlich verliert dann die Sehnsucht ihre Bitterkeit, löst sich in Tränen, und die Seele liegt leicht und erschöpft wie auf weichem Kissen. Danach schlafe ich so tief wie sonst nie, und wenn ich aufwache, ist Damaskus fern, so fern, daß ich es fast vergesse, bis zum nächsten Überfall der Furie Sehnsucht.

Wie gesagt, ich saß auf dem Balkon und las seit vielleicht vier, fünf Minuten. Eben wollte ich zum ersten Mal umblättern, da hörte ich eine leise Stimme: »Nicht so schnell, ich bin noch nicht soweit!« Auf meiner linken Schulter saß eine arabischsprechende Fliege. Sie war eine ganz gewöhnliche Stubenfliege. Das mag einen normalen Menschen überraschen, mich, einen orientalischen Erzähler, aber nicht. Ich bin von zu Hause an Wunder gewöhnt und habe in meinen fünfundfünfzig Jahren drei große und elf kleine Wunder erlebt. Eine sprechende Fliege kann mich nicht sonderlich überraschen. In den Tagen meines Großvaters konnten in meinem Dorf noch die Bäume sprechen, aber das ist eine andere Geschichte.

»Jetzt umblättern, bitte?« sagte die Fliege, und ich tat es und las nur etwas nervös, weil ich nicht gerne langsam lese, schon gar nicht, wenn jemand mir auf der Schulter sitzt und, wie damals die Fliege, mit deutlich hörbarem Akzent spricht.

Eine Stunde lang las die Fliege, und ich tat längst nur noch so, als würde ich lesen, dann sagte sie: »Genug für heute!«, flog eine Schleife zum Kaffeetäßchen auf dem Tisch, tauchte ihren Rüssel lange in den Rest von stark gesüßtem Espresso und stöhnte dabei genüßlich. Danach sprachen wir lange über Bücher und Geschichten, und ich erfuhr von Subabe, so hieß die Fliege, daß sie leidenschaftlich gerne Abenteuerromane las.

»Nimm deine Sonnenbrille ab, ich möchte mir deine Augen einprägen«, sagte sie. In jener Zeit schmerzten mir oft die Augen. Jede Art von Licht quälte mich. Doch komischerweise konnte ich sogar in der Wohnung mit der Sonnenbrille lesen. Ich nahm die Brille ab, mußte aber die Augen zusammenkneifen.

»Das genügt, danke!« rief Subabe. Am Abend wollte ich eine Schachtel für sie vorbereiten, damit sie bei mir übernachten konnte, und ich ertappte mich dabei, wie ich etwas Watte hineinlege. Subabe lachte.

»Laß mich lieber gehen, morgen komme ich wieder«, sagte sie und flog davon.

Erst jetzt merkte ich, daß ich sie gerne mochte. Was für ein Glück! Endlich ein sympathisches Haustier zu haben, das weder stank noch ausgeführt werden mußte. Vor allem aber erkannte ich, wie leer meine Wohnung ohne sie war. Nichts, nur mich gab es darin. Seit achtzehn Monaten war Subabe meine erste Besucherin. Mit dem Alter wird der Abstand zu den Menschen größer. Mein nächster Freund lebt dreitausend Kilometer entfernt in Damaskus. Seine Briefe werden immer kürzer. Vielleicht ist er realistischer als ich. In der Moderne sind Diktaturen von noch längerer Haltbarkeit als früher, aber das ist eine andere Geschichte.

Am nächsten Morgen saß sie schon um sechs auf meiner Nase. Ich schlief bei offenem Fenster. Ich tastete nach dem Schalter der Nachttischlampe und schlug das Buch dort auf, wo wir am Vortag aufgehört hatten. »Lies ein bißchen«, sagte ich. »Ich mache noch ein kleines Nikkerchen.«

»Ich mag nicht lesen, ich will Milch«, sagte sie sehr bestimmt. Ich knipste das scheußliche Licht aus und schleppte mich in die Küche, wo mich das helle Licht im Kühlschrank schmerzte, und ich beschloß, demnächst zum Augenarzt zu gehen. Ich hatte nur H-Milch als Reserve für Besucher, die jedoch nie kamen. Ich selbst trinke keine Milch.

»H-Milch«, sagte sie leicht pikiert, »kann ich nicht ausstehen. Die schmeckt irgendwie angebrannt.«

Bücher schienen sie nicht mehr zu interessieren, und als ich an jenem Vormittag die Zeitung las, drehte sie ihre Runden im Haus und fragte immer wieder, wann ich endlich fertig sei. Sie wolle gerne auf meiner Schulter reiten und so in verbotene Zonen gelangen, von denen Fliegengitter sie sonst immer fernhielten. Also ließ ich, etwas verwundert über den plötzlichen Wechsel ihrer Laune, das Lesen sein, nahm sie auf die Schulter und ging in die Stadt. »Wohin darf es sein?«

»Konditorei Glöckner«, sagte sie und schlürfte vernehmlich ihren Speichel vor Gier. Ich aber ging auf ihre Wünsche ein und kaufte alles mögliche beim Konditor, beim Metzger, im Blumengeschäft und in der Parfümerie. Mir platzte erst der Kragen, als sie unbedingt in die Zoohandlung wollte, weil sie angeblich nach Hasenschweiß lechzte.

»Was soll ich denn da?«

»Stell dich nicht so an! Du brauchst doch nichts zu kaufen. Schau dir währenddessen die Zierfischaquarien an. Die sind doch ganz nett, oder?«

Sie kannte Herrn Weiß nicht, der so pfiffig war, daß ich immer kurz vor seinem Geschäft die Straßenseite wechselte, weil er einen sonst höflich grüßend einlud, einen unverbindlichen Blick in seinen Laden zu werfen. Und ich habe von mehreren Bekannten gehört, daß man, bevor man seinen hineingeworfenen Blick zurückbekam, mindestens einen Zwerghasen oder einen Plastikbeutel mit Goldfischen in der Hand trug. Mein Freund Hans wollte seinerzeit aus purer Neugier wissen, wieviel eine Aquariumpumpe kostete; seitdem plagt er sich mit einem nervösen Meerschweinchen.

»Ich gehe nicht hinein. Wenn du unbedingt willst, warte ich auf dich beim Italiener drüben.«

»Gut«, sagte sie und flog an Herrn Weiß vorbei durch die offenstehende Tür.

Ich wechselte die Straßenseite und schaute verstohlen zum Geschäft hinüber. Herr Weiß war jetzt mit zwei alten Damen beschäftigt. Die eine trug bereits einen Katzenkorb, die andere wehrte sich noch zaghaft gegen einen Wellensittich. Ich eilte voller Lust auf eine Pizza zu Giuseppe, der immer freundlich und zu einem Gespräch aufgelegt war.

An jenem Tag scherzte er über meine neue Macke mit der Sonnenbrille, die ich sogar an wolkigen Tagen trug. Er meinte, ich wolle unbedingt wie ein Mafioso aussehen. Ich lachte und erzählte ihm, daß wahrscheinlich meine Bindehaut entzündet sei.

Giuseppe litt auch an Einsamkeit. Seine Frau hatte ihn verlassen. Sie konnte das Leben in Deutschland nicht aushalten. Aber das ist eine andere Geschichte.

Fünf Minuten später sah ich durchs Fenster die zwei alten Damen; die eine trug den Katzenkorb und die andere einen Käfig mit zwei Wellensittichen. Ich lachte zufrieden. Es gibt nichts Schöneres im Leben, als seine Vorurteile bestätigt zu sehen. Eine halbe Stunde später kam Subabe, wollte aber nicht sprechen, da Giuseppe bei mir saß. Es war noch nicht Mittag, und das Lokal war leer. Subabe wollte nichts von Espresso wissen, sondern nippte an meinem Rotwein. Ich beeilte mich zu zahlen, als ich merkte, daß sie langsam betrunken wurde. Statt zu fliegen, rieb sie sich mit den Vorderbeinen die Augen. Ich machte mir ernsthaft Sorgen: Ich kannte Giuseppe viel zu gut, um nicht seinen Schlag mit der Serviette zu fürchten. Oft führte er mir das Kunststück vor, wie er eine Mücke, Fliege oder Wespe sogar im Flug mit einer Stoffserviette herunterholte. Ich zahlte und eilte davon, auf meiner Schulter eine betrunkene Fliege, die nur noch lallte.

Am Kiosk nicht weit von meinem Haus entdeckte ich dann, was ich am Morgen, abgelenkt von Subabe, offenbar übersehen hatte: Es stand in großen Lettern auf den Titelseiten mehrerer Zeitungen, darunter meiner eigenen: Eine neue Epidemie breitete sich in Europa aus. Angeblich übertrug eine Malaria-Mücke beim Saugen einen mutierten Virus, der sich in der Hirnmasse einnistete und einige Zentren umprogrammierte. Erstes Anzeichen der Erkrankung sei eine Hypersensibilität im Hör- und Sehbereich. Der Ausgang der Krankheit sei unbekannt. Ich nahm Zeitungen mit, die zu lesen ich mich sonst nie herabgelassen hätte.

Zu Hause verzog sich Subabe in eine ferne Ecke, wo sie etwa eine Stunde lang schlief. Danach entschuldigte sie sich und flog davon. Es war bereits später Nachmittag.

Am nächsten Morgen wachte ich um fünf Uhr auf und öffnete erschrocken das Fenster. In der Nacht war es kühl geworden, und ich hatte schlaftrunken das Fenster geschlossen. Ein Alptraum hatte mich wieder geweckt: Subabe schlug verzweifelt gegen das Fensterglas und schrie, und ihr Gesicht war dem eines kleinen Mädchens ähnlich.

Um zehn war Subabe immer noch nicht aufgetaucht, und ich machte mir Sorgen. Ich saß in der Küche und las die Zeitung, und plötzlich war sie da.

»Guten Tag«, grüßte sie, doch ihre Stimme klang irgendwie verändert.

»Warum kommst du erst so spät?«

»Was heißt spät? Ich bin zum ersten Mal da«, antwortete sie unschuldig. Mir wurde siedend heiß.

»Bist du nicht Subabe, die mit mir vorgestern gelesen und gestern Wein getrunken hat?« fragte ich, ihre Antwort fast erahnend.

»Nein, nein. Ich bin heute morgen geboren, und alles, was mir meine Vorfahren mitgegeben haben, ist die Flugroute zu einem friedlichen Ort mit Nahrung und einem großzügigen Zweibeiner, der unsere Sprache versteht. Davon merke ich aber nichts. Gibt es hier nichts zu futtern, etwas Fleisch?«

Wie benommen ging ich zum Kühlschrank und holte ein Stück Salami heraus. Die Fliege stürzte sich gierig darauf. »Also doch, mein Programm stimmt«, summte sie zufrieden.

»Und wie heißt du?« fragte ich, obwohl ich mich viel lieber nach dem Verbleib der anderen Fliege erkundigt hätte.

»Subabe, wie alle meine Schwestern, Mütter und Großeltern.«

»Und wie lange lebt eine Fliege wie du?«

»Lang genug, siebenundzwanzig Millionen Flügelschläge lang. Aber ihr werdet das für eine winzige Zeitspanne halten im Vergleich zu eurem ewigen Leben.«

»Aber wie kannst du all das über mich wissen, wenn du erst heute zur Welt gekommen bist?«

»Dadurch, daß ich alles in mir trage, was meine Vorfahren erlebt haben, und mir dazu all das einpräge, was ich selbst erlebe. Ich bin ich, meine Mutter, meine Großmutter und Urgroßmutter, und später werde ich in meiner Tochter, Enkelin und Urenkelin sein. Das seid ihr Menschen nicht, nur wir Fliegen. Da wir schnell leben, ist unsere Seele uns immer voraus. Eure Seele ist faul, sie hechelt hinter euch her.«

»Wie funktioniert das, eine Seele voraus?« fragte ich neugierig.

»Das ist so: Sie schwebt siebentausend Flügelschläge über uns, und von da kommen unser Leben und unsere Erfahrung. Und nur weil du schon mit meiner Mutter und Großmutter befreundet warst, verrate ich dir die einzige Stelle, an der wir verwundbar sind. Da, wo unsere Seele ist, kann man uns tödlich treffen.« Ein Schreck durchfuhr mich. Auch heute noch weiß ich nicht, warum, vielleicht in Vorahnung meines zukünftigen Verrats.

»Wie hoch sind siebentausend Flügelschläge? Ich meine, wo genau schwebt deine Seele?«

»Halte deine Hand über mich, und sobald sie meine Seele berührt, sage ich dir Bescheid«, antwortete Subabe von ihrem Platz vor mir auf dem Tisch. Ich hob die Hand und senkte sie, bis sie etwa fünfundzwanzig Zentimeter über der Fliege war.

»Da!« rief Subabe.

Von nun an hatte meine Wohnung eine Seelenzone für Subabe, eine unsichtbare Fläche, die sich fünfundzwanzig Zentimeter über allen Gegenständen durch die ganze Wohnung zog. Es brauchte ein paar Tage, dann war diese Zone für mich fast sichtbar, und ich konnte, wenn Subabe – welche Enkelin auch immer – mit Essen, Trinken oder Putzen beschäftigt war, mich an sie heranschleichen und ihre Seele kitzeln, und Subabe erschrak ein wenig und lachte vergnügt. Doch eines Tages spürte sie meine Hand nicht, obwohl ich ihre Seele kitzelte, ja, sogar kratzte und zwickte. Zweifel quälten mich, ob ich vielleicht ein Opfer jenes merkwürdigen Virus geworden war, der mir in meinem angegriffenen Gehirn Gespräche mit Fliegen über Seelenzonen vorgaukelte. Zu meiner Angst trug nicht unerheblich der immer schlimmer werdende Zustand meiner Augen bei. Ich konnte kein Licht mehr in der Wohnung machen, doch was mich vom Arzt fernhielt, war die erstaunliche Schärfe, mit der ich plötzlich im Dunkeln sehen konnte.

Ich machte einen zaghaften Vorstoß bei meinem Freund Mahmud, einem palästinensischen Arzt: ich erzählte ihm, mir sei jemand bekannt, der von einem Tag auf den anderen die Sprache der Fliegen verstünde. »Dem würde ich erst einmal ein paar Wochen Urlaub empfehlen, und wenn das nicht hilft, einen Psychiater«, sagte er gereizt.

Ich weiß nicht mehr, warum ich ihm die Höhe der Seelenzone der Fliegen verraten habe; vielleicht wollte ich ihn nur als Verbündeten gewinnen. Er durchschaute mein naives Versteckspiel und lachte hysterisch. »Paß auf, daß deine Wohnung nicht auch noch Flugverbotszonen bekommt«, scherzte er und ließ mich nicht weiter über Subabe sprechen. Nein, er wisse, daß Tiere miteinander sprächen, aber alle Versuche, Tiere dazu zu bringen, mit Menschen zu sprechen, seien seines Wissens gescheitert.

Subabe wurde zu einer Wunde in unserer Freundschaft, und von Besuch zu Besuch schmerzte diese Wunde mehr, zumal Mahmud seinen Hohn auf meine Manie mit der Sonnenbrille ausdehnte. Als er mir empfahl, ich solle einen Psychiater aufsuchen, hätte ich ihn beinahe geohrfeigt, doch in diesem Augenblick kam Subabe hereingeflogen. Sie landete ahnungslos auf dem Tisch zwischen uns. Mahmud schaute sie an, dann mich, und bevor ich irgend etwas unternehmen konnte, zielte er auf einen Punkt in der Luft, etwa fünfundzwanzig Zentimeter über der Fliege, und klatschte blitzschnell in die Hände. Subabes Seele war tödlich getroffen, und sie lag da, unverletzt, aber tot. Mahmud verschlug es die Sprache. Er schaute mich mit geweiteten Augen an und ging freundlicherweise von allein und für immer. Ich verfluchte meinen Verrat.

Seit diesem Tag kommen nur noch selten Fliegen zu mir, und wenn sich einmal eine in meine Nähe verirrt, so bleibt sie stumm.

Galsan Tschinag
Großmutter

Großmutter war eine Menschenseide. Das hat Vater gesagt. Und das, was er sagte, mußte stimmen, immer. Und sie ist mir vom Himmel geschickt worden. Das hat mir Mutter verraten. Zwar stimmte manches nicht, was sie sagte, aber dort, wo der Himmel mit im Spiel war, durfte man nicht lügen. Das hat Mutter selber gesagt, und sogar Großmutter hat da zugehört.

Zuerst aber soll sie eine Fremde für uns gewesen sein. Sie hatte einen Mann, einen Sohn, eine Jurte und eine stattliche Herde. Später wurde der Mann von flüchtenden Russen erschossen und der Sohn von plündernden Kasachen erschlagen. Beides geschah kurz hintereinander.

Alleingeblieben suchte sie die Nähe ihrer jüngeren Schwester Hööshek auf. Diese war ebenso verwitwet und war meines Wissens die einzige Frau in der ganzen Ecke, der es gelungen war, den Titel Baj zu erwerben. Sie hatte einen Sohn, der, obwohl schon längst volljährig, ein schwächliches, menschenscheues Geschöpf blieb, und dieser Umstand hat wohl ihren Wert als Familienoberhaupt und ihren Willen noch gesteigert, sich im Leben zu behaupten.

Großmutter erzählte wenig von ihrer Schwester, und dieses wenige hatte nur Gutes zum Inhalt. Böses erzählte sie auch von anderen, ihr fremden Menschen nicht. So war sie eben.

Aber es wurde dennoch eine Menge von Hööshek und dem erzählt, was diese aus Großmutters Jurte und Herde gemacht hatte. Es kam von selbst zusammen. Es war der Volksmund.

Höösheks hielten sich von den Leuten ständig abseits, und dennoch gab es die Geschichte, die Krümel um Krümel zusammengetragen worden war und ein ungefähres Bild von dem Leben abgeben konnte, das Großmutter bei ihrer Schwester gehabt hatte. Auch Hööshek ist inzwischen längst tot. Es heißt in allen Sprachen und bei allen Völkern, daß man von einem Toten nichts Schlechtes sagen sollte. Warum nur? Ist das Totsein ein Luxus, den nur Auserlesene genießen dürfen? Oder eine Strafe, die nur Ausgestoßene büßen müssen? Es ist etwas, womit ein jeder bezahlen muß dafür, daß er dagewesen ist, womit beglichen werden muß das Wunder, das mit jeder Geburt gelingt. So denn wollen wir auf den Spuren des Gewesenen und im Lichtschein der Wahrheit bleiben!

Großmutters Jurte und Herde wanderten Stück für Stück in den Besitz der Hööshek. Die guten Filzdecken sollten besser die Jurte der Schwester mitbedecken, als sinnlos herumliegen und verkommen. Dem war vorausgegangen, daß Hööshek sagte: Wozu zwei Jurten aufstellen, wenn in der einen auch genug Platz für alle wäre!

Also mußte Großmutter ihre eigene Jurte als einen Haufen in einigen Bündeln liegenlassen und in die der Schwester einziehen. Als man das erste Bündel aus dem Haufen herausholte, es auspackte und die Decke nahm, hieß es: Zeitweilig, bis neuer Filz gewälzt und daraus neue Decken genäht wären. Aber neuer Filz wurde und wurde nicht gemacht, dafür wurden weitere Decken genommen.

Indes hörten auch die weniger guten Filzstücke auf, zwecklos in Bündeln herumzuliegen. Sie wurden zu Satteldecken für Reit- und Lasttiere verwendet. Zunächst wurden sie als Ganzes genommen, als Notbehelf, für einmal nur; nach einer bestimmten Zeit aber wurden sie schon zerschnitten und zurechtgenäht. Gleiches geschah mir dem Holzgerüst. Die Dachstreben waren zuerst dran, sie dienten eine nach der anderen einem anderen Zweck. Und es dauerte nicht lange, man wurde so frei, so großzügig, eine davon in Stücke zu hacken und daraus Pflöcke zu hauen. Und Pflöcke wurden gebraucht!

Dann waren es einige der Scherengitter, der Jurtenwände, die in die Jurte der Schwester kamen und dort solche ablösten, die ausgebessert werden müßten.

Ähnlich mit dem Vieh. Die laufenden Ausgaben wurden gern mit den Lämmern und den Zicklein, aber auch schon mir den ausgewachsenen Schafen und Ziegen aus der Herde der Großmutter bestritten. Die waren kleiner im Wuchs oder sonstwie nicht so gut wie die aus der eigenen Herde. Besser, wenn die besseren Stücke in der Herde zurückblieben, denn Großmutter würde ja alles ersetzt bekommen. Aber kein Lamm bekam sie ersetzt, nichts!

Eines Tages sah man ein: Es war sinnlos, den Haufen, der einmal eine Jurte erhalten hat, auf Umzügen weiter mitzuschleppen. Also löste man ihn auf, nahm, was noch einen Wert hatte, und verfeuerte, was gar keinen hatte. So wurde Großmutter zu einem obdachlosen Menschen. Und sie wäre wahrscheinlich auch zu einem besitzlosen Menschen geworden, wenn sie weiter bei der Schwester geblieben wäre. Aber zum Glück kam es anders!

Großmutter pflegte den Kopf leicht gesenkt und ein wenig schief zu halten. Das möchte ich schon hier untergebracht haben, obwohl ich noch eine Weile an der Vorgeschichte weitererzählen muß, die ich erst später als erwachsener Mensch zusammengebracht habe.

Großmutter hieß im Volke *Dongur Hootschun*, dies bedeutete Greisin mit dem kahlgeschorenen Kopf. Der Name ist wörtlich zu verstehen. Sie war die erstere von insgesamt zwei Frauen mit einem kahlgeschorenen Kopf, die ich bei Tuwinerinnen sah.

Übrigens wurde die andere Frau, die ein halbes Menschenalter später den Altai bewohnt hat, ebenso *Dongur Haatschun* genannt. Und der Spitzname hat, wie sooft, längst die Stelle des richtigen Namens eingenommen. Wie sie vorher hieß, solange sie lange schwarze Haare gehabt hatte, die sie zu zwei Zöpfen flocht, wird ein ewiges Geheimnis bleiben. Ich nannte sie mir *Donger Enem* – meine Großmutter mit dem kahlgeschorenen Kopf. Manche Kinder versuchten, mir gleich zu reden, wurden aber auf der Stelle von mir zurechtgewiesen: »Wieso *Enem*? Ist sie etwa *deine* Großmutter?!«

Damals lebten die Kinder auf dem Altai friedfertig miteinander; die Filme mit den Schlägereien und den Schießereien waren noch nicht da, und auch der Geist, der Emanzipation predigte und Streit meinte, war dort noch nicht heimisch geworden. So lautete die Antwort des Kindes, das ich soeben zurechtgewiesen hatte, in der Regel: »Gut doch. Dann eben: *Eneng* – deine Großmutter!«

Die Eltern und auch die Erwachsenen im Ail sprachen vor Großmutters Namen den meinen, und dies mit der die Zugehörigkeit, oder noch besser den Besitz, anzeigenden Endung. Und das gefiel mir!

Denn in der Tat war sie *meine* Großmutter. Und das kam so: Großmutter hat sich, seitdem sie bei ihrer Schwester lebte, um die Kleinarbeit in der Jurte und in der Hürde gekümmert, zu mehr reichten ihre Kräfte nicht, denn sie war längst über siebzig. Sie sah selten jemanden, noch seltener ging, was in ihrem Alter nur noch heißen konnte: ritt sie irgendwohin.

Das kam bei ihr nur vor, wenn sie sich die Kopfhaare nicht kahlscheren, sondern abrasieren lassen wollte, denn dieses letztere Handwerk wurde ausschließlich von Männern beherrscht.

So ergab sich, daß die Großmutter wieder einmal auf Suche nach jemandem ausritt, der ihr die Haare vom Kopf rasieren würde. Dabei kam sie bei unserem Ail vorbei, bei unserer Jurte. Das ist hier so leicht erzählt, in Wirklichkeit war das eine böse Geschichte mit einem doch guten Ausgang. Denn Großmutters Reitpferd war vor Hunden ausgerissen, flüchtete an vier, fünf Ails vorbei. Die Hunde – es waren ihrer zuerst drei – blieben dem Pferde und der Reiterin auf den Fersen, immer neue kamen hinzu, und am Ende war es ein ganzes Rudel von einem guten Dutzend. Unser Vetter Molum, der dort zufällig vorbeiritt, rettete sie: Er jagte dem flüchtenden Pferd nach, holte es ein und erwischte es schließlich am Zügel.

Allzu verständlich nur, daß einem solcher Art angekommenen Besuch ein herzlicher Empfang bereitet wurde. Die immer noch schnaufende und zitternde alte Frau saß auf der guten Filzmatte, die sonst eingerollt hinter dem Kleiderstapel stand und nur dann herausgeholt wurde, wenn ein ehrwürdiger oder seltener Besuch kam. Sie wurde von den Erwachsenen begrüßt und bemitleidet und von den Kindern beäugt und bestaunt. Diese letzteren waren in einer Horde herbeigaloppiert, noch bevor man den Besuch vom Sattel herunterholen konnte, und die ersteren waren eine nach der anderen erschienen, die eine mit dem Baby an der Brust, die andere mit dem Fell, das sie gerade gerbte, und die dritte mit dem Kleidungsstück, an dem sie nähte, in der Hand, und ein jeder wiederholte sinngemäß das, was schon gesagt und gefragt worden war. Und auch Großmutter antwortete auf die Fragen und wohlwollenden Tadel, die ihr galten, fast mit denselben Worten, Tadel, weil Großmutter so leichtfertig gewesen sei, sich auf ein Pferd einzulassen, das nicht zahm war.

Großmutters Pferd war eine Stute, die einmal ein dunkelgraues Fell gehabt hatte, nun aber fast weiß aussah, denn sie war im Altern. Die Stute war alles andere als wild, aber sie war einmal von Wölfen angefallen und arg zugerichtet worden. Seitdem war sie hundescheu, aber Großmutters einziges Reittier. Sie fohlte zwar jedes Jahr, aber die spätwinterlichen Schneestürme, die Wölfe und die Hööshek brachten es fertig, daß sie allein und einzig blieb.

Auf dem Herd kam der beste Tee zustande. Der beste Tee, das war, wenn in den Teesud nicht nur Milch und Salz, sondern auch ein sehr fetter Mehlbrei hinzukamen. Und dieser Tee war das Ergebnis einer Gemeinschaftsarbeit, denn eine jede der Frauen, die sich zwischen Tür und Herd breit hinbequemt hatten, machte sich nebenher auf irgendeine Weise nützlich. Der Geruch des brennenden Fettes und Mehls steigerte die Neugierde im Kindervolk immer mehr, die von dem Wunsch kam, endlich zu erfahren, wer der Mensch mit dem Kopf eines Mannes und mit der Stimme einer Frau war. Sie durften dabei nicht wie die Erwachsenen in die Jurte eintreten, auch durften sie nicht in der Tür stehenbleiben, also gingen sie hin und her, an der Tür vorbei und schickten schnell forschende Blicke in die Jurte. Dabei litten sie fast.

Als der Besuch die Schwelle der Jurte betrat, streckte ihm ein Baby laut lallend die Arme entgegen. Aber das war noch nichts Besonderes; damals wurde ein jedes Kind, sobald es sich von selbst fortbewegen und bis es unterscheiden konnte zwischen Gefahr und Nichtgefahr, an einen Strick angekettet, dessen eines Ende am Kopfende des elterlichen Bettes festgebunden war. Dies beschützte das Kind zwar vor vielen Gefahren, in die es sich sonst hätte stürzen können, aber es bedeutete für den, um dessen Wohl es ging, auch eine ungemeine Langeweile, denn ein so angebundenes Kind ähnelte sehr einem angepflockten Tierjungen: Es durstete nach einem Gesellen, gleich wer es war. So flatterte und tschilpte das Kleinkind dem Hereintretenden entgegen, und so war der erste Mensch, der mich begrüßte, Großmutter. Sie, die zunächst nur die Alte mir dem kahlgeschorenen Kopf war, erwiderte meinen Gruß auf ihre Art: nickte mir zu, liebkoste mich aus der Entfernung, segnete mich mit einem langen Leben, und dieses letzte kleidete sie in folgende Worte: »Nimm meinen weißen Kopf, meine gelben Zähne, die mir noch geblieben sind, und die Jahre darauf!« Dann mußte sie mich einstweilen aus dem Blick lassen, da sie mit den Erwachsenen Grüße wechseln und die ihr zu diesen angebotenen Schnupftabakflaschen in die Hand nehmen und daran riechen mußte – sie schnupfte nicht.

Ich aber ließ von ihr nicht ab, fuchtelte, den Blick auf sie geheftet, mit den Händen und lärmte weiter. Und das dauerte so lange, bis man auf mich aufmerksam wurde und beschloß, mich vom Strick zu befreien. Und kaum war ich frei geworden, begab ich mich auf allen vieren schnurstracks zu ihr und fing mit einem freudigen Aufschrei ihre Hände auf, die sie mir entgegengestreckt hielt. Sie half mir auf die Beine, führte mich zu sich, beroch mir zuerst die Hände, dann den Haarschopf und wünschte mir erneut ein langes Leben – diesmal sprach sie mit dem Altai und bat ihn: »Ej baj Aldajm! Nimm dieses Hundejüngchen auf deinen Schoß, damit es von unten her beschützt ist, nimm das Hundejüngchen in deine Achselhöhle, damit es von oben her beschützt ist, und so gib ihm ein langes Leben mit einem langwährenden Glück!« Darauf setzte sie mich auf ihren eigenen Schoß und hielt mich. Und somit war sie für mich und für unsere Verwandtschaft keine Alte mit dem kahlgeschorenen Kopf mehr, sondern meine Großmutter mit dem kahlgeschorenen Kopf.

Großmutter blieb den Tag im Ail und übernachtete. Während sie von Jurte zu Jurte ging, um den für sie gekochten Tee zu trinken, klebte ich auf ihrem Rücken, und sie war es, die mir von dem Höötbeng oder Scharbing in den Schüsseln in den Jurten ein Stück abbrach und mir auf die Hände gab, was bisher Mutter getan hatte. Und das dauerte so lange, bis ich vom Schlaf übermannt wurde.

Am nächsten Morgen war Großmutters graue Stute zeitig gesattelt, allein, sie konnte erst gegen Mittag aufbrechen, da ich von ihrem Schoß nicht abstieg und zu kreischen begann, sobald man mich dort wegnehmen wollte. Sie mußte so lange warten, bis ich wieder einschlief. Vetter Molum brachte sie zurück, wegen der Hunde und auch wegen der Schwester; er nahm ein paar Worte von Vater und Mutter mit, die er, in Höösheks Jurte angekommen, für Großmutter einzulegen hatte.

Großmutter kam im Frühjahr wieder. Der Winter lag davor, und die lange Zeit hörte man damals sowenig voneinander, oft auch nichts. In dem Jahr haben die Eltern bis zuletzt nicht erfahren können, ob Höösheks in Baschgy Dag einen verlustarmen Winter gehabt hätten und ob Großmutter über den Winter gekommen sei.

Dann kam sie! Es war noch die magere Zeit inmitten der Stürme und des Umzuges, unsere Jurte war in Hara Hoowu gerade erst angekommen.

Höösheks waren von den Bergen auf die Steppe heruntergewandert, hatten einen Zwischenaufenthalt in Saryg Höl. Großmutter hatte den Hööshek-Sohn, ihren Neffen, auf seine jungen, scharfen Augen und auf sein Fernglas hin gelobt und ihn gebeten, nach Hara Dag, jenseits des Ak Hem, Ausschau zu halten. Sedip, so hieß der Neffe, sagte eines Morgens, der Ail mache sich auf den Weg. Darauf berichtete er der Großmutter in kleinen Zeitabständen, wo sich die Schafherde und die Yakherde mit den beladenen Ochsen gerade bewegten: »Am Heritsche über Doora Hara, an Üd Ödek, in Gysyl Schat, am Ak Hem.«

»Paß auf nun gut, Jüngelchen «, sagte Großmutter, »gleich werden wir wissen, wo man hin will!« Wenig später wurde ihr berichtet, daß die Herden den Ak Hem passierten in Richtung oberhalb des Gysyl Ushuk. Großmutter wußte Bescheid, wo unsere Jurte demnächst zu finden war.

Am nächsten Morgen ritt sie aus, um sich, wie sie zu ihrer Schwester sagte, die Haare herunterrasieren zu lassen und den Kopf endlich aufzufrischen. Sie fand unsere Jurte dort, wo sie sie vermutet hatte. Mutter schimpfte mit ihr, als sie hörte, Großmutter sei allein und mit Mühe über den Homdu, den großen *gefährlichen Fluß*, gekommen, da das Eis schon löcherig und brüchig geworden war und sie stellenweise das tiefe Flußwasser gesehen habe. Natürlich freute sich auch Mutter darüber, daß Großmutter gekommen war. Mit mir, der ich inzwischen größer geworden war und laufen konnte, geschah dasselbe wie vorher: Mit einem Aufschrei hastete ich ihr entgegen, kletterte auf ihren Schoß und wollte nicht wieder herunter. Ich blieb dort bis zum Abend, blieb lange wach. Nachdem ich endlich eingeschlafen war, hätte mich Großmutter die Nacht über bei sich behalten können, übergab mich aber Mutter. Großmutters Haare waren stark gewachsen. Sie hatte sie in der ganzen Zwischenzeit unberührt gelassen. So hatte sie den Anlaß, zu uns zu kommen, ständig bereit.

Die Stürme dauerten nicht nur an, sie nahmen von Tag zu Tag noch zu, aber auch die Sonne, ihre Gegenkraft, wuchs unaufhaltsam, so daß der Zusammenstoß zweier Naturkräfte auf die eine Hälfte der Dinge zerstörend wirkte; der Eispanzer über den Flüssen wurde von Stunde zu Stunde morscher, zerbröckelte und zerfloß.

Vater, der mir die Großmutter entführt hatte, während ich schlief, brachte sie am Nachmittag wieder zurück. Mir war, als ob in mir von der Freude, die mich beim Anblick der Großmutter erfüllte, eine Welle oder ein Lichthauch geblieben wäre, der sich so tief und so hell entzündete, daß er sich über die Zeit hinweg als eine lichte Spur gehalten hat. Der Fluß war inzwischen unpassierbar geworden, die nächtliche Kühle war nicht mehr imstande gewesen, die auseinanderfallenden Teile des Eises für Stunden wieder zusammenzuschweißen. Die wasserdurchtränkte Eismasse glich erweichtem Lehm und sank an jeder Stelle ein, sobald sie unter den Pferdehuf kam. Vater blieb nichts übrig, als von den Kasachen, die sich schon damals dort festgemacht hatten, jemanden ans Ufer heranzurufen und ihn zu bitten, Hööshek an Saryg Höl zu benachrichtigen.

Großmutter blieb bis zum Frühsommer bei uns. Sie war eine große Hilfe im Haushalt. Vor allem, weil sie mich beaufsichtigte. Aber es war mehr als nur das: Sie erzog mich. Nur muß sie das selbst nicht gewußt haben; keiner in der Jurte konnte damals wissen, daß er ein Kind erzog, und keinem Kinde wurde bewußt, daß es erzogen wurde. Und dieses Wort fehlte auch in unserer Sprache.

Großmutter fühlte sich bei uns wohl. In ihre Mutterseele, die schon seit langem verwaist war, hat sich mir einem Mal ein kindliches Wesen eingedrängt, und es erfüllte und erhellte sie nun.

Zweimal kamen Höösheks Worte bei uns an. Briefe gab es damals nicht, sie kamen nur von draußen, von weit her, von Soldaten. Im Innern des Landes waren es nur Worte, Vorbeireisende brachten sie, sowie sie ausgesprochen waren, vom Mund zum Ohr. Die ersten Worte, die Hööshek ausgesprochen und für ihre Schwester auf den Weg geschickt hatte, waren kurz und bestanden lediglich aus einer Feststellung und einer Frage, die wohl auch eine Mahnung enthielt: »Der Fluß ist längst wieder passierbar. Wieso kommst du immer noch nicht?!« Bevor diese Worte ankamen, waren in unserer Jurte andere Worte gesprochen worden. Vater und Mutter hatten Großmutter angeboten, bei uns zu bleiben. Bei Vater hat dieses Angebot wörtlich gelautet: »Ich habe meinen Vater tot davongetragen, ebenso meine Mutter. So darf ich vor dem Himmel und vor meinen Kindern geradestehen und sagen: Ich habe meine Pflichten als Sohn erfüllt! Nur, nicht jedem ist beschieden, diese seine allerheiligste Pflicht zu erfüllen. Der Himmel muß es wissen, warum so. Die Menschen haben seit alters her ihr

Bestes getan, um keine Pflicht dieser Art unerfüllt zu lassen. Und einer, der sie für einen anderen tun durfte, war ein Glücklicher! Aber er mußte es auch verdient haben, das ist wahr! Awaj, es liegt an Euch, einen zu nennen, den Ihr für würdig haltet, Euch auf der letzten Strecke auf die Hände zu nehmen, wenn es mit Euch eines Tages soweit sein soll! Sollte die Wahl dabei mich treffen, ich wäre darüber so glücklich, als ob meine Mutter wieder heimgekehrt wäre, auf daß ich mit ihr noch eine Weile zusammenlebe und sie dann ein zweites Mal zur Ruhe davontragen dürfte!«

Mutter hatte sich für folgende Worte entschieden: »Ich bin nicht gut genug, daß ich die Ehre hätte, meine Mutter auf ihre alten Tage hin zu pflegen; andere, bessere aus meinen Geschwistern sind auserlesen, es zu tun. Doch wißt, Daaj, Ihr werdet mir eine Mutter sein, wolltet Ihr in mir auch eine Tochter sehen. Dazu sollt Ihr wissen: Ist Tee in der Kanne, will ich Euch den stärkstgebrühten Schluck davon eingießen; ist Fleisch im Kessel, werde ich Euch davon den leckersten Bissen vorsetzen!«

Mit ebenso feierlichen Worten hatte Großmutter darauf geantwortet: »Zehn Geschwister sind wir einer Mutter Leib entschlüpft. Zwei nur sind von ihnen nun übriggeblieben. Hööshek ist unser Jüngstes. Ich könnte für sie die Mutterstelle einnehmen, die Mutterpflicht erfüllen und vor ihr das Mutterrecht genießen. Ich bin ein schlechter Mensch, da ich das alles bisher nur halb getan habe. Und damit hab ich die Geister des Vaters, der Mutter und der Geschwister sicherlich enttäuscht. Wie wird es ihnen aber erst recht sein, wenn ich meine einzig gebliebene Schwester noch bei Leben verlasse?«

Also war das eine Absage.

Das zweite Mal waren die Hööshek-Worte ausführlicher, und sie lauteten: »Wenn dein Magen satter und dein Leib ausgeruhter ist bei fremden Leuten als bei mir, deiner leiblichen Schwester, dann bleibe meinetwegen dort bis zu deinem Tode. Aber in meiner Jurte und um sie herum liegt das Zeug, das dir gehört und von dem ich nicht weiß, soll es wegkommen, oder brauchst du es noch. Ich hatte beim Umzug auf die Sommerweide genug Mühsal damit, und wisse, ich möchte sie mir auf dem Rückweg gerne ersparen!«

Mutter, die dabei war, als die Worte überbracht wurden, rief entrüstet aus: »Vom Zeug spricht sie? Warum dann auch nicht gleich vom Vieh?!«

Großmutter aber bewahrte Ruhe und schickte dann folgendes auf den Weg: »Du bist mit mir aus einem Leib geschlüpft und in einem Nest gewachsen. So liegt auf dir die Pflicht, mich in die Steppe zu tragen, sollte es mit mir soweit sein. Nun entbinde ich dich dieser Pflicht und bitte dich darum, daß du anstatt meines Körpers die Sachen, die mir gehören, wegträgst und verbrennst. Laß dabei aber die Unterwäsche und die beiden Ton noch da. Ich werde sie bei Gelegenheit abholen, und später, wenn ich tot bin, werden sie von Schynykbaj und Balsyng vernichtet. Und hier noch ein Wort: Du sprichst von fremden Leuten. Fremd sind uns die Kasachen, die Chinesen, die Russen, aber auch das sind alle Menschen. Schaust du genauer hin, wirst du sehen, daß wir selbst mit den Tieren um uns herum verwandt sind. Warum da nicht mit Menschen, wer da immer ist? Wir sind Sprößlinge eines Baumes, Kinder einer Mutter. Mach deine Geschwister nicht zu Fremden. Dies, weil ich die Dinge länger kenne, und auch, weil mein Ende nicht allzuweit sein muß!«

Die oben Genannten und welche von Großmutter dazu ernannt wurden, ihre Sachen zu vernichten, wenn sie sterben sollte, waren mein Vater und meine Mutter.

Damit hatte sich Großmutter entschieden.

Unentschieden war, was mit ihrem Vieh geschehen sollte. Sie selber äußerte sich dazu nicht, und das war etwas seltsam. Die Eltern berieten miteinander. Vielleicht hatte Großmutter Hemmung? Mutter wollte Vater dazu überreden, daß er Großmutter sagte, sie sollte ihr Vieh Hööshek überlassen, da jene meinen könnte, man hätte sich ihrer Schwester angenommen wegen des Viehs. Vater dachte anders: Hööshek konnte meinen, was sie wollte, aber es ging um Großmutter, und so mochte alles geschehen, nur nicht, daß sie sich verletzt fühlte.

Darauf sprachen die Eltern Großmutter an. Sie kam ihnen willig entgegen. »Also habt ihr gemerkt, daß mir die Worte im Hals saßen und ich nicht wußte, wie ich sie anbringen sollte. Die Herde ist nicht viel in der Stückzahl, stammt aber von der Herde meines Vaters ab und sind Früchte meiner mühseligen Arbeit ein Leben lang. So würde ich es mit all meinem Segen dem Kinde überlassen, das mir am Ende meines Lebens doch noch die Leber erweicht und die Seele erhellt hat. Allein da ist ...« Sie hielt inne. Vater eilte ihr zu Hilfe: »Vergeßt, Awaj, die schwarze Zunge der Leute. Sie

wird sich an dem Weiß eures Segens und unserer Ehrfurcht vor eurem weißen Haupt entfärben!«

»Du hast recht, Schynyk«, entgegnete Großmutter in ihrer ruhigen,
bestimmten Art, »wer sich in Weißem weiß, braucht sich vor Schwarzem
nimmer zu fürchten. Ich meinte aber etwas anderes. Es geht um das Soll
und das Gesetz des Staates hinter diesem. Ihr habt schon genug Plagen mit
eurem eigenen Vieh, nun kommt das meine hinzu und erschwert euch das
Leben.«

»Wenn nur das ist«, meinte Vater erleichtert, »so tut, Awaj, was Euch richtig erscheint. Der Junge wird Euch ein Leben lang dankbar sein, so wie ich
denen dankbar bin, von denen meine Herde abstammt, denn sie ist es, die
mich und meine Kinder heute ernähren und noch Kindeskinder und
Enkelskinder ernähren wird!«

Zur Mitte des ersten Sommermonats ritt Großmutter zu der Jurte ihrer
Schwester. Sie nahm Molum als Viehtreiber mit. Die Eltern hatten
gemeint, es hätte doch Zeit mit dem Abholen der Herde, man sollte es besser im Herbst tun, wenn die Ails zueinander wieder näher gerückt seien.
Und was die Bekleidung betraf, hatte Großmutter ohnehin dies und jenes
schon genäht. Doch Großmutter meinte, das Vieh sollte sich noch vor
dem Einbruch der Kälte an die Weiden und an ihre Herdgenossen gewöhnen, und auch wir sollten uns es Stück für Stück ins Auge nehmen und ins
Gedächtnis einprägen – je früher, um so besser.

Da ereilte das Unglück unseren Ail, unsere Jurte, mich. Ich stürzte in den
Kessel, in siedende Milch.

Und es ereignete sich an dem Abend des Tages, an dem Großmutter weg-
geritten war, um mir meine künftige Herde in die Hürde zu holen. Mutter
hatte die Milch, die sie soeben gemolken hatte, in den gußeisernen Kessel
zum Aufkochen gebracht, und da das Feuer noch zu heftig brannte, den
Kessel vom Oshuk heruntergenommen und für eine Weile auf drei Dung-
stücke daneben abgestellt.

Darauf hatte sie die Jurte verlassen, um die Kälber anzubinden, da gerade
die Yakherde von der Weide zurückgebracht worden war. Vater und die
älteren Geschwister waren um diese Zeit alle draußen mir den Lämmern
beschäftigt. Ich hatte geschlafen, zwar noch nicht ausgezogen und für die

Nacht eingerichtet, war aber vor einer Weile vom Schlaf übermannt worden, war, wie sooft inmitten des Spiels, umgefallen und lag nun auf dem niedrigen Bett und schlief. Mutter war dabei, sich an das letzte, flüchtige Kalb heranzuschleichen, um es einzufangen, als sie mein Geschrei hörte. Unruhe packte sie, doch versuchte sie, sich zu beruhigen, ich würde, wach geworden, lediglich vor Angst weinen. Sie wollte nicht zur Jurte rennen, ohne die Kälber vollzählig eingefangen und damit die letzte Arbeit des Tages erledigt zu haben. So hielt sie es auch aus, bis sie das Kalb endlich im Griff hatte und es an die Dshele festband. Dann aber rannte sie auf die Jurte zu, so schnell, wie sie konnte, denn das Geschrei dauerte immer noch an, es überschlug sich nun und drohte zu ersticken. Das Feuer im Oshuk war inzwischen ausgegangen, es war finster in der Jurte. Mutter mußte Licht anzünden, um mich zu finden. Dann fand sie mich, im Kessel. Ich schwamm oben auf der Milch, ich hatte alle Glieder ausgestreckt, war wohl in meiner Angst steif geworden. So waren der Kopf, die Arme und die Beine sichtbar und als solche erkennbar. Das muß die Rettung gewesen sein, sonst wäre ich sicherlich ertrunken. Der Kessel war groß, ein ganzer Hammel verschwand darin, und die Milch reichte, obwohl es zeitig im Jahr und die richtige Melkzeit noch nicht gekommen war, fast bis zum Rande.

Seitdem Großmutter bei uns war, hatte sich die alte Angewohnheit erübrigt, mich, so unruhig ich auch war, am Strick zu halten. Und ich hatte es genau begriffen, hatte mich entwöhnt, wie es sich an dem Tage zeigte, denn Mutter hatte mich, nachdem Großmutter, meine Aufpasserin, weg war, wieder an den Strick bringen wollen, aber nein: Ich hatte mich dem mit allem widersetzt, was mir zur Verfügung stand, und hatte am Ende gesiegt.

Nur gut, daß ich von alldem nichts weiß. Gut, daß sich keiner an die Einzelheiten zu erinnern vermag, was dann geschah. Weder Mutter, die mich aus der Milch herausgefischt haben, noch Vater, der auf unser zweistimmiges Geschrei und Gejammer herbeigeeilt sein mußte, noch meine älteren Geschwister, die auch bald darauf erschienen, aber sofort wieder zurückrennen mußten, um die Ailleute herbeizuholen, keiner hat mir bisher Genaueres darüber berichten können. Vielleicht aber wollte man es nicht? Möglich, es geschah etwas, was unaussprechbar blieb? Sofort verließ der erste Eilbote den Ail. Er brachte die Nachricht zu dem nächsten, und von dort ritten weitere Männer zu weiteren Ails. Und das Ergebnis war, daß die Nachricht wenig später in jede Himmelsrichtung mit der Schnelligkeit eines Pferdes unter pausenlosem Peitschenhieb weiterdrang. Das Doj stand bevor, die Rennpferde waren eingefangen, wurden schon eingeritten, und das war wieder etwas, was zu meinen Gunsten zählte. Jene Nacht brachte ihnen die erste und wohl härteste Kraftprobe, sie liefen unter schweren Sätteln und schweren, erwachsenen Männern etliche Ortöö. Dabei gab es freilich Zwischenpausen, die sich ergaben, sooft ein Ail erreicht war. Der Weg führte über Berge, Steppen und Flüsse in die angrenzenden Sumunen, wo mit ihren besonderen Sprachen und besonderen Kenntnissen die Urianchais und Dörbeten nebst Kasachen, Torguten und noch weiteren Völkerschaften lebten. Der erste der Männer kam noch vor Mitternacht zurück. Er brachte zehn Jahre gestandenes Bärenfett mit. Mit dem sollte die Brühwunde bestrichen werden. Weitere brachten weitere Fette mit: vom Wildpferd, vom Wildkamel, vom Dachs, vom Zobel, sogar vom Murmeltier und wieder und wieder vom Bären, alles lang, oft fast ein Menschenleben lang, gestanden.

Je älter, desto flüssiger und klarer wurde das Fett; fünfundzwanzig Jahre lang gestandenes Bärenfett glich Quellwasser. Die Tuwiner waren ebenso gute Jäger, wie sie Viehzüchter waren, doch nur wenige haben gewußt, daß Wildfett heilte – seltsam. Denn alles, was in jenen Tagen von draußen kam, gegen Pferdeschweiß und flehende Worte hereingeholt wurde, hätte auch bei uns, im eigenen Ail, in fast jeder Jurte sein können. Nun aber kam man dem Neuen mit Ehrfurcht entgegen, und so geschah, daß ich bald in Fett schwamm. Nur schien alles, alles nicht zu helfen. Das nackte, fast an dem gesamten Rumpf enthäutete Wesen, das ich war, schrie immer und immer noch, obwohl es längst heiser und längst tränenlos geworden war, es bebte und zitterte, man sah ihm schlimmstes Leiden an. Nur die Glieder zu ihrem Ende hin, das Gesicht, der Hals und eine kleine Stelle um den Nabel herum hatten noch gesunde Haut. Mein Glück im Unglück war, daß die Hände und Füße verschont geblieben waren: Man konnte mich auf die Füße stellen und an den Händen halten. Zum Abend des übernächsten Tages kam der letzte Reiter zurück. Es war Dambi, der mit Mutter verwandt und so mir Daaj war. Und er brachte etwas, was noch nicht da war, wovon noch keiner etwas gehört hatte: eine abgehärtete helle Masse, die bei Hitze schmolz und flüssig wurde. Und sie hieß Dawyyrgaj, was damals keinem etwas sagte. Aber, später in der Welt der Sprachen bewandert, wußte ich, es mußte das verformte mongolische Wort für Harz gewesen sein, also war es Harz von einem bestimmten Baum. Und diesem Dawyyrgaj hat tatsächlich die Wunderkraft innegewohnt: Kaum war es auf das hautlose, fettglänzende Fleisch aufgetragen, hörte das Leidewesen auf zu schreien und zu zittern und verfiel bald in Schlaf. Und es schlief lange, lange. Nur war das ein mühseliges Schlafen, denn es war unmöglich, den Schlafenden in die Schlaflage zu bringen, weshalb man ihn, so wie bisher, weiterhalten mußte. Und den Schlafenden umgab samt seinem Stehhelfer ein Umhang als Schutz vor Kälte, vor Windzug und auch vor fremdem unnötigem Blick, vor dem das tuwinische Kind seit eh und je geschützt wurde, sobald es erkrankte.

Schwer hatte es derjenige, der mich hielt, der da vor mir hockte und mich an den Handgelenken hochzerrte, ständig darauf bedacht, den glitschigen, hängenden Körper ja nicht aus den Händen zu verlieren. Nach einer kleinen Weile schon begann es ihm in den Unterarmen zu prickeln und darauf zu brennen, und es endete damit, daß die Arme jegliches Gefühl verloren und leblos wurden, er sah dem machtlos zu, so daß ihm die Last Haar um Haar aus den Händen rutschte.

Da brauchte er eine Ablösung, anders ging es einfach nicht. Vater und Mutter wechselten einander ab. Der gerade abgelöst war, mußte sich um das Leben in der Jurte kümmern. Was draußen war, darum kümmerten sich die Nachbarn.

Nachdem ich wieder wach war, ging das Geschrei weiter, aber es war schon ein anderes, es war schon nicht mehr das Alarmgeschrei, nicht mehr das Wettgeschrei mit dem Leben, das abzubrechen, zu erlöschen drohte.

Einmal kam ein drittes Paar Hände hinzu, die sich an mich legten, und diese waren die der Großmutter. Ja, Großmutter: Sie hatte all die Tage und die Nächte stumm vor dem Herd gehockt und Tag und Nacht das Herdfeuer unterhalten, und das war der einzige Dienst gewesen, zu dem sie sich gewagt und man sie auch zugelassen hatte.

Sie war schon am nächsten Tage zurückgekommen, nachdem sie ausgeritten war. Die Unglücksbotschaft hatte inzwischen das Land kreuz und quer durchlaufen, aber seltsamerweise hat sie Großmutter nicht erreicht. Sie kam mit ihrem ganzen Besitz, der ihr noch geblieben war. Was geschehen war, erfuhr sie erst in der Jurte. Mutter empfing sie statt mit dem freudvollen Gruß, den sie wohl erwartet hatte, mit den Worten: »Nun seht Ihr, warum Ihr unbedingt fort wolltet: Es war der böse Geist, der in Euern verfluchten Viechern gesteckt und nach Euch gerufen hat!«

Großmutter sackte zusammen, fiel auf die Knie und blieb sitzen, stumm und reglos, nur ihr Blick irrte hin und her, ihre Augen glänzten trocken, und so waren sie eigentlich redend, schreiend.

Mein Vater und meine Mutter litten ob meines Unglücks sehr. Aber die Leiden, die Großmutter zu ertragen hatte, die werde ich niemals begreifen können. Diese waren so furchtbar, so unermeßlich und so unnennbar, daß nur derjenige sie versteht, der sie erlitten hat. Denn das Unglück hatte nicht nur das Mutterglück, das sie nach Jahren des Verlusts gefunden hatte, mit einem Schlag zunichte gemacht, es hatte sie auch an den Leiden anderer Menschen schuldig erscheinen lassen. Mutter hätte auch das Gegenteil von dem sagen können, was ihrem Munde entrutscht war, dies zum Beispiel: »Macht daraus nichts, Daaj, wir haben eben Pech, keiner konnte etwas dafür«, aber auch das hätte an der Sache im Grunde nichts geändert. Dennoch konnte sich Mutter nicht verzeihen, daß sie den lauten, unüberlegten Vorwurf gemacht hatte zu dem alten Menschen, der erst am Ende eines schweren, einsamen und fast sinnlosen Lebens unverhofft auf einen Funken Hoffnung gestoßen war, es doch im Kreise ihm wohlgesinnter Menschen abschließen und auf Erden jemanden zurücklassen zu dürfen, der seiner gedenken könnte und dem seine Bemühungen etwas nutzen würden.

Also kamen nun auch Großmutters Hände hinzu und kämpften gegen die Kraft, mit der mich die Erde zu sich zog, und so kämpften sie für mein Leben unmittelbar mit. Freilich, ihre Kräfte waren nicht zu vergleichen mit denen meiner Eltern, die damals junge, gesunde Menschen waren, und diese spärlichen Kräfte standen in keinem Verhältnis zu ihrem Willen. Mit gefühllosen Armen und steifem Körper kämpfte sie gegen die Schwerkraft und wollte den Kampf nicht aufgeben; man löste sie beinah gewaltsam ab, da man sah, wie fürchterlich sie aussah mit den zusammengebissenen, zahnlosen Kiefern und dem krampfhaft zitternden Kopf.

Aber so war es doch besser, nicht nur wegen Großmutter, die sonst weiter vor dem Herd gehockt, sich auf die Dauer überflüssig und gar abgestoßen gefühlt hätte, sondern auch wegen der häuslichen Pflichten, die sich von Stunde zu Stunde häuften und auf die Eltern warteten.

Daß die Brühwunde heilte und ich am Leben blieb, brauche ich nicht erst zu erwähnen. Aber ich möchte gern gestehen, daß ich darüber froh bin, und dies nicht nur meines bißchen Leibes und Lebens wegen. Nein, auch wegen der Menschen, die meinetwegen gelitten haben, vor allem aber wegen Großmutter und dafür, daß ihr das winzige Hoffnungslicht, auf welches sie zur späten Stunde gestoßen war, doch noch erhalten geblieben ist.

Emine Sevgi Özdamar
Himmelaugige Frau

Dem Tod gestohlen in Anatolien von einer himmelaugigen Frau namens Ayşe, saß ich vor einem Photographen, mit meinem Vater, meiner Mutter, meinem zwei Jahre älteren Bruder auf den Knien dieser himmelaugigen Frau, meiner Großmutter, Mutter meines Vaters aus Kapadokia, am Meer in Istanbul, ließ mich photographieren mit einer kleinen Tasche in der Hand, und die Fingernägel waren auch wieder da.

Dann habe ich das Meer gesehen. Draußen stand das Meer, das Unbarmherzige, das Schöne, mein Vater stand da und sagte zu den Wellen: »Das Meer ist wie eine Frau. Wann sie hochkommt, wann sie sich zurückzieht, weiß ein Mann nie.« Meine Mutter nahm ihre Tasche von ihrem rechten Arm auf ihren linken Arm, die kleinen Schiffe schauten rechts und links, fuhren schnell von einem Ufer zum anderen, bevor die großen Schiffe kamen. Ein großes Schiff war sehr nervös, es schrie und hörte nicht auf. Nachdem man es im Hafen anbinden konnte, spuckte es aus seinem Mund die Bauern raus zum Hafen: Männer, die wie Bergziegen aussahen. Sie trugen ihre aufgerollten Betten auf ihren Köpfen und schauten die Leute an, die am Hafen standen. Nach ihnen kamen die Kühe, die Esel, die Hühner, ein Truthahn und die Läuse und die Wanzen. Meine Großmutter klatschte in ihre Hände, sagte: »Willkommen!« Und der Truthahn stieg auf ihren Kopf und pickte an ihrem Kopf, ihr Kopftuch löste sich und flog ins Meer. Die Läuse verteilten sich langsam in der ganzen Stadt, es kam die Polizei, und die Polizisten gossen Benzin auf den Boden, machten ein großes Feuer. Manche Läuse brannten, pattapattapat, die Bauern versuchten sie zu sammeln, die Tiere und die Bauern mit ihren Betten und ihren brennenden Füßen warfen sich ins Meer, das Schiff löste sich schnell vom Hafen. An seinem weißen Körper spielten die Schatten des Feuers, in dem die Läuse brannten, das Schiff ging in den Nebel, das Feuer ging aus, der Mond kam, und am Hafen stand ein Schild: Läusehafen.

In der Nacht stand ich vor dem Fenster im Nachthemd, mein linker Zeigefinger zwischen meinen Zähnen, aus den entfernten Minaretten sangen die Männerstimmen das Nachtgebet, es mischte sich mit dem Bellen der

Hunde, die in Gruppen von einer Gasse zur anderen zum Kampf mit den anderen Hunden zogen. Meine Großmutter sagte: »Komm, schlaf, wenn du nicht schläfst, wird die Nacht auch nicht schlafen und weckt ihre Geister.« Sie schnarchte dann leise, aus dem anderen Zimmer kam vom Grammophon eine Männerstimme. Sie sang: »Warum habe ich ausgerechnet diese unbarmherzige Frau geliebt, sie hat mir den Geschmack dieses Lebens vergiftet.« Mein Vater hörte dieses Lied mit vielen »Ach, ach, ach«, seine Ach-Stimmen wärmten mich im Bett, zwischen uns eine geschlossene Tür. Unter einer Bettdecke mit der nassen Stimme des Meeres, die wie ein Hausgeist immer im Zimmer rumlief, machte ich ein Auge zu, das andere ließ ich etwas auf, um unseren Hausgeist zu betrügen. Ich wollte ihn sehen, beim Warten wurde mein Körper zu Stein, als Stein schlief ich ein, irgendwann konnte ich nicht atmen, ich sah eine Frau, sie saß auf meinem Mund, auf meiner Brust lag ein Berg, den ich nicht mit den Händen wegschieben konnte. Die Frau, die auf meinem Mund saß, hatte Flügel. Sie flog im Zimmer hin und her und setzte sich ans Fenster, sie sprach zu mir: »Ich gehe jetzt, ich lass' das Fenster auf, damit du glaubst, daß ich hier gewesen bin«, und dann flog sie weg. Sie hatte ein sehr schönes Gesicht. »Großmutter, der Geist war da, eine Frau.« Großmutter sagte: »Sie heißt ALKARISI.« Ich sah, daß das Fenster offen war, aus der Richtung vom Läusehafen brachte der Wind unklare Stimmen, oder vielleicht weinten die Tiere. Ich legte mich wieder in das kalte Bett, als Stein schlief ich ein.

Am nächsten Morgen wollte ich raus aus dem Zimmer, die Tür ging nicht auf. Ich klopfte an die Tür, sagte: »Mutter, die Tür kann ich nicht aufmachen.« Die Mutterstimme sagte: »Die Tür muß nicht aufgehen, du und deine Großmutter, ihr bleibt acht Tage in dem Zimmer, ihr habt Läuse von Bauern mit nach Hause geschleppt, kocht eure Wäsche, eure Bettlaken, wascht eure Haare und Körper mit Essig, dann kommt ihr aus dem Zimmer raus.« Ich und meine Großmutter kratzten uns eine Weile selbst, dann kratzte ich ihren Rücken, sie kratzte mir meinen Rücken. Großmutter sagte: »Laß uns gehen.« Wir knoteten unsere Bettlaken zusammen, kletterten aus dem Fenster und gingen zum Friedhof, wir verbrannten unsere Bettlaken dort. Großmutter sagte: »Das Feuer, das du hier siehst, ist siebenmal mit kaltem Wasser gewaschenes Feuer, wie das Feuer in der

Hölle, das Höllenfeuer ist siebenmal mehr Feuer als das Feuer hier.« Wir liefen zwischen den Grabsteinen, es kamen plötzlich sehr fremde Buchstaben aus dem Mund meiner Großmutter heraus, stellten sich nebeneinander, so:

»Bismillâhirrahmanirrahim
Elhamdü lillâhirabbil âlemin. Errahmanirrahim, Mâlüki yevmiddin.
Iyyakenà'büdü ve iyyake nestè'in. Ihdinessıratel müstekıym; Siratelle-
zine en'amte aleyhim gayril măgdubi aleyhim veleddâllin. Amin
Bismillâhirrahmanirrahim
Kül hüvallahü ehad. Allahüssamed. Lem yelid velem yüled. Velem
yekûn lehu küfüven ehad. Amin«

Als die Buchstaben aus dem Mund meiner Großmutter im Himmel des Friedhofs eine schöne Stimme und ein schönes Bild wurden, pustete meine Großmutter sie mit ihrem Atem nach links und rechts. »Die Toten brauchen es.« Ich sah die Buchstaben, manche sahen aus wie ein Vogel, manche wie ein Herz, an dem ein Pfeil steckt, manche wie eine Karawane, manche wie schlafende Tiere, manche wie ein Fluß, manche wie im Wind auseinanderfliegende Bäume, manche wie laufende Schlangen, manche wie unter Regen und Wind frierende Bäume. »Großmutter, wo ist der Tod?« Meine Großmutter sagte:
»Der Tod ist zwischen Augenbrauen und Augen, ist das weit weg?« Dann lief sie von einem Tod zum anderen, pustete weitere Buchstaben aus, Bilder, die jetzt unter der Sonne wie Bilder aus Licht aussahen, dabei hielt sie ihre Hände vor ihrer Brust offen, als ob sie gerade zwei kleine Wassermelonen tragen würde. Ich hielt meine Hände so wie sie und trug darin die Schatten der Friedhofsbäume und vorbeifliegenden Vögel von einem Toten zum anderen. Dann kam der kleine Wind, nahm im Vorbeigehen unsere Schweißperlen mit, wir setzten uns auf die Totenerde, die Sonne auf unseren Beinen. Großmutter nahm eine Pflanze, zerdrückte sie zwischen ihren Fingern und roch daran, dann legte sie ihre Hand wieder auf die Erde, wir schauten auf die Erde, dann kamen die Stimmen der Jungen, die in der Nähe auf der Straße spielten, die Stimmen gingen hoch in den Himmel, dann landeten sie wie die Sterne auf unseren Füßen auf dem

Friedhof. Ich sah auch ihren Ball hoch in den Himmel gehen und dann wieder herunterkommen, lautlos. Langsam mischten sich unsere Schatten mit Totenschatten, Ameisen kamen, setzten sich auf meine Spielwunden, dann kamen die Friedhofskatzen mit ihren überfahrenen Beinen, zerkratzten Mündern, blinden Augen, blutenden Nasen, abgeschnittenen Schwänzen, mit ihren fleischlosen Körpern legten sie sich auf diese toten und lebendigen Schatten, saßen da mit ihren Mündern ohne Zunge. Dann kam der Friedhofsnarr Musa mit einem Lenkrad in der Hand und sagte zu einem Totenstein: »Als du über mich laufen konntest, warst du froh, jetzt bist du unter mir traurig, du hast schöne Sachen gegessen vorher, jetzt unter mir essen die Würmer dich. Die Menschen schlafen im Leben, wenn sie tot sind, werden sie wach. Die Erde sagt dem Toten bittere Wörter. Wenn die Erde still ist, kommt ein Engel, sagt zu dem Toten: ›Schreibe dein Leben‹, der Tote wird ihm sagen: ›Hier habe ich weder Tinte noch Papier.‹ Der Engel wird ihm sagen: ›Dein Totentuch ist dein Papier, deine Spucke ist deine Tinte.‹ Und der Engel wird ein Stück von dem Totentuch schneiden und es dem Toten geben. Auch wenn der Tote nicht lesen und schreiben konnte, als er lebte, wird er sofort anfangen, seine Sünden und seine guten Taten zu schreiben, und der Engel wird das Geschriebene an seinen Hals hängen. Dann werden zwei ungeheuer schreckliche Engel kommen, sie werden aussehen wie die Menschen, mit ihren Zähnen werden sie die Erde aufmachen, ihre Wörter sind wie Donner, ihre Augen wie der Blitz, sie haben Peitschen aus Eisen, sie werden durch die Nase des Toten in seinen Körper reinkommen und werden ihm sehr schnell Fragen stellen. Wenn er antworten kann, werden sie ihn in Ruhe lassen, er kann aufstehen und vor den Türen, die sich ihm zeigen, weinen. Hinter den Türen werden sie ihm neue Fragen stellen. Wenn er gut antworten kann, wird er bis zum siebten Himmel gehen, um mit Allah zu sprechen. Vorher aber wird er hundert Jahre im Feuer, dann hundert Jahre im Licht, dann hundert Jahre im Wasser, dann hundert Jahre im Schnee, dann hundert Jahre in der Kälte laufen.«
»Allah soll dir Gutes geben«, sagte meine Großmutter zu Musa. Musa zitterte und zitterte so lange, bis wir auch anfingen zu zittern. Alle unsere Wanzen kamen aus unseren Körpern und Haaren heraus und gingen zu Musas Füßen. Da kamen Musas Wanzen auch heraus, alle Wanzen fingen

an, um ihn herumzulaufen. Die Ameisen mischten sich mit den Wanzen und drehten Runden. Den Vögeln, die über uns flogen, fielen die Federn aus den Körpern, die Vogelfedern und die dunklen Blätter von den Friedhofsbäumen drehten sich um Musas Füße.

»Gib mir eine Zigarette.« Meine Großmutter gab ihm eine, sagte: »Rauch, Musa, rauch, das nimmt dir dein Herzbrennen, das setzt dein Herz wieder auf seinen Platz.« Musa nahm die Zigarette, er paffte hintereinander an der Zigarette, und bei jedem Paffen wechselte er die Zigarette von einem Finger zum anderen. Die Großmutter sagte: »Warum rauchst du mit fünf Fingern?« Musa sagte: »Weil ich keine sechs Finger habe.« »Paß auf das Kind auf! Ich gehe hinter den Baum«, sagte meine Großmutter. Ich hörte ihr Pinkelgeräusch. Mit meinem Ohr war ich bei der Großmutter, mit meinen Augen sah ich ein Stück Fleisch in Musas Hand, das er aus seiner Hose genommen hatte. Er fragte mich: »Ist das schön?« Ich blieb einfach da, und die weiße Farbe von dem Stück Fleisch kam in meine Nähe, wurde größer. Musa hatte ein Lächeln auf seinem Mund, das Geräusch vom Pinkeln der Großmutter hörte ich nicht, aber ich sah wieder den Ball von den Jungen, die in der Nähe auf der Straße spielten, Richtung Himmel hochgehen und lautlos wieder herunterkommen. Da kam die Stimme meiner Mutter, sie rief nach mir. Ich sagte zu Musa: »Schön.« Meine Großmutter sah Musas Fleisch in seiner Hand und sagte zu ihm: »Musa, dein Fleisch soll in deinen Mund fallen, hast du keine Angst vor Allah. Wenn eine Schlange das sieht, wird sie sich schämen und in ein Loch zurückziehen. Was lehrst du das Kind so früh?«

Ich drehte mich um zu der Stimme meiner Mutter. Meine Mutter Fatma sagte: »Die Amerikaner kommen! Wir gehen Amerikaner schauen.« Meine Mutter nahm mich an die Hand, die Großmutter kam hinter uns her, und der Narr Musa lief vor uns. Wie auf dem Wind getragen sind wir von dem Friedhof auf die Straße gegangen. Viele Leute klatschten in die Hände. Die, die keine Hände hatten, dirigierten die Leute, die die Hände hatten, mit ihren Zungen. Die jungen Männer in staubigen roten Kleidern mit ihren runden Musikinstrumenten drehten sich zu den Mädchen um, zu denen auch der Hauptmann hinschaute. Manche Mädchen, zu denen der Hauptmann nicht hinschaute, schauten die Mädchen an, zu denen der Hauptmann hinschaute. »Amerikaner kommen.« Schwarze, große Autos, vor ihren Fenstern Vorhänge, zogen vorbei. Ein uniformtragender Gendarm neben mir umarmte einen Mann in Zivil, der gerade vor seinem Laden stand, und drückte seinen Körper auf den Unterkörper des Ladenbesitzers. Aus einem schwarzen Auto winkte ein weißer Frauenhandschuh und eine Offiziersmütze aus Gold zu den Leute. Es waren keine Amerikaner, es waren der persische Schah Reza Pahlavi und seine Frau. Hinter ihnen kam eine amerikanische Familie zu Fuß, sie hatten große Hintern, sie sagten: »Bevor wir in euer Land kamen, haben wir zwei Monate vorher unsere Autos verlassen und das Laufen geübt, because wir wußten, daß man eure Kultur nur zu Fuß besichtigen kann, good bye, good bye.«

»Was ist ein Amerikaner, Mutter?«, fragte mein Bruder Ali meine Mutter. Meine Mutter sagte: »Ein Amerikaner ist ein Mensch, der nicht zu essen braucht, es gibt Tabletten als Essen, Amerikaner schlucken eine Tablette, das ist für sie Mittagessen, abends schlucken sie wieder so eine kleine Tablette, das ist das Abendessen.«

»Ketzererfindung«, sagte meine Großmutter, »bald wird es Steine aus dem Himmel auf unsere Köpfe regnen.«

Zu Hause sagte mein Vater nach dem Essen zu meiner Mutter: »Hast du Schmerzen? Kinder, wir gehen zum Zahnarzt.« Sie gingen, und meine Großmutter sagte: »Sie sind ins Kino gegangen. Sie gucken sich die nackten Menschen an, sie werden in der Hölle brennen, aber du kannst sie retten.« »Warum ich, Großmutter?« »Hast du denn Sünden? Du hast keine. Dein Sündenheft ist leer. Du hast zwei Engel, auf deiner rechten Seite steht der Engel, der deine guten Taten in ein Heft schreibt, der auf deiner linken Seite stehende Engel schreibt deine Sünden. Der Tag, an dem die Menschen ihre Mütter und Väter nicht mehr erkennen, ist der Jüngste Tag. Die Berge fangen an, wie die Wolken zu fliegen, die Meere werden zu den anderen Meeren laufen, die Sonne wird schwarz, die Hälfte der Welt wird sich über die andere Hälfte klappen, die Sterne werden nebeneinanderstehen, der Himmel wird zu einer sich drehenden Mühle, das Leben wird aus den Mündern der Lebendigen wie ein Vogel fliegen. Wenn alles tot ist, wird Allah den Himmel in seine rechte Hand und die Erde in seine linke Hand nehmen und ihnen sagen: ›Du Schuft Welt, wo sind die, die geglaubt haben, daß die Welt ihnen gehört, und wo sind die, die denen geglaubt haben, die Welt gehöre ihnen? Wo sind sie?‹ Alle Toten der Welt werden aufstehen, Vater, Mutter, Kinder, Weinende werden sich auf einem Platz sammeln. Jeder Tote wird dreißig Jahre alt sein. Dann werden unsere Engel mit den Heften kommen. Wenn man an der Reihe ist, werden die Engel aus den Heften die Sünden und die guten Taten lesen. Auf einer Waage werden sie deine Sünden und die guten Taten wiegen. Wenn deine Sünden schwerer sind als deine guten Taten, wird man dich zu einer Brücke bringen. Eine Brücke, dünn wie ein Haar, scharf wie ein Messer, du wirst barfuß laufen. Wenn du diese Brücke bis zum Ende laufen kannst, wirst du ins Paradies gehen. Dort wirst du dich unter einem Baum hinlegen, in den Himmel schauen. Wenn du an eine Wachtel denkst, wird eine gebratene Wachtel in deinen Mund fallen. Wenn dir die Brücke deine Füße abschneidet, wirst du von der Brücke runter direkt in die Hölle fallen. Der Teufel wird lachen und wird die Brennenden zählen.«

»Wie kann ich meinen Vater und meine Mutter retten?« »Im Kino vergessen sie Vater und Mutter, sie gehen hinter den Schatten her, sie glauben an diese Schatten, die den richtigen Menschen ihre Gesichter wegnehmen. Wenn sie an diese Schatten glauben, wie können sie den nächsten Tag an die richtigen Menschen glauben, vor denen Respekt haben? An dem Jüngsten Tag, wenn dein Vater und deine Mutter barfuß über diese Brücke laufen, und die Brücke schneidet ihnen die Füße, Blut tropft in die Hölle, kannst du als sündenloser Engel mit zwei Flügeln fliegen, deine Mutter und deinen Vater rasch auf deinen Rücken nehmen, ins Paradies tragen. Dann kannst du wieder zurück zur Brücke, und dann nimmst du mich auf deinen Rücken, aber ich denke, meine acht gestorbenen Kinder werden auch da sein.«

»Warum sind deine Kinder gestorben, Großmutter?«

»Was weiß ich, das Mädchen saß da so und winkte mir. Ich hatte eine rote Scheibe Wassermelone in der Hand, dachte, sie will wahrscheinlich die Melone. Ich bin zu ihr gegangen, da hat sie mit ihrer Hand gewunken, der Melone Wind gemacht, dann hat sie die Augen zugemacht, ich dachte sie schläft, nein, sie war tot. Ich habe Allah gesagt, Allah, laß meinen Sohn leben, egal, wenn er auch verrückt wird, laß meinen Sohn mir. Allah wird mich gehört haben, er hat mir deinen Vater im Leben gelassen, aber er ist verrückt. Wenn er nicht verrückt wäre, was suchte er dann in dieser

Großstadt? Ich habe meinen letzten Mann verlassen, die Tiere verlassen. Ich habe mir gesagt, einen Mann kannst du immer finden, einen Sohn kannst du nicht mehr finden. So habe ich mich hinter deinem verrückten Vater auf den Weg gemacht. Ich bin jede Nacht in meinem Dorf, nur im Traum, ich sehe meinen Vater, Mutter, wir hatten vor unserem Haus viele, viele Walnußbäume, tagsüber haben wir gearbeitet, wenn die Dunkelheit kam, haben wir uns unter diese Walnußbäume gelegt, neben mir mein Vater, meine Mutter, gegenüber unseren Füßen lagen mein Neffe, sein Vater, seine Mutter. Wenn die anderen schliefen, fanden sich von mir und von meinem Neffen die Fußzehen zusammen. Wenn wir auch in den Schlaf fielen, haben unsere Fußzehen weiter miteinander gespielt, er ist auch jung gestorben.«

»Wird er auch mit uns ins Paradies kommen, Großmutter?«

»Er wird da sein, meine anderen drei Männer werden auch da sein.«

»Mit welchem Mann wirst du ins Paradies gehen, Großmutter?«

»Was weiß ich. Der erste war so ein netter Mann, er ging in den Krieg, kam zurück, hatte eine offene Wunde. Die Würmer gehen hin und her auf seinen Wunden. Er nahm sich die Nacht als Freundin, schlief mit ihr. Als er starb, konnte man ihn aus den Händen der Nacht nicht herausnehmen. Er ist mit der Nacht begraben. Jedes Stück Nacht, das mit den Toten geht, nimmt uns von unserem Schlaf etwas weg. Der zweite, Hüseyin, er war der Vater deines Vaters, hatte so eine schöne Stimme, er ist in die Großstadt gegangen, hat auf den Baustellen gearbeitet, sie schliefen auch in diesen offenen Häusern. Er kam sieben Jahre nicht, dann kam er mit ein paar Metern Stoff zurück. Er sagte: ›Ayşe, ich lege mich etwas hin.‹ Seine Nieren sollen in der Kälte verfault sein. Er nahm, bevor er sich hinlegte, aus der Erde ein paar Ameisen, legte sie auf seine linke Hand, die Ameisen gingen in seiner Hand hin und her, so als ob Hüseyins Hand ihre Erde sei. Er ist da im Schlaf weggegangen in die andere Welt. Der dritte, der Şükrü, der ist auch in die Großstadt arbeiten gegangen, dort haben die Huren ihm gezeigt, wie viele Türen die Welt hat. Er kam zurück ins Dorf, dann kam die Nacht, dann hat er mich im Bett über sich genommen, das hatte er von den Huren gelernt. Da sind meine Beine von der Erde hochgeflogen, ein Feuer aus meinen Füßen ist wie ein Pfeil durch meinen Körper durch und aus meinem Kopf gegangen. Mein Leben ist mit seinem ganzen Herzen in das Feuer gesprungen. Das Fleisch der Männer hat vor meinem Fleisch gezuckt.«

Mein Bruder Ali fragte: »Großmutter, warum hängen deine Brüste unter deinem Bauch?«

»Ali«, sagte meine Großmutter, »wenn ein Wolf alt wird, wird er zum Spielzeug der kleinen Hunde. Kratz' meinen Rücken etwas. Ihr scherzt so mit meinem lebendigen Fleisch, wer weiß, was ihr mit meinem toten Fleisch tut, wenn ich die Augen zugemacht habe. Kratz' meinen Rücken etwas.«

Im Bett kratzten wir ihren Rücken, zogen ihr ihre Brüste noch mehr herunter. Die Großmutter nahm unsere Hände und legte sie über ihren Bauch, dann wackelte ihr Bauch unter unseren Händen, so hörten wir zusammen ein Wassergeräusch in ihrem Bauch. »Das sind meine Geister. Sie sammeln sich in meinem Bauch.«

»Warum hat mein Bauch keine Geister, Großmutter?«

»Wartet, bis die Welt sich noch paar Mal dreht, auch in eurem Bauch werden sich die Geister sammeln, Allah soll euch Gemütlichkeit geben.«

»Allah soll dir auch Gemütlichkeit geben, Großmutter.«

Radek Knapp
Der Komet

Ich hatte eine Scheibe eingeschlagen. Da lief schon der Großvater hinter mir her, hob die Fäuste zum Himmel und rief, daß er mich nie mehr ins Haus lassen würde und daß ich von nun an wie ein Hausierer auf der Straße leben müßte. Ich aber wußte, daß er es nicht ernst meinte, daß ich, statt die Existenz eines Hausierers zu führen, viel eher am Abend zur Strafe auf Erbsen knien würde. Gleich nach den Fernsehnachrichten würde mein Großvater zu mir kommen, um die Strafe aufzuheben, damit ich mich wie jeder normale Mensch wieder an den Tisch setzen und etwas essen könnte.

Aber bis zum Abend waren es noch zwei Stunden, und da mein Großvater gerade stehengeblieben war, um den Ledergürtel aus seiner Hose zu ziehen, lief ich hinter das Haus und rannte unter den Kirschbäumen zum Geräteschuppen, wo unser Garten aufhörte.

Im Schuppen roch es nach trockenem Holz. Unter der Decke glänzten zwei symmetrische Spinnennetze. Ich beugte mich vor, um sie nicht zu zerstören, nahm einen alten Sessel, der früher in der Küche gestanden war, und trug ihn hinaus.

Mit seiner Hilfe kletterte ich auf das Dach, von wo man den Garten unseres Nachbars Muschek sah. Ich drehte mich um, aber mein Großvater war nirgends zu sehen. Also wandte ich mich wieder dem Garten des Nachbarn zu, suchte nach einer guten Stelle und sprang hinunter.

Die Hunde des Herrn Muschek kannten mich. Sie bellten nicht einmal, als ich an ihrer Hütte vorbeischlich. Einer von ihnen kam heraus. Ich kraulte ihm das Fell, und er schloß dankbar die Augen.

Um auf die Straße zu kommen, mußte man an Muscheks Haus vorbei. Wer aber an seinem Haus vorbeiwollte, kam an den Schlafzimmerfenstern vorüber, die seit Wochen keine Vorhänge mehr hatten und in letzter Zeit selten geöffnet wurden. Ich näherte mich dem Haus. Als ich zu den Schlafzimmerfenstern kam, hielt ich es wieder nicht aus und warf, wie schon letzte Woche, einen Blick hinein.

Nichts hatte sich geändert. In einem großen Bett, über dem das Bild der Mutter Gottes hing, die ein strahlendes Herz in beiden Händen hielt, lag der todkranke Herr Muschek.

Er lag in seinem großen Bett und hatte einen zerfransten Pyjama an. Auf dem Pyjama waren kleine Kätzchen, die einem Schmetterling nachhüpften, abgebildet. Sein abgemagerter Körper strömte einen faden Geruch aus, und die Fliegen, die im Zimmer herumschwärmten, setzten sich oft auf Muscheks Stirn. Wenn er sich bewegte, flogen sie verstört auf und bildeten eine Aureole über seinem Kopf, so daß er für kurze Zeit wie ein Heiliger aussah.

Schuster Muschek war an diesem Morgen nicht allein. Er hatte Besuch vom Pater Smolny bekommen, der gerade dabei war, dem Todkranken das Sakrament der Letzten Ölung zu geben. Der Pater beugte sich über Muschek, hielt eine Hostie in der Hand und murmelte ein Gebet.

Aber da Schuster Muschek schon vor zwei Wochen fast gestorben war und dann schließlich vor einer Woche endgültig sterben sollte, aber aus einem unerklärlichen Grund noch immer am Leben war, besuchte Pater Smolny ihn nun schon zum drittenmal, hielt zum drittenmal den Leib Christi in die Höhe und wünschte wohl im tiefsten Innern Muschek die ewige Verdammnis an den Hals, weil dieser das Heilige Sakrament entweiht hatte.

Hinter Pater Smolny wartete Frau Muschek und beobachtete mit zusammengefalteten Händen den Pfarrer, der den Leib Christi zwischen die zusammengepreßten Lippen ihres Mannes schieben wollte. Aber genauso wie vor drei Wochen öffnete der sture Schuster Muschek seinen Mund nicht, und die Hostie begann auf seinen Lippen zu schmelzen. Und obwohl Muschek seit längerer Zeit weder sprechen noch sich bewegen konnte, gab er mit der rechten Hand zu verstehen, daß er sein Leben lang ein Atheist gewesen war und daß er am liebsten unserem Pfarrer die Hostie ins Gesicht spucken würde. Als das alles nicht nutzte, nahm er alle Kräfte zusammen und gab in seiner Verzweiflung einen lauten Furz von sich.

Pater Smolny richtete sich auf, schlug über Muschek ein Kreuz und sagte: »In nomine patris et filii et spiritus sancti ... Amen.«

Herr Muschek begann daraufhin seiner Frau Zeichen zu geben, daß er den Pater dafür auf der Stelle erwürgen würde. Dabei bewegte er den Kopf, worauf die Fliegen ausschwärmten und wieder ein Kränzchen über ihm bildeten.

Pater Smolny kratzte sich am Kopf und bemerkte: »Das Reich Gottes ist für Ihren Mann nah, Frau Muschek. Doch ist das ein Grund, diesen Raum so selten zu lüften?«

Ohne die Antwort abzuwarten, drehte er sich mit dem Rücken zu Muschek, der immer noch zeigte, wie er Smolny am Hals packen würde, und ging zurück zum Tisch. Er verstaute sorgfältig die Hostien und das Salböl für das letzte Sakrament in einer kleinen Metalldose. Frau Muschek trat auch zum Tisch und drückte ihm einen Fünftausendzlotyschein in die Hand. Pfarrer Smolny steckte den Schein ein, ohne ihn eines Blickes zu würdigen, und erklärte: »Gott hat's gegeben, Gott wird's wieder nehmen, Frau Muschek.«

»Amen«, sagte unsere Nachbarin, und der Pater wandte sich zum Gehen. Plötzlich spürte ich etwas Warmes an meiner Hand. Es war der Hund von Schuster Muschek, der mich mit der Schnauze berührte. Ich kraulte ihm das Fell und schlich an den übrigen Fenstern vorbei. Mit ein paar Schritten war ich bei der Pforte. Ich kletterte drüber und stand schon auf der Straße. Ich drehte mich sicherheitshalber um, aber niemand hatte etwas bemerkt. Nur der Hund von Muschek wartete vor dem Haus und sah in meine Richtung.

Dann fiel mir wieder die zerbrochene Scheibe ein, und daß ich eigentlich auf der Flucht war. Ich lief die Straße hinunter bis vor den Laden, wo man Limonade und Bier verkaufte. Um diese Zeit saßen dort die Arbeiter aus der Ziegelfabrik. Jeder hielt eine Bierflasche in der Hand und nahm wie in Zeitlupe hin und wieder einen Schluck. Wenn einer von ihnen das Wort ergriff, dann sagte er immer etwas in der Art wie: »Ein Scheißtag« oder »Was ist heute mit dem Bier los?«.

Die anderen nickten stumm, als würden sie ihren eigenen Gedanken zunicken. Jeder der Ziegelarbeiter hatte schon mindestens drei leere Bierflaschen vor sich stehen. Sie konnten sehr viel vertragen und tranken ganz anders als Gäste im Kaffeehaus oder in einem Restaurant. Dort nippte man an den Gläsern, konnte es kaum auf seinem Platz aushalten und sprach den Kellner wegen jeder Lappalie an. Die Arbeiter von der Ziegelfabrik bewegten sich überhaupt nicht. Sie sahen einander nicht einmal an, wenn sie miteinander sprachen. Sie konnten längere Zeit reglos auf einem Fleck verharren und dabei aussehen, als wären sie auf dieser Welt völlig unnötig. Die Geldscheine in ihren Hosentaschen sahen genauso zerknüllt aus wie ihre Hemden. Sie zahlten schweigend, aber beim Gehen murmelten sie etwas und steuerten dann die Straße hinauf, wo die Wohnquartiere lagen, die man in den letzten Jahren für sie erbaut hatte.

Als die Arbeiter fort waren, betraten zwei neue Kunden den Laden, die viel bunter und leichter gekleidet waren. Es war der Automechaniker Lukas mit seiner neuesten Braut, Ludmilka, die seit kurzem in unserem Schönheitssalon *Die Perle* arbeitete. Lukas wohnte schon seit vielen Jahren in der Gegend und war bei den Fräuleins ungewöhnlich beliebt.

Wenn er mit seinem roten Fiat im Schrittempo unsere Straße entlang fuhr, ging in den Mädchen etwas Merkwürdiges vor. Sie ließen alles liegen und stehen und liefen ans Fenster. Sie zogen die Vorhänge zurück und winkten ihm zu. So sehr Lukas diese Begrüßungen auch schätzte, so konnte er doch beim besten Willen nicht auf jede einzeln antworten. Man erzählte sich, daß deswegen eines Sommers ein Fräulein, das Lukas übersehen hatte, sich so weit aus dem Fenster hinausgelehnt hatte, daß es schließlich auf die Straße gefallen war und sich das Schlüsselbein gebrochen hatte. Lukas war, so hieß es, weitergefahren, ohne etwas davon zu bemerken.

Aber wahrscheinlich stimmte das nicht und war nur aus Bosheit erfunden worden. Tatsache war, daß, was immer auch geschah, die Fräuleins Lukas nicht lange böse sein konnten. Sogar wenn er die Lust an einem Fräulein verlor und schon ein neues kennengelernt hatte, wurde ihm verziehen. Und das war so geheimnisvoll, daß es niemand durchschauen konnte, schon gar nicht Lukas selbst und noch weniger die Fräuleins. Mit zwanzig war er aber dafür in Herzensangelegenheiten so erfahren wie ein anderer Mann mit vierzig und hatte sich in diesen Dingen eine unfehlbare Strategie zurechtgelegt.

Wenn er die Lust an einer Braut verlor und sich von ihr trennen wollte, nahm er sie in seinen Wagen und fuhr mit ihr ins Stadtzentrum. Er kaufte ihr bei *Blikle* zehn Punschkrapfen und fuhr solange herum, bis sie in einem Stau steckenblieben. Im Stau verlor Lukas, der Autofahrer, die Geduld und sagte seiner Braut all das ins Gesicht. wozu er als Mann nicht den Mut gehabt hätte. Er gestand, daß er Hautkrebs hatte, daß er bald sterben würde und daß sie und überhaupt alle Frauen auf dieser Welt ihn nichts mehr angingen. Die Braut ahnte jedoch, daß das Ganze eine Lüge war, daß Lukas wahrscheinlich schon am nächsten Tag mit einer anderen vor ihrem Fenster spazieren würde, und fing zu weinen an.

Lukas schaltete darauf die Scheibenwischer ein, um zu zeigen, wie wenig ihn diese Tränen kümmerten und daß er völlig Herr der Lage war. Wenn die Braut sah, wie die Dinge standen, begann sie ihn anzuflehen, daß er sie nicht verlassen sollte. Lukas, der Autofahrer, war unerbittlich. Der Stau verlieh ihm mit jeder weiteren roten Ampel übermenschliche Kräfte. Schließlich erinnerte sich das Fräulein daran, daß sie gut fünf Jahre älter als ihr Geliebter war, und verlor die Geduld. Sie fing an, mit Selbstmord zu drohen, worauf Lukas, der die Straßen der Stadt wie kein anderer kannte, den Wagen überraschend schnell aus dem Stau manövrierte und zur Poniatowskibrücke fuhr. Er zeigte hinunter auf die Weichsel und gähnte: »Ist das hier recht, liebe Krysia? Verzeihung! ... Monika? ... Oder wie war das noch? ... Sosia?«

Die Braut, die über die Unverschämtheit, daß Lukas ihren Vornamen absichtlich verwechselte, ganz rot wurde, riß die Tür auf, sprang mit einem Satz aus dem Wagen und schrie: »Fahr nur zu deiner Neuen! Fahr nur, wenn du mich auf dem Gewissen haben willst! Du siehst mich nie wieder!«

Lukas, der genau wußte, daß man in Liebesangelegenheiten nicht zögern darf, drückte aufs Gas und war wieder frei. Die verlassene Braut blieb unterdessen unschlüssig auf der Poniatowskibrücke stehen, um ein paar Stunden später doch mit dem Bus nach Hause zurückzukehren.

So kam es, daß Lukas ungefähr jede zweite Woche mit einem neuen Mädchen in unserer Straße herumspazierte. Im Sommer baten ihn die Leute, wenn er allein war, auf eine Zigarette an den Gartenzaun und scherzten mit ihm: »Na Lukas? ... Heute ganz einsam? Bald hast du alle Mädchen in der Gegend unglücklich gemacht. Sie werden dir ausgehen.«

Lukas warf darauf den Kopf in den Nacken, als wäre gerade ein Vogel über ihn hinweggeflogen. »Dann fange ich eben von vorne an«, rief er trotzig, und die Leute lachten.

»Vielleicht fahre ich aber auch nächstes Jahr nach Paris. Es gibt dort sechs Millionen Einwohner, ... ein Viertel davon sind junge Mädchen«, erklärte er, und die Leute lachten noch mehr.

»Und wenn du in Paris fertig bist?« neckten sie ihn.

»Dann gehe ich nach Berlin und von dort nach Prag oder sogar London«, entgegnete er und breitete die Arme aus, wie ein Schauspieler, um zu zeigen, wie wenig er für den großen Erfolg bei den Frauen konnte.

Wenn die Leute das sahen, hielten sie sich vor Lachen am Zaun fest. Sie machten eine wegwerfende Handbewegung, als würden sie ihn aufgeben, als wäre er nicht mehr zu retten, und gingen dann wieder ins Haus. Aber im Haus stellten sie auf einmal fest, daß ein Bild an der Wand schief hing oder daß die Fenster zu klein geraten waren. Wenn sie das sahen, verging ihnen das Lachen, und sie liefen wieder hinaus. Dann standen sie eine Weile im Freien, blickten erschrocken auf die Straße und wollten etwas sagen, was eigentlich gar nicht an Lukas gerichtet war, was eigentlich an sie selbst gerichtet hätte werden sollen, aber plötzlich verloren sie den Faden und blieben mit offenem Mund stehen.

Das Ungewöhnliche an Lukas war, daß er fest vom herannahenden Weltuntergang überzeugt war. Irgendwann vor Jahren hatte er in der Zeitung gelesen, daß ein riesiger Komet auf die Erde zuflog, und dieser Artikel hatte aus ihm einen neuen Menschen gemacht.

Wenn er davon erzählte, war er schön und unnahbar wie ein griechischer Gott. Er sprach mit einem solchen Eifer über das bevorstehende Ende der Welt, wie Pater Smolny in der Messe eigentlich über Jesus Christus hätte sprechen sollen.

Manchmal hatte man den Eindruck, daß Lukas es nicht erwarten konnte, bis der Komet endlich auf die Erde stürzen und sie mit seiner Wucht zerstören würde. Er malte so lange ein schreckliches Bild nach dem anderen, bis in seiner Schilderung kein Lebewesen mehr auf unserem Planeten übrigblieb. Wenn er verstummte, ging von ihm eine unwiderstehliche Kraft aus, und er blickte triumphierend um sich, als würde ihm die ganze Welt, wenn auch in Trümmern, zu Füßen liegen.

Die Fräuleins konnten es kaum erwarten, daß Lukas ihnen wieder vom heranbrausenden Kometen erzählte, ihnen die schreckliche Vernichtung, die uns allen drohte, beschrieb und sie dabei so ansah, daß ihnen Schauer über den Rücken liefen.

Lukas und seine Braut Ludmilka kauften sich ein Bier und gingen hinaus ins Freie. Dort tranken sie abwechselnd aus derselben Flasche, und dann begann Lukas, von seinem Kometen zu erzählen. Er berichtete, daß der Komet schon letzten Winter auf die Erde aufprallen sollte. Doch immer kam etwas dazwischen. Entweder wurde der Komet von selbst langsamer, oder die Wissenschaftler hatten sich verrechnet. Es war genauso wie mit Schuster Muschek, der schon vor einem Monat hätte sterben sollen, es aber statt dessen auf drei Letzte Ölungen gebracht hatte, zum Ärger der katholischen Kirche noch immer lebte und keine Lust zeigte, die Welt zu verlassen.

»In der Zeitung stand, daß er so groß wie der Mond ist! Kannst du dir vorstellen, was das heißt?!« fragte Lukas aufgeregt. »Er kommt auf uns zugeflogen wie eine Rakete, und wenn er aufschlägt, haben wir nicht einmal Zeit, Amen zu sagen.«

Die Braut schmiegte sich an Lukas. Er legte ihr den Arm um die Hüfte und blickte vor sich hin.

»Ich bin sowieso nicht religiös. Und du ...? Glaubst du an Gott, Schätzchen?«

Das Mädchen umarmte ihn und sagte: »Kamila hat mir heute in der Arbeit erzählt, daß du sie in deinem Wagen mitgenommen hast. Ihr seid zum Fluß gefahren, stimmt das?«

»Sie wollte den Sonnenuntergang sehen. Was ist schon dabei?« rief Lukas und sah Ludmilka so eigenartig an, daß ihr ein Schauer über den Rücken lief. Seine Hand machte sich selbständig und wanderte ihr Kleid hinauf, wo sich unter dem dünnen Stoff die Brust abzeichnete. Ludmilka blickte Lukas verwirrt an, unternahm aber nichts – im Gegenteil, sie legte noch ihre Hand auf die seine, als fürchtete sie, er könnte sie wegnehmen.

»Jeden Augenblick kann uns der Komet auf den Kopf fallen. Wir sind beide noch jung, Ludmilka«, flüsterte Lukas und rollte jedes Wort wie ein Schauspieler.

»Schwör mir, daß du mich nie verlassen wirst! Schwör es bei Gott«, bat das Mädchen.

Lukas hob die freie Hand zum Schwur und sagte feierlich: »Falls nichts Unvorhergesehenes passiert, mein Schatz.« Dann langte er mit der Hand, mit der er gerade die Treue geschworen hatte, dorthin, wo der Rock Ludmilkas aufhörte, und hob einen Zipfel in die Höhe. Die braungebrannten Beine des Mädchens kamen zum Vorschein. Ludmilka hinderte ihn daran, den Rock weiter zu heben.

»Nicht hier…«, flüsterte sie, »… gehen wir lieber zu mir.«

Lukas nickte, und dann verließen sie den Laden. An der Ecke blieb Lukas ein letztes Mal stehen. Er warf einen Blick nach oben, wo in diesem Augenblick durch die Tiefen des Alls ein Komet auf die Erde zuraste, um alles Leben, auch das von Lukas, für immer auszulöschen. Dann verschwand er in der Straße, in der all die jungen Mädchen aus dem Schönheitssalon *Die Perle* wohnten.

In der Nähe des Schönheitssalons lag ein unbebautes Feld, wo Gras und Unkraut wuchsen. Früher ging durch dieses Feld eine Schotterstraße, die direkt ins Ortszentrum führte. Eines Tages wurde aber ein paar Kilometer weiter eine breite Hauptstraße eröffnet. Von nun an nahmen alle Autofahrer die asphaltierte Hauptstraße, und die Schotterstraße begann langsam zu verfallen. Bereits nach einem Jahr verwandelte sie sich in einen Radfahrerweg, dann in einen schmalen Pfad, und schließlich verschwand sie völlig. Was übrigblieb, waren Straßenlaternen, die früher ihren Rand gesäumt hatten. In diesen Laternen, an denen das Unkraut immer höher kletterte, ging immer noch um die gleiche Abendstunde das Licht an und leuchtete wie in alten Zeiten auf die verwachsene Schotterstraße herunter.

Die Hälfte davon funktionierte nicht mehr, weil man sie mit Steinschleudern kaputtgeschossen hatte, aber die andere Hälfte hielt sich noch und leistete Widerstand.

Wenn jemand in unserer Gegend neu oder nur auf der Durchreise war, wurde er abends auf das Feld geführt, wo man ihm die hell leuchtenden Straßenlaternen zeigte. Der Fremde, der von der alten Schotterstraße nichts wußte, machte ein verwundertes Gesicht, und man konnte sicher sein, daß er beim nächstenmal hier mit einem Photoapparat vorbeikommen würde, um von unseren Straßenlaternen eine Aufnahme zu machen.

Auch jeder von uns hatte ein Photo von ihnen, das er im Portemonnaie trug. Er hatte es dort, wo er die Photos seiner Verwandten und besten

Freunde aufbewahrte, denn auch unsere Straßenlaternen waren etwas Besonderes, und wir waren auf sie nicht weniger stolz als die Einwohner in Pisa auf ihren schiefen Turm.

Immer wenn ich zu diesem Feld kam, setzte ich mich unter eine Laterne, die kaputt war. Wenn man im Dunkeln saß, hatte man eine bessere Aussicht auf all das, was ringsum geschah. Da unsere Ortschaft am Rande der Stadt lag, konnte man bis zu dem kilometerweit entfernten Wald sehen. Jeden Abend ging über diesem Wald die Sonne unter. Man brauchte sie aber nur für einen kurzen Moment aus den Augen zu lassen oder über eine Kleinigkeit nachzudenken, und schon hatte man den Untergang verpaßt. Wenn die Sonne untergegangen war, stieg von Zeit zu Zeit ein leichter Wind auf und es wurde ganz warm. Ich ließ dann den Blick über den Horizont wandern und dachte daran, daß jetzt in Amerika der Tag begann. Dabei wurde ich sonderbar müde, so müde, daß ich mit geschlossenen Augen neue Dinge zu sehen begann. Der Blick ging durch Straßen und dicke Häuserwände.

Ich sah meinen Großvater, wie er aus dem Küchenregal eine braune Papiertüte hervorholte und die Erbsen auf dem Boden verteilte. Auf dem Küchenboden waren so viele Erbsen wie Sterne am Himmel. Als ich sie zu zählen begann, kam ich immer wieder durcheinander und wurde so müde, daß ich die Augen kaum noch offenhalten konnte und schließlich einschlief.

Als ich aufwachte, war es schon ganz dunkel. Ich saß immer noch unter der kaputten Laterne. Ich versuchte mir die Jacke zuzuknöpfen. Während ich mich mit den zu großen Knöpfen abmühte, die nachträglich angenäht worden waren, sah ich in der Ferne, genau über dem Haus, wo Schuster Muschek todkrank im Bett lag und noch immer nicht starb, einen großen Vogel aufsteigen. Er hob lautlos ab und flog direkt auf die Laternen zu. Er war so schwer, daß er unterwegs die Dächer streifte. Einen Augenblick lang dachte ich sogar, daß hier ein Mensch in großen Stiefeln geflogen käme. Erst im Licht der Laternen erkannte ich, daß es bloß ein alter Storch war. Er bewegte die seltsam ausgefransten grauen Flügel müde hin und her. Sein magerer Hals streckte sich in die Flugrichtung. Als er über mir war, drehte er für einen Moment das Köpfchen und blickte auf mich herab. Er sah aus, als würde er im Schlaf fliegen, als würde er sich nicht dafür interessieren, was unter ihm lag, sondern nur dafür, wohin er flog. Er flog auf den Wald zu, in dem zuvor die Sonne verschwunden war und der nun wie eine schwarze Mauer dastand. Bevor er sein Ziel erreicht hatte, wurde er von der Nacht verschluckt. Eine Zeitlang hörte man noch das Geräusch seiner ausgefransten Flügel, bis auch das irgendwann vorbei war.

Am Abend bekam ich die übliche Strafe. Ich kniete eine halbe Stunde lang auf Erbsen und biß die Zähne zusammen. Dann kam mein Großvater zu mir, betrachtete mich eine Zeitlang schweigend und begann mir dann Vorwürfe zu machen.

»Weißt du eigentlich, was heute eine Scheibe kostet?« fragte er. »Mit einem Glasermeister hätte es das Doppelte gekostet. Diese Kerle warten nur darauf, einen auszunehmen. Ein Glück für dich, daß ich im Krieg als Glaser gearbeitet habe. Als die Deutschen kamen, flogen die Scheiben bei uns dreimal in der Woche. Seitdem kann ich eine Scheibe im Schlaf einsetzen.« Er sah mich an, ob ich mir auch alles eingeprägt hätte. Ich fühlte, daß sich die Strafe dem Ende näherte, und nickte zweimal, zur Antwort. Der Großvater holte aus dem Regal die braune Papiertüte und reichte sie mir. Ich erhob mich und begann die Erbsen einzusammeln.

Während ich das tat, sah er mir zu. In seinen Augen malte sich der stumme Vorwurf gegen sein Schicksal, das es ihm nicht ermöglichte, statt für zerbrochene Scheiben aufzukommen gemeinsam mit mir auf Erbsen zu knien. Nach den Abendnachrichten, die ich mir ansehen durfte, ging ich auf mein Zimmer und legte mich ins Bett. Von unten drang das Geräusch des laufenden Fernsehers herauf. Man strahlte eine brasilianische Unterhaltungsserie aus, die alle sehr mochten. Während ich den Dialogen lauschte, die verzerrt zu mir heraufkamen, wurde ich plötzlich von der gleichen Müdigkeit wie zuvor auf dem Feld übermannt und schlief schon zum zweitenmal an jenem Abend ein.

Am nächsten Morgen starb Schuster Muschek. Er drehte sich nach dem Frühstück zur Wand, damit ihm niemand beim Sterben ins Gesicht sehen konnte, und hörte zu atmen auf. Frau Muschek, die gerade im Zimmer war, trat an das Bett und drehte ihren Gatten wieder zurück ans Licht. Sie fing gleich an, ihm das Hemd aufzuknöpfen, seine Wangen zu tätscheln und sich aufzuregen: »Siehst du ...! Siehst du, was du jetzt wieder angestellt hast!« Offenbar erwartete sie von ihrem Mann, der bereits seit

Wochen nicht mehr sprechen konnte, ausgerechnet jetzt eine Antwort. Aber Schuster Muschek dachte nicht mehr daran. Er suchte sich einen Punkt an der Decke aus, den er immerfort anstarrte. Wenn Frau Muschek seinen Kopf bewegte, fegte sein starrer Blick hin und her. Fünf Minuten nach seinem Tod erbarmte er sich ein letztes Mal und gab ein kurzes Hüsteln von sich, auf welches jedoch Frau Muschek derart unvorbereitet war, daß sie zum Telefon lief und das Bestattungsamt von seinem Ableben in Kenntnis setzte.

Eine halbe Stunde später trafen die Totengräber mit einem Sarg ein. Sie stellten den Sarg im Vorzimmer ab und warteten in der Küche, während Frau Muschek ihren Gatten für die letzte Reise fertig machte.

Schuster Muschek wurde an diesem Tag mit seinem schönsten Anzug bekleidet. Er hatte ihn zuletzt vor Jahren, als ihm jemand eine Theaterkarte geschenkt hatte, getragen. An jenem Abend war er nicht ins Theater, sondern in eine Kneipe gegangen. Er war betrunken heimgekommen und hatte eine Ausrede für seine Frau erfinden müssen. Obwohl Herr Muschek diesmal nirgends hinzugehen brauchte, zog ihm seine Frau seine neuesten Schuhe an, die er sich noch kurz zuvor selbst gemacht hatte. Auf ein Zeichen Frau Muscheks trugen die Männer vom Bestattungsamt den Sarg ins Schlafzimmer. Sie musterten Muschek von oben bis unten, ob der Sarg für ihn auch richtig war. Frau Muschek ging inzwischen zu jedem von ihnen und gab ihm ein Trinkgeld, damit sie ihren Mann vorsichtig hineinlegten. Doch offenbar war der mit rosa Plüsch ausgelegte Sarg nicht ganz nach dem Geschmack Muscheks, denn er wehrte sich, dort hineinzukommen. Sobald ihn die Totengräber untergebracht hatten, machte sich seine rechte Hand selbständig und sprang wie das Teufelchen aus der Schachtel heraus. Die beiden Totengräber kratzten sich am Kopf und sahen Frau Muschek an. Sie begann ihrem Mann Vorwürfe zu machen.

»Komm, mein Lieber, ist das wirklich der richtige Augenblick ...? Leg dich hin und mach den beiden Herren keine Schwierigkeiten.«

Und siehe da! Als die Männer die Hand diesmal in den Sarg drückten, blieb sie dort, wo sie hingehörte.

Die Totengräber legten schnell den Deckel über Muschek. Während sie die Schrauben festzogen, holte Frau Muschek ein Taschentuch hervor und wischte sich die Tränen ab, die ihr bei diesem Anblick gekommen waren.

»Er war ein guter Gatte«, lobte sie Herrn Muschek. Die beiden Männer vom Bestattungsamt nickten zustimmend, befühlten ihre Hosentaschen, ob das Trinkgeld noch da war, und trugen den Sarg hinaus. Frau Muschek folgte ihnen ins Freie. Vor dem Haus blieb sie stehen und beobachtete, wie sie ihren Mann in einen grauen Kombi schoben. Die beiden Männer grüßten ein letztes Mal, dann fuhren sie mit Schuster Muschek davon, damit er rechtzeitig zu den anderen Toten, die am gleichen Tag gestorben waren, ins Kühlhaus kam.

Am Abend setzte ich mich ans Fenster und dachte über Schuster Muschek nach, der, obwohl er Atheist gewesen war, bestimmt schon oben im Himmel saß und auf uns alle herunterblickte. Er hatte sicher den gleichen müden Blick wie der seltsame Vogel, der über das Feld hinweggeflogen war. Und während ich den Nachthimmel nach unserem Nachbarn absuchte, hörte ich auf einmal von unten eine Stimme rufen: »Na, Kleiner? Wonach hältst du denn Ausschau? ... Nach der Jungfrau Maria?«
Ich blickte hinunter und sah an unserem Zaun jemanden in einem weißen Hemd stehen. Es war Lukas, der um diese Zeit angetrunken von seiner Braut zurückkam und eine kleine Rast einlegte. Er hielt sich mit einer Hand am Zaun fest und zielte mit der anderen in den Himmel.
»Peng, peng, peng!« rief er, »... ich habe drei Sterne abgeschossen. Gleich fallen sie durchs Dach ins Zimmer.« Ich schaute unwillkürlich nach oben.
»Du glaubst wohl alles, was man dir erzählt, wie?« lachte Lukas. Ich schüttelte den Kopf, und Lukas hielt sich zur Abwechslung mit beiden Händen am Zaun fest. »Das Leben ist herrlich, Jungchen!« rief er, »aber was weißt du schon davon? ... Weißt du denn überhaupt, warum es herrlich ist?«
Ich wußte es nicht. Aber ich wollte ihm imponieren und sagte: »Vielleicht wegen der Mädchen, Herr Lukas?«
»Ach die ...«, er winkte mit der Hand, »... die habe ich schon ganz vergessen. Sag mal? Hast du denn noch nichts von dem Kometen gehört, der täglich immer näher kommt und bald auf die Erde prallen wird?«
Er ließ den Zaun los und wich plötzlich in die Dunkelheit zurück. Gleich darauf tauchte er wieder auf und hielt den Finger in die Höhe wie Pater Smolny in der Messe.

»Dieser Komet ist das Schönste auf der Welt! Er wird das besorgen, wozu ich keine Zeit habe, verstehst du?« rief er und wich wieder zurück. Ich wartete, bis sein weißes Hemd wieder zum Vorschein käme, aber es tauchte nicht mehr auf. Lukas hatte wieder seinen Weg aufgenommen. Ich hörte seine Stimme, die schon einige Schritte entfernt war.

»Er wird dieses lächerliche Leben, das ich führe, beenden – hast du das kapiert, Kleiner?« lachte er und verschwand in der Dunkelheit, wie der große Vogel, der über Muscheks Haus letzte Nacht so tief hinweggeflogen war, daß er es fast mit seinen Beinen berührt hätte.

Rumjana Zacharieva
Kamille

Die Kamille. Nachts träumte ich davon. Ich schwebe über einem Kamillenblütenfeld. Ich schwebe. Ich trage einen Riesenkorb, und der Korb zieht mich voran. Der Korb verwandelt sich in einen Ballon. Meine Mutter flicht einen Kranz, einen Kranz aus Kamillenblüten, und möchte ihn mir im Haar befestigen. Sie läuft durch das Kamillenblütenfeld und ruft meinen Namen, streckt die Hände empor, schreit. Ich aber fliege fort, entferne mich von ihr und vom Kamillenblütenfeld. Dann wird der Korb schwer, so schwer, daß er mich nach unten zieht. Ich falle langsam, halte die Luft an, der Korb ist voll mit dampfenden Kamillenblüten. Warum hast du die Blüten nicht auf der Zeitung ausgebreitet, Mila, sagt plötzlich Großmutter und hält sich am Korb fest. Wir versinken in einer Woge aus Kamillenduft, es wird tiefer und tiefer unter mir, ich versinke in einer Flut aus Kamillenblüten, Mutter will mir unbedingt den Kranz ins Haar stekken, sie stolpert, hält sich am Korb fest, halt dich fest, sagt Großmutter und streut Kamillenblüten über Mutters schwarzes Haar. Du hast mich nie Völkerball spielen lassen, Mutter, ich mußte dauernd Brot backen, sagt Mutter zu Großmutter und entfernt sich, versinkt im Zeitlupentempo, und über ihrem Kopf schließt sich das Meer der Blüten. Du darfst nie wieder die Kamille über Nacht im Korb vergessen, sie schwitzt dann, und ihre Heilkräfte schwinden, mahnt Großmutter, und ich sage, laß uns nicht weiter versinken, Großmutter, sonst können wir die Norm nicht erfüllen, und ich stehe da am Anfang des Schuljahres und kriege meine neuen Schulbücher nicht.
7 Kilo Kamille!

Jedes Jahr wurde der Backofen von Maminka eigenhändig repariert und mit Pferdemist verputzt. Für den Pferdemist war ich verantwortlich. Ich verpaßte zwar die Morgenportion, da die Herde der Kooperative viel zu früh an unserem Haus vorbei zur Weide zog, aber abends wartete ich genau wie die Nachbarskinder, versteckt hinter der Pforte, die Nase zwischen die Latten gepreßt, auf die Herde und zählte jeden Pferdeapfel, der vor unserer Haustür fiel, damit ich ihn, sobald die letzten Tiere vorüber waren, auflesen konnte. Ich war nicht sehr schnell, so daß mir manch kostbarer Pferdeapfel abhanden kam, wenn alle Kinder zugleich ihren Beobachtungsposten verließen und mit Eimern und Schaufeln auf die Straße stürzten. Trotzdem schaffte ich innerhalb einer Woche so viel heran, daß unser Backofen prächtig verputzt werden konnte. Nach ein paar Tagen war er von der bissigen Sonne so weit getrocknet, daß wir das erste Frühjahrsbrot darin backen konnten. Vier Riesenbrote in der Woche. Die Coupons, die uns die Kooperative für Brot austeilte, hoben wir für den Winter auf.

Alles läuft immer in gleicher Weise ab: In einer schweren Holzwanne liegt ein Berg aus Mehl. Maminkas Hand gräbt im Vorgebirge eine weiße Grube, in die sie in Blasen aufgequollene Hefe hineingießt. Mit einer regelmäßigen, kreisförmigen Bewegung gräbt sie den Mehlberg unter. Ihre Finger arbeiten sich langsam voran, wie ein Maulwurf, so lange, bis der ganze Berg verschwunden ist. Nur zwei Hände voll Teig sind von ihm übriggeblieben, mickrig, grauweiß. Dann fängt das Kneten an. Ich sehe gespannt zu, wie sich Maminkas Stirn schnell und immer schneller mit kleinen Schweißtropfen bedeckt. Sie sind beinahe kugelrund. Bald ist Maminkas Oberlippe ganz naß. Die Schweißperlen rollen von der Stirn die Nase herunter, und manche landen im Teig. Sie wischt sich das Gesicht mit dem Handrücken und knetet, knetet ... Ich bin müde vom Zugucken. Fast schlafe ich im Stehen ein. Maminka deckt den Teig liebevoll mit dem schönen handgewebten Tuch aus ihrer Hochzeitstruhe zu. Er muß in der Holzwanne übernachten, schlafen muß er, meint sie.

Eines Tages kam Djado, mein Großvater, zufällig herein, volltrunken wie er es immer um jene Tageszeit war, sah Maminka zornig an, schimpfte auf die Kommunisten und ihre ganze Sippe, sie hätten ihm die Kneipe geraubt und verjubelt, wunderte sich, daß die Amerikaner immer noch nicht da waren, um sie ihm zurückzugeben. Worauf Maminka wie immer sagte: Möge Gott die Händchen der Kommunisten vergolden, daß sie dir die Kneipe weggenommen haben, du bist ja auch ohne Kneipe voll! ... Und die Amerikaner, fügte sie hinzu, können mir gestohlen bleiben. Worauf er mit geballter Faust auf sie losging. Ich sah die fleischige Faust, fühlte den Luftstoß an meinem Gesicht vorbei ... Ich streckte den Fuß aus. Djado verlor das Gleichgewicht, und seine Faust landete im Teig. Majka wi! fluchte er obszön, irgendeine Mutter betreffend, und – schlug zu. Wir rührten uns nicht, platt an die Wand gedrückt. Als ihm die Fäuste wehtaten, nahm er den Teig und schmiß ihn an die Wand. Majka wi! schrie er dabei, holte den Teig von der Wand herunter, warf ihn in die Holzwanne, schnappte sich die Schaufel und schlug auf ihn ein, bis er selbst, völlig erschöpft, auf den Fußboden sank und – majka wi! – einschlief. Maminka pickte die wenigen Holzspäne, die sie fand, aus dem Teig heraus, sagte, so gut war das Brot noch nie durchgeknetet, legte es vorsichtig wie ein Baby in die Wanne zurück und deckte es wieder zu. Am anderen Morgen war der Teig so aufgegangen, daß er die Holzwanne hinunterlief. Wir mußten ihn vom Boden auflesen und zum erstenmal fünf statt vier Brote daraus backen.

Wir gingen in Richtung Blindengasse. Die Blindengasse war voll mit Brennesseln und Kamille. Maminka kochte die beste Brennesselsuppe, die ich je gegessen habe. Im Frühjahr, ehe der Spinat noch ans Wachsen dachte, war die Brennessel schon da. Wir alle, geplagt vom grünen Hunger, konnten den ersten Spinat nicht abwarten. Unsere Bäuche, verwöhnt, gereizt und einen Winter lang geplagt durch das sauer eingelegte Gemüse, den Wintersalat, wie wir ihn nannten, und durch das Sauerkraut, sehnten uns nach dem ersten grünen Blatt. Und das erste Eßbare, das man entlang der Steinmauern und unter den Holzstapeln fand, war die Brennessel. Wir bereiteten daraus den ersten Frühlingssalat, die erste Frühlingssuppe und sogar den ersten grünen Auflauf mit Reis, Zwiebeln und Eiern. Die Brennessel gab es fast das ganze Jahr über bis zum späten Herbst, doch sie verlor ihre Anziehungskraft, sobald der Kopfsalat, die Radieschen und die Lauchzwiebeln da waren. Im Sommer kam es höchst selten vor, daß man eine Brennesselsuppe vorgesetzt bekam; die gab es nur dann, wenn es Maminka zu spät eingefallen war, daß Großvater unbedingt eine Suppe haben wollte, egal, ob das Essen schon fertig war oder nicht.
Wir gehen durch das leere Dorf. Es ist heiß und staubig. Wir nähern uns der Blindengasse und ziehen unsere Schuhe aus. Der Staub glüht – ein vertrautes Gefühl. Ich habe Ferien. Am rechten Fuß hat Maminka nur vier Zehen. Warum hast du nur vier Zehen, Maminka? Djado Minko, mein

Großvater, hat mir den einen Zeh abgeschnitten, als ich klein war, so klein wie du, Mila. Die Sonne prallt auf meinen Kopf. So klein wie du, Mila. Und während ihre dünnen Lippen die einzelnen Worte formen, schaudert es mich; sie ist es nicht, die erzählt, ich bin es, die erzählt, von damals, und während ich dies heute erzähle, werden die Mila und die Maminka eins, Djado Minko nähert sich dem Kind mit dem Taschenmesser in der Hand. Es tut nicht weh, paß auf, es tut nicht weh, der Zeh muß weg, sonst stirbst du, mit einem blauen Pickel ist nicht zu spaßen! Da schreit ein Kind durch die Blindengasse, der Schrei zerschellt an den Fensterscheiben, die Fensterscheiben sind mit Reispapier versperrt, das Dorf ist leer, und der Schrei verdampft an den Wänden der heißen Häuser. Da schreit ein Kind vierzig Jahre zurück in der Zeit und fast dreißig Jahre vorwärts, bis der Schrei eins wird und zu Buchstaben erstarrt. Da tritt plötzlich die alte Frau aus dem Kind heraus, setzt sich an den Rand der staubigen Straße, aus der einen werden zwei, ist ja gut, mein Kind, es hat nur ganz kurz wehgetan, hast du denn schon wieder kein Taschentuch, Mila, wie oft soll ich dir das sagen, der Djado Minko hat es richtig gemacht, er hat das Messer vorher in den Schnaps getaucht, und wie du siehst, lebe ich noch!

Ich stand auf. Meine Handflächen waren feucht geworden, und ich merkte, daß ich vor Angst einen steifen Hals bekommen hatte. Maminka zog die Gummigaloschen wieder an, barfuß wie sie war, holte die Lederhandschuhe aus dem bunten Säckchen heraus, zog sie an und trat in die Brennesseln hinein. Sie suchte die jüngsten Pflanzen, die an den Wurzeln seitwärts sprossen, und verstaute sie in ihrem Wollsäckchen. Ich zog meine Schlappen auch an. Die durchgeschwitzten Socken ließ ich in der Sonne lüften. Dann nahm ich den Holzkamm und beugte mich über das kleine Meer Kamille, das die Brennesseln umgab. Der Kamm hatte vierundzwanzig Zähne; es paßten genau dreiundzwanzig Kamillenblüten hinein. Ein Schwung mit dem Kamm durch die Kamille und hochziehen, als wurde ich die Blüten kämmen. Die Hälfte fiel sofort wieder auf den Boden. Der Grund meiner Tasse wurde mit dem Rest der Blüten kaum bedeckt. Ob ich schon zehn Gramm gepflückt hatte? Ich muß unbedingt einen richtigen Kamillenpflücker haben, sonst bin ich erledigt, dachte ich unentwegt. Nach einer halben Stunde war meine Tasse fast voll, Maminkas Wollsäckchen mit den Brennesseln auch, und wir machten uns auf den

Weg nach Hause. Wieviel hab ich denn wohl gepflückt, Maminka, versuchte ich das Gewicht in der vollen Tasse zu schätzen. Hundert Gramm vielleicht? Maminkas Antwort traf mich völlig unvorbereitet: Höchstens fünfzig, Mila, doch bis Montag sind es nur noch fünfundzwanzig Gramm.

Die Kamille trocknete schnell aus, das war es! Ich war verzweifelt. Maminka tröstete mich: Mach dir nichts draus, Mila, wir machen das schon! Aber ich war untröstlich. Später erfuhr ich, daß man uns 3 Kilo getrocknete oder 7 Kilo frische Kamille als erfüllte Norm anerkannte, aber erst viel später.

Francesco Micieli

Ich weiß nur, daß mein Vater große Hände hat
Tagebuch eines Kindes

Für Katarina

Wahrscheinlich hatte damals meine Mutter
einen großen Bauch.
Es war Februar.
Sie mag dagelegen haben, wartend, bis die Schmerzen
stärker wurden. Krämpfe, die alle Muskeln erfaßten.
Dann, nur vorne, zwischen den schmalen
Oberschenkeln, der Schrei.
Es war Regenzeit
und sie mag sich fest an den Händen der Großmutter
gehalten haben.
Es ist ein Bub,
sagte die Tante dem Vater, der, eine Nazionali
Esportazioni rauchend, demütig seine Mütze
in der Hand hielt.
Es ist ein Bub,
muß viel später der Arzt gesagt haben.
Gut, sehr gut ... ein Bub ... nur Buben nützen.
Der Pfarrer mit dem Kreuz und dem Weihwasser sei
auch gekommen, die Augen zum Himmel gerichtet.
Gott hat's gegeben,
muß er gesagt haben.
Das Ausland hat's genommen.

Gestern ist ein Paket gekommen.
Von meinem Vater,
der hinter den großen Bergen arbeitet.
Da war für mich Schokolade drin.

Ich esse sie gern, weil sie süß ist.
Hinter den großen Bergen gibt es viel Schokolade,
sagt meine Tante.
Große Häuser voll.
Die Leute haben dort alle braune Zähne ...
deshalb lachen sie selten.
Auch mein Vater lacht nicht auf dem Bild,
wo er im Schnee steht.

Wenn es Nacht ist,
sieht man am langen Berg viele Lichter.
Sie scheinen uns zu grüßen.
Großvater sagt, daß am langen Berg
viele Menschen wohnen.
Sie sprechen nicht unsere Sprache.
Sie sind keine Arbresh.
Aber auch von ihnen gehen viele
ins Ausland.

Mein Vater schickt kein Geld mehr.
Wir wissen nicht warum.
Meine Mutter muß jetzt arbeiten gehen.
Für ein Brot.
Sie kann bei einem reichen Bauern helfen.
Am Abend, wenn sie nach Hause kommt,
ist sie traurig.
Sie weint.
Ich verstecke mich und weine auch.

Meine Mutter will jetzt auch in das Land
hinter den großen Bergen gehen.
Mein Vater sucht sonst eine andere Frau,

weil die Männer nicht ohne Frau sein können,
wenn es kalt ist.

Der Großvater hat den schönen Hut angezogen.
Er bringt nicht Tiere, sondern meine Mutter
zum großen Dorf in der Ebene.
Sie hat einen Koffer.
Sie ist traurig.
Ich werde dich bald holen,
sagt sie zu mir und küßt mich.
Der Bus fährt weg auf der schwarzen Straße.
Der Zahn meiner Großmutter schaut mich traurig an.

Ich liege unter dem Bett meiner Großmutter
und friere.
Der böse Blick, sagt sie,
jemand hat dir den bösen Blick geworfen.
Sie nimmt mich bei der Hand.
Wir gehen zur Strega.
Sie sitzt hinter einem Kreuz
und reißt mir ein Haar aus.
Dann spricht sie unverständliche Worte.
Die Sprache des Auslandes, denke ich,
und vergesse zu frieren.

Großvater hat mir gesagt,
er sei auch einmal im Ausland gewesen.
In Abessinien. Als Krieg war.
Dort sind die Menschen schwarz.
Dort, wo meine Eltern arbeiten, sind die Menschen
weiß.
Weiß wie Milch, sagt mein Großvater,
weil es dort große Seen mit Milch gibt.

Arzt mußt du werden,
sagt meine Großmutter.
Sie hat nur noch einen Zahn.
Der Großvater, der den Afrikakrieg mitgemacht hat,
sticht mich mit einem spitzen Holzstück
in die Oberschenkel.
Ich weine. Großvater lacht.
Er hat noch fast alle Zähne.
Gelb von den gesammelten Zigaretten.
Wir sind eine reiche Familie gewesen,
Großgrundbesitzer.
Der Zahn der Großmutter lacht.
Ehrliche Leute sind deine Eltern.
Arzt mußt du werden.
Auch die Hunde hören zu.
Die haben es gut hier, sagt der Großvater.
Sie kommen vom Land ins Dorf
und kehren nicht mehr zurück.
Sie haben Amerika entdeckt.

Wenn du nur ein Stück Brot hast,
sagt Ettore, der Hirt von Don Antonio,
mußt du es in zwei Teile teilen.
Dann sagst du dir:
Ein Stück ist Fleisch, das andere Brot.
Das Fleisch gibst du dem Hund.

Meine Eltern haben mir eine Kugel geschickt.
Sie ist voll Wasser.
Wenn man sie schüttelt, fällt der Schnee
auf ein braunes Haus.
Großvater sagt, er kenne ein Dorf weit unten im Meer.
Dort sind alle Menschen glücklich.

An Weihnachten spielen wir die Geschichte von Jesus.
Seine Eltern sind auch ausgewandert.
Aber sie haben ihn mitgenommen.

Es ist Weihnachten.
Jedes Kind schreibt seiner Mutter einen Brief
und legt ihn unter ihren Teller.
Auch ich möchte mir etwas wünschen.
Aber meine Mutter ist nicht da.
Du kannst meine haben, sagt Angela
und lächelt.

Sie nehmen meinem Bruder sein Grab weg,
weil wir es nicht bezahlen können.
Seine Knochen werfen sie in ein großes Grab.
Dort sind viele andere Knochen.
Er ist nicht mehr allein.

Wenn man Geld hat,
kann man eine Messe zahlen.
Dort betet der Priester für den,
der Geld hat
und für seine Verwandten
und für seine Toten
und manchmal für die ganze Welt

Ich habe ein Geldstück gefunden.
Glücklich kaufe ich mir ein Brot mit Mortadella.
Ich esse es hungrig auf der Straße.
Es ist Freitag, sagt der Priester.
Am Freitag darf man kein Fleisch essen.

Ich gebe das Fleisch den Hunden.
Sie dürfen auch freitags Fleisch essen.

Es gibt ein Land, wo alle Menschen genug zu essen
haben, sagt Ettore, der Hirt.
In diesem Land wächst das Essen auf den Bäumen.
Fleisch, Brot und Früchte.
Es regnet Wein.
Und im Winter, wenn der Schnee kommt,
fallen warme Kleider vom Himmel.
Warum gehen wir nicht dorthin, frage ich.
Weil es so weit weg ist,
daß man in einem Leben nicht ankommt, sagt Ettore.

Meine Eltern sind gekommen.
Sie haben Ferien.
Sie sind schön angezogen
und haben viele Geschenke mitgebracht.
Mein Bruder und ich dürfen Fleisch aus Büchsen essen.
Eine Kuh ist darauf gezeichnet.
Im Ausland gibt es viel Fleisch,
sagt meine Mutter.
Wir nehmen euch jetzt mit. Dann könnt ihr jeden Tag
Fleisch essen.
Sie weint.

Auf der Straße sehe ich die Hexe.
Sie lacht.
Ich habe Angst.
Ich tu dir nichts, sagt sie und streichelt mein Haar.
Du hast grün-blaue Augen
Darin kann man die Wahrheit sehen.

Ich sehe, daß du nicht mehr zurückkommst.
Sie lacht.

Onkel Cosimo war Gefangener in England.
Dort mußte er den Soldaten die Schuhe putzen.
Sie sagten immer »gud boi« zu ihm.
Jetzt, da wir uns verabschieden, sagt er »gud boi«
und gibt mir die Hand.

Mit großen Koffern gehen wir auf die Piazza.
Ich schaue noch einmal die Häuser an.
Im Ausland gibt es schöne Häuser, sagt meine Mutter.
Mir gefallen diese Häuser, antworte ich.
Der Zahn meiner Großmutter lacht.
Die Häuser schauen mich traurig an.

Der Bus steht da, der Motor läuft.
Großvater weint.
Ich habe ihn noch nie weinen sehen.
Er ist doch ein Held.
Er hat den Krieg mitgemacht, in Abessinien.
Wir kommen bald zurück, sagt mein Vater,
ja, sehr bald,
denn wir werden Geld haben
und jeden Tag Fleisch essen.
Großvater hört nicht zu. Sein Blick ist finster.
Gott will es so,
sagt der Pfarrer. Wir sind ein armes Land.
Der Bus fährt weg. Großvater bewegt sich nicht.

An der Grenze muß ich zu einem Doktor.
Ich bin nackt.
Er schaut, ob ich krank bin.
Denn nur gesunde Leute dürfen ins Ausland.

Yoko Tawada
Von der Muttersprache zur Sprachmutter

In meinem ersten Jahr in Deutschland schlief ich täglich über neun Stunden, um mich von den vielen Eindrücken zu erholen. Jeder normale Büroalltag war für mich eine Kette rätselhafter Szenen. Wie jede andere, die in einem Büro arbeitet, war ich umgeben von verschiedenem Schreibzeug. Insofern wirkte meine neue Umgebung auf mich zuerst nicht so fremd: Ein deutscher Bleistift unterschied sich kaum von einem japanischen. Er hieß aber nicht mehr »Enpitsu«, sondern »Bleistift«. Das Wort »Bleistift« machte mir den Eindruck, als hätte ich es jetzt mit einem neuen Gegenstand zu tun. Ich hatte ein leichtes Schamgefühl, wenn ich ihn mit dem neuen Namen bezeichnen mußte.

Es war vergleichbar mit dem Gefühl, das auf mich zukam, als ich meine verheiratete Bekannte mit ihrem neuen Familiennamen ansprechen mußte. Bald gewöhnte ich mich daran, mit einem Bleistift – und nicht mehr mit einem Enpitsu – zu schreiben. Bis dahin war mir nicht bewußt gewesen, daß die Beziehung zwischen mir und meinem Bleistift eine sprachliche war.

Eines Tages hörte ich, wie eine Mitarbeiterin über ihren Bleistift schimpfte: »Der blöde Bleistift! Der spinnt! Der will heute nicht schreiben!« Jedesmal, wenn sie ihn anspitzte und versuchte, mit ihm zu schreiben, brach die Bleistiftmine ab. In der japanischen Sprache kann man einen Bleistift nicht auf diese Weise personifizieren. Ein Bleistift kann weder blöd sein noch spinnen. In Japan habe ich noch nie gehört, daß ein Mensch über seinen Bleistift schimpfte, als wäre er eine Person.

Das ist der deutsche Animismus, dachte ich mir. Zuerst war ich nicht sicher, ob die Frau ihre Wut scherzhaft übertrieb oder ob sie wirklich so wütend war, wie sie aussah. Denn es war für mich nicht vorstellbar, so ein starkes Gefühl für einen so kleinen Gegenstand empfinden zu können. Ich bin zum Beispiel noch nie in meinem Leben über mein Schreibzeug wütend geworden. Die Frau schien aber – soweit ich es beurteilen konnte – ihre Worte nicht als Scherz gemeint zu haben. Mit einem ernsthaften Gesicht warf sie den Bleistift in den Papierkorb und nahm einen neuen in die Hand. Der Bleistift, der in ihrem Papierkorb lag, kam mir plötzlich merkwürdig lebendig vor.

Das war die deutsche Sprache, die der für mich fremden Beziehung zwischen diesem Bleistift und der Frau zugrunde lag. Der Bleistift hatte in dieser Sprache die Möglichkeit, der Frau Widerstand zu leisten. Die Frau konnte ihrerseits über ihn schimpfen, um ihn wieder in ihre Macht zu bekommen. Ihre Macht bestand darin, daß sie über den Bleistift reden konnte, während der Bleistift stumm war.

Vielleicht schimpfte sie über ihn, um sich dieses Machtverhältnisses zu vergewissern. Denn die Frau war sehr verunsichert in dem Moment, als sie nicht weiterschreiben konnte. Unabhängig davon, ob es an der ständig brechenden Bleistiftmine liegt oder an der mangelnden Kreativität, wird jeder Mensch verzweifelt, wenn er plötzlich nicht weiterschreiben kann. Er muß dann seine Position als Schreibender wiederherstellen, indem er über sein stummes Schreibzeug schimpft. Leider handelt es sich hier nicht um einen Animismus.

Trotzdem kam mir der Bleistift lebendig vor, als die Frau über ihn schimpfte. Außerdem kam er mir männlich vor, weil er *der* Bleistift hieß. In der japanischen Sprache sind alle Wörter geschlechtslos. Die Substantive lassen sich zwar – wie das bei den Zahlwörtern sichtbar wird – in verschiedene Gruppen aufteilen, aber diese Gruppen haben nie das Kriterium des Männlichen oder des Weiblichen: Es gibt zum Beispiel eine Gruppe der flachen Gegenstände oder der länglichen oder der runden. Häuser, Schiffe und Bücher bilden jeweils eigene Gruppen. Es gibt natürlich auch die Gruppe der Menschen: Männer und Frauen gehören zusammen dahin. Grammatikalisch gesehen ist im Japanischen nicht einmal ein Mann männlich.

Es machte mir viel Mühe, das grammatische Geschlecht eines deutschen Wortes zu lernen. Ich vergaß es sofort, als hätte es gar keine Beziehung zu dem Wort. Einem Muttersprachlichen komme das grammatische Geschlecht wie ein natürlicher Teil eines Wortes vor, stand in einem Sprachlehrbuch. Ich versuchte immer wieder herauszufinden, wie man sich diese Empfindung erwerben könnte.

Es gab einen Vergleich, an dem ich mich damals orientierte: Wenn ich zum Beispiel eine Menschengestalt sehe, nehme ich als erstes wahr, ob es eine

Frau oder ein Mann ist. Auch bei dem Gedanken, diese Unterscheidung sei für mich vollkommen bedeutungslos, könnte ich keinen Menschen wahrnehmen, ohne sein Geschlecht wenigstens zu beachten. Ich sollte wahrscheinlich die Gegenstände genauso wahrnehmen – dachte ich mir damals –, sonst könnte ich mir niemals ihr grammatisches Geschlecht merken.

Wenn ich zum Beispiel einen Füller sah, versuchte ich, ihn wirklich als ein männliches Wesen zu spüren und zwar nicht im Kopf, sondern mit meinem Gefühl. Ich nahm ihn in die Hand, starrte ihn lange an, während ich leise vor mich hin wiederholte: männlich, männlich, männlich. Der Zauberspruch brachte mir langsam einen neuen Blick. Das kleine Reich auf dem Schreibtisch wurde nach und nach sexualisiert: der Bleistift, der Kugelschreiber, der Füller – die männlichen Gestalten lagen männlich da und standen wieder männlich auf, wenn ich sie in die Hand nahm.

Es gab auch ein weibliches Wesen auf dem Schreibtisch: eine Schreibmaschine. Sie hatte einen großen, breiten tätowierten Körper, auf dem alle Buchstaben des Alphabets zu sehen waren. Wenn ich mich vor sie hinsetzte, hatte ich das Gefühl, daß sie mir eine Sprache anbot. Ihr Angebot änderte zwar nichts an der Tatsache, daß Deutsch nicht meine Muttersprache ist, aber dafür bekam ich eine neue Sprachmutter.

Diese weibliche Maschine, die mir eine Sprache schenkte, nannte ich Sprachmutter. Ich konnte zwar nur die Zeichen schreiben, die sie bereits in und auf sich trug, das hieß, das Schreiben bedeutete für mich nichts weiter, als sie zu wiederholen, aber dadurch konnte ich von der neuen Sprache adoptiert werden. Es waren natürlich nur Geschäftsbriefe und keine Gedichte, die ich im Büro schrieb. Dennoch spürte ich oft große Freude beim Tippen. Wenn ich ein Zeichen tippte, stand es sofort auf dem Papier, schwarz auf weiß und geheimnisvoll zugleich. Wenn man eine neue Sprachmutter hat, kann man eine zweite Kindheit erleben. In der Kindheit nimmt man die Sprache wörtlich wahr. Dadurch gewinnt jedes Wort sein eigenes Leben, das sich von seiner Bedeutung innerhalb eines Satzes unabhängig macht. Es gibt sogar Wörter, die so lebendig sind, daß sie wie mythische Figuren ihre eigenen Lebensgeschichten entwickeln können.

Es gab damals zwei Figuren in der deutschen Sprache, die mir stark auffielen. Sie standen oft mit verdeckten Gesichtern vor meinen Augen. Ich wußte nicht genau, was oder wer sie waren, und es war nicht möglich, jemanden danach zu fragen; denn meine deutschen Mitarbeiterinnen schienen sie nicht sehen zu können. Die eine Figur hieß »Gott« und die andere »Es«. Sie zeigten sich immer wieder in verschiedenen Sätzen.

Gott kam oft aus dem Mund einer Frau, wenn ein Gefühl ohne Kommentar herauskam: »Oh, mein Gott!«, »Ach du lieber Gott!«, »Gott sei Dank!«, »Um Gottes willen!« Jedesmal, wenn ich einen von diesen Ausdrücken hörte, spürte ich eine große Macht, die mich beherrschen wollte. Um ihren Einfluß zu vermeiden, versuchte ich immer, dieses Wort zu ignorieren. Noch heute kann ich keinen Ausdruck verwenden, in dem das Wort »Gott« vorkommt.

Die zweite Figur, die mir damals stark auffiel, war »Es«. Man sagte: »Es regnet«, »Es geht mir nicht gut«, »Es ist kalt.« Im Lehrbuch stand, daß dieses »es« gar nichts bedeute. Dieses Wort fülle nur die grammatische Lücke. Ohne »es« würde nämlich das Subjekt des Satzes fehlen, und das ginge auf keinen Fall, denn das Subjekt müsse sein. Ich sah es aber nicht ein, daß ein Satz ein Subjekt haben mußte.

Außerdem glaubte ich nicht, daß das Wort »es« keine Bedeutung hatte. In dem Moment, in dem man sagt, daß es regnet, entsteht ein Es, das das Wasser vom Himmel gießt. Wenn *es* einem gut geht, gibt es ein Es, das dazu beigetragen hat. Dennoch schenkte ihm keiner besondere Aufmerksamkeit. Es besaß nicht einmal einen Eigennamen. Aber es arbeitete immer fleißig und wirksam in vielen Bereichen und lebte bescheiden in einer grammatischen Lücke.

Was mir im Reich des Schreibzeugs besonders gut gefiel, war der Heftklammerentferner. Sein wunderbarer Name verkörperte meine Sehnsucht nach einer fremden Sprache. Dieser kleine Gegenstand, der an einen Schlangenkopf mit vier Fangzähnen erinnerte, war Analphabet, obwohl er zum Schreibzeug gehörte: Im Unterschied zu dem Kugelschreiber oder zu der Schreibmaschine konnte er keinen einzigen Buchstaben schreiben. Er konnte nur Heftklammern entfernen. Aber ich hatte eine Vorliebe für ihn, weil es wie ein Zauber aussah, wenn er die zusammengehefteten Papiere auseinandernahm.

In der Muttersprache sind die Worte den Menschen angeheftet, so daß man selten spielerische Freude an der Sprache empfinden kann. Dort klammern sich die Gedanken so fest an die Worte, daß weder die ersteren noch die letzteren frei fliegen können. In einer Fremdsprache hat man aber so etwas wie einen Heftklammerentferner: Er entfernt alles, was sich aneinanderheftet und sich festklammert.

Franco Biondi
In deutschen Küchen

Schau mal, mein Sohn! Schau, wie das alles organisiert ist! rief mein Vater, als wir im Auto Richtung Baracke saßen. Schau die Pracht! Das ist Brot für unsere Zähne! Das ist ein Wunder! Er versäumte keinen Augenblick, mir seine Begeisterung für das Land einzuimpfen, doch ich sträubte mich und antwortete mit stummen Blicken, so wie in der Baracke, wo das Gefühl der Verlorenheit, das im Zug den ersten Stein in mir gelegt hatte, sein Richtfest feierte. Die Menschen bei der Firma Maurer riefen in mir Erstaunen hervor; die in der Baracke beunruhigten mich: der Molisaner, der nur für die Schichten lebte, der Apulier, der nur Überstunden in seinen Worten hatte und jeden Tag den Meister deswegen aufsuchte, der andere Molisaner, der mit Feuerzeugen aus der Stadt einen Kleinhandel betrieb, die Kalabreser, die Abend für Abend Stoppa spielten, die Sarden mit ihren Schreien und Contaspielen oder der Sizilianer, der mir einen Teller Nudeln anbot und mich dann bedrängte, Maurer nach einem Arbeitsplatz für seinen Neffen zu fragen; gerade mich, der ich so wenig Deutsch verstand und Hürden im Kopf hatte, Maurer wegen der eigenen Belange anzusprechen.

Sonntag für Sonntag verließen mein Vater und ich den Barackentrubel, um mal stadteinwärts, mal am Stadtrand den freien Tag zu zerlaufen. In die blaumelierte Septemberluft keuchte er regelmäßig: Das ist eine Pracht! Für jeden gibt's Arbeit, für jeden! Jeder hat hier seinen Platz, seine Bedeutung, nicht wie bei uns, wo die Leute nicht wissen, wie es morgen weitergeht! Hinter uns die letzten Häuser, die Markthalle, die Statue des Gekreuzigten am Stadtausgang. Links die welkenden Obstbäume, rechts die gepflegte Schrebergartenkolonie, die hohen Silberpappeln am Rhein, die Brücke. Alles in die melierte Bläue des Tages eingetüncht. Schau, mein Sohn! setzte sich die Durchsage fort, das ist das Brot für unsere Zähne! Fabriken und Fabriken, neue und alte, für alle Berufe! Und wenn das so gut klappt, wenn hier jeder seinen Platz hat, heißt es doch, daß sie zufrieden sein müssen, oder? Die Leute hier arbeiten mit dem Hirn, deshalb geht es ihnen gut, deshalb hat jeder eine Arbeit und braucht nicht um den nächsten Tag zu bangen. Hörst du? Warum antwortest du nicht? Sieh es ein, du Holzkopf! Du Esel! Das ist eine andere Welt, eine bessere Welt! Ich sag's dir: Meine Heimat kann nur die sein, die mir Essen gibt! Darum werde ich Mutter und die Kinder holen.

Fürwahr, von hier aus, den Stadtrand im Visier: der Betonklotz des Elektrizitätswerkes, die Nestléfabrik, wie ein gestreifter Pulli bemalt, die blechverschalte Halle der Feinmechanischen Werke, die Schlote der Glasfabrik, die Röhren der Chemiewerke und die Rheinwerft, das Wasserfaß der Stadt, die kleinen Hallen, die Behälterfabrik Maurer, wo ich seit der Ankunft arbeitete. Indessen sinnierte ich, als wäre ich ein Greis, über den Tod und darüber, daß der Mensch allein in der Welt war, bei der Geburt, beim Tod. Dabei erinnerte ich mich an Szenen in jenen alten Filmen, die in den Kinosälen der Kapuziner oder in der Casa del Popolo gelaufen waren, meist vielfach gerissen und durch unsachgemäßes Zusammenkleben mit Flimmerstellen versehen.

Vielleicht sah mein Vater nicht nur die Oberfläche, sondern auch den Kern, wenn er mich Holzkopf und Esel nannte. In der Tat, ich verwirklichte mich als Esel. Bei Maurer freute ich mich, wenn ich für alle Arbeiter den Laufjungen spielte. Wenn sie Dariooo! mit einem geschlossenen O riefen, wenn sie mir das, was sie brauchten, zeigten, als seien sie urplötzlich stumm geworden, ob es nun eine Schraube war oder ein Eisenstab oder das leergewordene Elektrodenpaket, und ich ins Lager oder in den Hof wetzte. Aber auch wenn der Chef mir den Auftrag gab, in den von außen bereits verschweißten Behälter reinzuschlüpfen und ihn von innen fertigzuschweißen – eine Arbeit, die im Werk niemand außer mir mit Wonne erledigte. Dann verwirklichte ich mich auch als Holzkopf. Oder wenn ich mit leeren Händen zurückkam oder das falsche Ding hinstreckte und Worten lauschen konnte, die mir die Männer nachwarfen. Ich fühlte ihre Worte, als blieben sie an mir kleben. Wenn ich abends eine Stunde länger blieb, um die Maschinen zu putzen und zu schmieren, oder freitags die Halle kehrte, las ich die an meinen Arbeitsanzug geklebten Worte mit der Akribie eines Sammlers auf und legte sie auf verschmierten Notizzetteln nieder. Und je mehr ich davon niederschrieb, desto drängender tauchte ein Gefühl auf, das sich bereits in der Kindheit bemerkbar gemacht hatte und für das ich noch kein Wort kannte.

88

Damals, als wir in Geldnöten waren, hatten meine Eltern versucht, ohne mich auszukommen und mich in einem Dominikanerkloster abgestellt. Als ich dem Klostervorsteher vorgeführt wurde, schimpfte er los: Was ist denn das? Der Armselige hat ja einen krummen Rücken! Ich sagte nicht, daß ich Vater beim Tragen schwerer Kisten geholfen hatte; ich blickte weg, worauf der Mann in der dunkelbraunen Kutte mich auszufragen versuchte. Meine Eltern wurden aus dem Warteraum herbeigerufen, und die Erwachsenen dröselten ein Gespräch auf. Ich mußte bei dem Dominikaner einen besonderen Eindruck hinterlassen haben, denn er ließ sich zu der Aussage hinreißen, mein Gesichtsausdruck zeuge von jener beseelten Einsamkeit, die zu seinem Internat passe wie der Schlüssel zum Schloß. Das pflegte mein Vater in den folgenden Jahren mir immer neu, in spöttischen Tönen, in Erinnerung zu rufen, wobei ich freilich nie verstand, was *beseelte Einsamkeit* hieß. Denn es zeigte sich rasch, daß das klösterliche Leben mit Gebeten in allen Lebenslagen und das enge Miteinander mir schwer bekömmlich war, und ich begann, sowohl im Unterricht zu scheitern als auch in die beseelte Verlorenheit einzuwandern. Sie war so perfekt, daß sie sogar nach Expansion lechzte. So begann ich, mich vor gemeinsamen Unternehmungen rund um das Kloster zu drücken und mich dem Essen und den Gebeten zu verweigern. Der Klostervorsteher war so beeindruckt, daß er ein Telegramm an meine Eltern schicken ließ; sie mußten mich schleunigst zu sich zurückholen.

Holzkopf, antworte endlich! Ich weiß, du denkst an die Bar. Die gibt dir aber nicht zu essen, genausowenig wie die Freunde. Die kommen und gehen; du kannst ohne sie leben, nicht aber ohne Brot. Ich weiß jetzt auch, was wir in San Martino brauchen: Deutschland. Dann muß San Martino nicht mehr emigrieren. Hörst du? Willst du nicht wahrhaben, daß eine neue Welt vor dir steht? Da steht sie, du brauchst sie nur zu erobern. Hätte ich in deinem Alter diese Möglichkeit gehabt! Damals habe ich nur schwarzen Hunger erlebt! Nachts irrten dein Onkel und ich durch die Felder, auf der Suche nach Eßbarem, was denkst du! Hast du auch vergessen, daß wir dich zum Bäcker schicken mußten, damit er Brot herausrückte? Also! Ich sage dir: Die Leute hier sind uns ähnlich. Abends sitzen sie zusammen, spielen Karten, trinken, amüsieren sich. Ach, könnte ich bloß die Sprache! Ich habe die Leute hier im Krieg kennengelernt: Damals waren sie heimtückisch. Inzwischen haben sie sich geändert, gewaltig geändert, und sind Hammel geworden. Sie denken vorwärts. Sie haben ihre Freiheiten. Wäre ich bloß noch einmal jung! In deinem Alter! Dir steht alles noch bevor! Merk's dir endlich! Impara l'arte e mettela da parte! Tauche deine Augen und deine Ohren in ihr Werk hinein, lerne! Wenn du zurückkehrst, wirst du gefragt sein, deine Hände begehrt. Hörst du, du Holzkopf? Alles andere sind Kleinigkeiten, die gehen vorüber. Die Baracke, die Sprache, die Schwierigkeiten mit Dummköpfen. Es ist nur eine Frage des Durchblicks, des Auges! Mach deine Arbeit, und du wirst sehen, wie sie dich annehmen und schätzen! Hör auf Vater, dem in deinem Alter so was hätte ins Maul fliegen sollen! Üb dich im Durchblick und in Ausdauer, verstehst du endlich?

Ich verstand ihn so: Er schaute auf diese Welt aus der Ferne der Baracke. Dort hatte er seinen Freundeskreis aus San Martino. Wenn sie nicht zusammen in die Kneipen der Altstadt flohen, verschanzten sie sich hinter einem Tisch und spielten den ganzen freien Tag ihre Briscola, ihre Marafona. Sie hatten andere Flausen im Kopf. Deswegen konnte er groß tönen: Kleinigkeiten! Das kann ja vorkommen, mach dir nichts daraus. Denk nur an deine Arbeit und tauche deine Augen und Ohren in ihre Werke!

Impara l'arte e mettela da parte? Ich verstand die Worte der Sprachlosigkeit.

Maurer hatte eine Geschäftsreise angetreten. Der Meister, in der Bürokabine unter technischen Zeichnungen eingekuschelt, blickte gelegentlich in die Halle. Auf einmal brach der Lärm der Maschinen in sich zusammen. Die Männer, wie Bienen um den Stock, versammelten sich um Alberts Drehbank. Ich hörte, wie ihre Stimmen sich in der Luft verschweißten, wie Lachsalven ausbrachen, sah, wie sie sich zuprosteten, ihre Münder sich an den Flaschenwarzen festbissen, wie die Blicke des Meisters zwischen mir und ihnen hin und her pendelten. Daß er von mir eine höhere Einsatzbereitschaft erwartete, wußte ich. Meinem Vater hatte er – in gezielter Absicht, wie mir schien – gesagt, daß vor mir ein Spanier und davor ein Türke hier gearbeitet hatten, daß sie gefeuert wurden, weil sie zu viele Pausen gemacht hätten. Mit einer Zigarre auf der Unterlippe zeigte er sich wie Maurer, freundlich; seine Augen spiegelten Güte wider, und keine Hast. Auf meine abgehackten Worte wartete er verständnisvoll, lauernd. Das Lauernde im Gütigen beeindruckte mich. Daran denkend, arbeitete ich, während die anderen pausierten und einander zuprosteten.

Die Stimmen wurden dem Elektrodenbrausen von Schweißmaschinen ähnlich. Ich legte die Elektrode in die Schweißzange, lehnte mich ans Schweißgerät. Ging vor. Das Brausen aus Franzens Mund versiegte. Die Männer bogen ihre Blicke zu mir. Die Stille zog mich in ihren Bann. Da bemerkte ich, wie ich mich auf die Laute des Schweigens bedingungslos einließ.

Jetzt floß aus Pauls Mund ein Silbenaufguß. Ich verstand nur *Italiener* und *Wort*. Franzens Lippen schleuderten daraufhin eine Konsonantenlawine heraus. Ich empfing die Schwere der Stimme, sah die Hufe seiner Blicke, verspürte, wie seine Augen auf meinem Gesicht galoppierten, wie sie als ein zum Stehen gebrachtes, unruhiges Pferd darauf scharrten. Ja? rief ich und ließ meine Blicke auf ihren Gesichtern kreisen. Paul formte ein Schmunzeln, grinsende Gesichter bauten sich um mich auf. Indes fing Fritz an zu sprechen, worauf sie alle ein hallendes Lachen ausschütteten. Daß Pauls Sohn mich verlegen anschielte, verleitete mich zu der Annahme, es müsse um mich gehen. Was is? fragte ich.

Stille trat wieder ein, reckte sich in die Luft, erwies sich als stur. Paul zeigte mit dem Zeigefinger auf die Stirn, Franz und Rolf schüttelten die Köpfe. Rolf begann zu reden, schmunzelte und schielte zu mir rüber. Die Wortlosigkeit, nun angeschweißt an das Gefühl, das keinen Namen fand, umschloß meine Gedanken.

Als später die Silbenlawine weiterrollte, stellte ich sie mir als Drehbankausschuß vor, der sich in der Auffangwanne sammelte, und sah die Metallfäden sich um mich wickeln, bis ich selbst ein Metallgarnknäuel wurde. Daraufhin kehrte ich zur Arbeit zurück. Meine Finger rührten sich nicht. Ich erlebte mich unbeweglich, sah zu, wie meine Blicke im Nebel meiner Gefühle Worte zu fischen versuchten.

Der Meister, mit einer technischen Zeichnung in der Hand, schlüpfte aus dem Büro und ging zur Drehbank, zu den aufgeklafften Worten. Er schmunzelte ebenfalls und äugte über den Brillenrand. Dann schritt er zu

mir rüber, prüfte die verschweißte Stelle, hob den Blick über die Brillenglä-
ser und kaute auf seinen violetten Lippen. Sein Schweigen roch nach ver-
branntem Tabak; da malte ich mir aus, daß er die Wurzeln der Wörter in
den Lungen einräucherte, bevor er sie entließ. Du hier arbeiten, gell, dann
Nähte abschleifen, gell? Und er schleppte seine Augen in das Büro zurück.
Arbeit! brodelte es in mir. Kennt dieses nie aus der Ruhe herauszureißende
Gesicht kein anderes Wort? Ich verfluchte diese Sprache, die meine Zunge
an die Verstummung fesselte.
Franz ging an den Schneidbrenner, Paul und sein Sohn an die Walze;
Albert schaltete seine Drehbank wieder an. Die Sprache der Maschinen
erhob sich. Die verstand ich. Ohne Wörterbuch.

Helmut vermißte ich; er hatte Ausbildungstag.
Er trug eine dickglasige Brille mit braunem, grobem Gestell, hinter deren
Gläsern die blauen Augen vergrößert zu glotzen schienen. So wie er um
sich blickte, wirkte er zeit- und raumentrückt. Leicht gebeugt, als trage er
eine Last, schlurfte er mit den Füßen. Stets blieb er einsilbig, als habe er um
seinen Worthaushalt Zäune errichtet. Beim Anblick seiner goldhellen Bür-
stenhaare stellte ich mir einen erschrockenen Igel vor.
Helmut half meistens Rolf aus, der kleinere Behälter zusammenbaute,
oder er half Franz und mir, die schweren Bleche an den Schneidbrenner zu
schieben, oder manchmal Paul und seinem Sohn an der Walze. In den Pausen schnaufte er gehetzt, während er die Brille mit einem groben Lappen
ribbelte.
Bereits zu Anfang war mir aufgefallen, daß Helmut im Aufenthaltsraum
abseits saß und die Männer ihn nicht eines Wortes würdigten. Auch ihre
Körperhaltung verneinte jedes Interesse an Unterhaltung mit ihm. Und
mit mir. Dafür bestierte Helmut mich beim Brotessen und machte Zeichen mit den Fingern, die ich nach ein paar Tagen erwiderte. Während die
Männer sich den Rest der Pause mit hastigen Skatrunden vertrieben, ver-
tieften wir uns in Zeichengespräche, obwohl sie zu keinen bedeutsamen
Aussagen führten. Einmal ahmte Helmut Rolf beim Schmatzen nach,
brach dann in Kichern aus. Als Rolf seinen Unmut mit einem Tobanfall
verbrauste, flitzte Helmut davon. Ich folgte ihm. Seitdem vertilgten wir in
der Halle am Arbeitsplatz unsere Brote. Und wenn das Wetter sich ange-

nehm verdichtete, liefen wir die Stufen hinab zum Darmfortsatz des Rheins. Dort schlenderten wir das steinige Ufer entlang zum hochaufragenden rostigen Drahtzaun um die benachbarte Schiffswerft. Wildkräuter waren mit dem Zaun verwachsen; die Lichtspuren des Tags umwoben das steinige Gelände. Bald ödete uns der Anblick an, und wir setzten uns vor das Elektrizitätshaus, auf dessen Eisentor ein Totenkopf meine Blicke auffing. Wie Knaben auf einem Sonntagsausflug ließen wir Steine über die Wasseroberfläche hüpfen und zählten die Steinsprünge.

Mit dem kleinen Wörterbuch, das ich mit einem mir nutzlos vorkommenden Geschichtsbuch am Bahnhof erstanden hatte, versuchten wir uns zu verständigen. Wörter wie gleitende Steine auf dunklem Gewässer. Bei jedem zweigleisigen Wort freuten wir uns wie Jungforscher bei einer Entdeckung; wir lachten, den Rücken zum Betrieb gewandt, der hinter uns die Mittagspause verschlummerte.

Einmal suchte Rolf nach Helmut, damit dieser ihm Zigaretten holte, und er sah uns an unserem gewohnten Platz; er versuchte, uns herbeizugestikulieren und reckte den Arm mit der leeren Zigarettenpackung. Schadenfroh feixend ließen wir ihn hampeln und blieben am kleinen Wörterbuch festgeschraubt. Nach der Pause bäumte sich Rolf vor Helmut auf. Hinterher sprach mich der Meister an: Du Pause nix weg. Du Fabrik, verstehen?

Nix verstehen, erwiderte ich, isch Bahnhof verstehen, andere nix. Damit brachte ich jenen Satz an, den sie gewöhnlich mit *du* auftischten, wenn ich sie nicht verstand. Mit dem Unterton, den ich zu registrieren gelernt hatte.

Zäh setzten Helmut und ich in den folgenden Tagen die Arbeitspausen am Rheinkanal fort. Das Ufer war das Seil, auf dem wir sprachtänzerisch zu einem fliegenden Verständigungstrapez gelangten.

Immer häufiger kam Helmut nun an meinen Arbeitsplatz, wisperte mir einige Wörter ins Ohr, die ich meist nicht begriff und auch im Wörterbuch nicht fand, und spurtete lächelnd an seinen Platz zurück. Wurde er von Rolf angemault, trabte er zu mir her und trommelte mit einer hämischen Fratze den Zeigefinger gegen die Stirn, auf Rolf weisend. Verwundert verstand ich das Vogelzeichen als: Der Mann ist schlau. Oder: Du bist schlau. Bis Helmut mir erklärte, was er damit meinte.

93

Helmut war ohne Eltern aufgewachsen. Er war drei Jahre alt, als er sie verlor. Er wurde in einem Internat verwahrt, bis er, fünfjährig, einem Ehepaar vorgestellt wurde, das ihn zu sich nahm. Vielleicht gefiel er den Ersatzeltern; aber sie gefielen ihm nicht – die Firma im übrigen auch nicht. Er haßte seinen Pflegevater; aus seinen Gebärden war zu entnehmen, daß dieser gewalttätig war.

Er wollte weg und schwelgte in Sehnsüchten, über die Meere zu schweben in einem Schiff, die Welt kennenzulernen. Noch zwei Jahre! zeigte er mit den Fingern. Er gab mir zu verstehen, daß er dann dahin könne, wo es ihm passe. Das Warten quälte ihn. In den Verschnaufpausen, wenn der Schneidbrenner über das Blech zischte und funkelnde Eisensplitter herumspritzte, oder Heinz die technischen Zeichnungen studierte, machte Helmut manchmal einen Satz zu mir rüber und streckte mir seine zwei Finger wie ein V-Zeichen entgegen.

Ich streckte auch zwei Finger in die Höhe und raunte: Zwei Jahre Deutschland, dann weg. Die beiden Fingerpaare, das verband. Sogar wenn ich, in den Eingeweiden der Behälter hockend, die Innennähte verschweißte, trat er heran, steckte den Kopf herein, rief: Zwei! Im Blechbauch echote es dumpf.

Şinasi Dikmen
Kein Geburtstag, keine Integration

Nach jeder Geburtstagsfeier in Deutschland, zu der ich eingeladen wurde,
gibt es das gleiche Theater. Seit einiger Zeit nehme ich Geburtstagseinladungen überhaupt nicht mehr an, weil ich ganz genau weiß, daß der
bekannte Fragesturm mich wieder schüttelt, wenn ich hingehe.
– Warum feierst du denn deinen Geburtstag nicht?
– Soviel brauchst du wirklich nicht zu sparen.
– Willst du in kürzester Zeit in die Türkei zurückkehren?
– Wird in der Türkei kein Geburtstag gefeiert? Warum nicht?
Ich habe jedesmal andere Antworten gegeben. »Ich mag nicht«, habe ich
gesagt, »daß wir uns nur wegen des Geburtstages treffen.« Ich habe
gesagt: »Geburtstagfeiern ist eine Erfindung der Konsumgesellschaft;
wenn wir uns treffen wollen, brauchen wir doch nicht unbedingt einen
Grund.« Es hat alles nichts genützt. Ich weiß schon, daß meine deutschen
Bekannten mich in ihre Gesellschaft voll integriert sehen wollen. Solange
ich aber keinen Geburtstag feiere, scheitert dieser Integrationsversuch. Es
fehlt mir nur dieser beschissene Geburtstag. Ich kann meinen deutschen
Bekannten die Wahrheit nicht sagen, weil sie nur Bekannte sind, und keine
Freunde.
Bevor ich nach Deutschland kam, habe ich nicht gewußt, daß dieser blöde
Tag im Leben eines Menschen so wichtig ist. Meine Zukunft in Deutschland hängt davon ab. Aber, soviel ich weiß, habe ich keinen Geburtstag. In
meinem Reisepaß steht zwar ein Datum, aber das wurde nur eingetragen,
damit die Deutschen nicht meinen, daß ich noch nicht geboren bin.
Wenn ich meinen Geburtstag feiere, will ich auch Spaß daran haben. Wie
kann ich denn Spaß haben, wenn ich meinen Geburtstag an dem Tag
feiere, an dem ich höchstwahrscheinlich nicht geboren bin?
Um meinen Geburtstag herauszubekommen, bin ich im letzten Urlaub in
die Türkei gefahren. Wo sollte ich bloß anfangen? Mit dem Einwohnermeldeamt? Da kann man ja nur das offizielle Geburtsdatum erfahren.
Mein offizielles Geburtsdatum habe ich. »Das kannst du vergessen,
Şinasi«, habe ich mir gesagt; »lieber fragst du deine engsten Verwandten.

Mutter, Schwester, Onkel, Tante, Schwager.« So habe ich mit meiner Mutter angefangen. Meine Mutter ist wie alle anderen türkischen Mütter lieb wie die Rose, geduldig wie die Erde. Sie kann weder lesen noch schreiben. Sie hat sechzehn Geburten hinter sich. Fünf Kinder leben noch. Sie hat gearbeitet und Kinder geboren, einen von uns im Wald, einen auf dem Feld, einen anderen auf der Treppe beim Wassertragen, jedenfalls keinen von uns im Krankenhaus, im gemütlichen, weichen Bett, umringt von Krankenschwestern und Hebammen. Sie ist eine von den türkischen Frauen, die alles machen, was ihre Männer wollen.

Sofort, nachdem ich die schwieligen Hände meiner Mutter geküßt hatte, habe ich sie gefragt:

– Sag mal, Mutter, erinnerst du dich daran, wann ich geboren bin?

– Mein lieber Şinasi, hat mir meine liebe Mutter gesagt, ist es so lebenswichtig, daß du mir gleich diese blöde Frage stellst? Willst du nicht zuerst essen? Du bist von weither gekommen. Ich habe *Sarma* mit Knoblauch für dich gekocht, das hast du in Alemanien bestimmt nicht gegessen.

– Nein, Mutter, habe ich gesagt, essen kann ich nachher. Ich möchte wissen, wann ich geboren bin.

– Nicht so stürmisch, Şinasi, haben die Alemanen dich so kaputtgemacht, daß du nicht mal an deine Lieblingsspeise denken kannst? Ich habe gehört, daß die Alemanen nur an die Arbeit denken, ist das wahr? Sind sie denn so fleißig, daß sie ohne Arbeit nicht leben können, oder sind sie so ungeschickt, daß sie mit der Arbeit nie fertig werden?

– Mutter, die Alemanen denken nicht nur an die Arbeit. Die junge Generation denkt ans Saufen und ans Fernsehen, die alte denkt an die alten Zeiten und an Autos.

– Was, ans Saufen? Das ist schlimm, das ist schlimm, Şinasi, Gott bewahre dich vor solchen Leuten. Du trinkst doch nicht etwa? Nein? Dein Vater hat auch nicht getrunken. Mein lieber Sohn aus Alemanien, wer nur an seine Arbeit denkt, der ist ein Besessener, wer besessen ist, der ist kein Mensch. Um Mensch zu sein und zu bleiben, muß man auch an die anderen Dinge denken können, an die Blumen, an das Feld, an die nächsten Nachbarn, an die Kühe, an die Bäume, an die Eltern und an den lieben Gott. Ich habe wieder viel gesprochen. Also, wann ich dich geboren habe? ... Laß mich mal gut überlegen.

Meine Mutter hat eine halbe Stunde überlegt. In der Zwischenzeit hat sie Hirtensalat gemacht. So guten Hirtensalat macht nur meine Mutter, mit Oliven, Schafskäse, Paprika, vielen Gurken und Zwiebeln. Dann hat sie mir gesagt:

– Ja, mein lieber Sohn aus Alemanien, ich habe es mir gut überlegt, damit ich dich mit den anderen nicht verwechsle, und ich glaube herausgefunden zu haben, wann ich dich geboren habe. Du bist an dem Tag, an dem unser kräftiger Bulle verschwunden ist, geboren. An diesem Tag ist zu Hause niemand gewesen. Ich hatte deinen Vater, Gott gebe ihm ewige Ruhe, zum Holzhacken in den Wald geschickt. Er hat zwar vor sich hinge-brummt, aber ich habe es nicht ernst genommen, weil die Männer immer vor sich hinbrummen. Deine Geschwister waren schon auf dem Feld. Aber du, du warst so unruhig, du wolltest unbedingt raus. Kurz gesagt, es war niemand zu Hause, um auf den Bullen aufzupassen. Ich war sehr beschäftigt mit uns; als ich dann bemerkte, daß unser Bulle verschwunden war, warst du schon da, aber der Bulle war weg. Niemand, nicht mal dein Vater konnte erklären, wie der Bulle verschwunden war. Der Bulle war aus einer besonderen Zucht. Er hat Bernstein geheißen, weil er die Farbe eines Bernsteins hatte. Jeder im Dorf hat uns beneidet, daß wir so einen Bullen hatten, und gesagt: »Mensch, Sarı Ahmet hat aber einen Bullen.« Ich ver-mute, ein böser Blick hat unseren Bullen getroffen.

Ich habe meine Mutter, in der Hoffnung wenigstens die Jahreszeit heraus-zubekommen, gefragt:

– Liebe Mutter, warum hast du meine Geschwister auf das Feld geschickt? Was haben sie da machen müssen?

– Woher soll ich denn das jetzt noch wissen, mein Sohn, was deine Geschwister auf dem Feld machen mußten? Das ist schon lange her. Sie könnten Mais gehackt haben. Weißt du noch, was Maishacken ist? Obwohl du schon lange in Alemanien bist, hast du es nicht vergessen? Das finde ich gut. Sie könnten Weizen geerntet haben, aber sie könnten auch was anderes gemacht haben. Warum willst du unbedingt wissen, wann ich dich geboren habe? Reicht es dir nicht, daß du überhaupt gesund geboren worden bist? Mein Sohn, seitdem du in Alemanien bist, hast du dich gewaltig verändert. Es tut deiner Mutter nicht gut. Jeder soll auf seinem Boden bleiben, hat dein Vater immer gesagt. Wenn nur dein

Vater noch lebte, er wüßte, wann ich dich geboren habe. Frag mal deine
ältere Schwester, sie muß es wissen, sie ist drei Jahre in die Schule gegangen, obgleich ich es nicht wollte. Was soll ein Mädchen in der Schule?
Nach dem Essen habe ich meiner Mutter gesagt, daß ich meine Schwester
besuchen will. Sie hat zwar nichts gesagt, aber sie war irgendwie beleidigt.
Meine älteste Schwester sieht genauso alt aus wie meine Mutter. Sie hat
acht Kinder, denen ich jedes Jahr aus Deutschland Geschenke mitbringe.
Wie sie alle heißen, weiß ich nicht genau. Die einzige Sorge meiner Schwe-
ster war und ist meine Heirat.
– Setz dich hin, hat meine Schwester gesagt, – soll ich dir Tee machen, das
geht ganz schnell.
– Nein, danke.
– Sag mal, wann willst du heiraten? Es ist Zeit, daß du auch ans Heiraten
denkst. Wenn du zu alt bist, bekommst du kein Mädchen aus unserem
Dorf. Oder hast du schon ein deutsches Mädchen?
– Ein deutsches Mädchen habe ich noch nicht. Da du schon vom Alter
redest, weißt du, wann ich geboren bin?
– Selbstverständlich weiß ich, wann du geboren bist. Unsere Mutter ist
sehr streng mit mir gewesen. Als ich mich mit deinem Schwager verlobt
habe, ist sie noch schlimmer geworden. Sie hat mir verboten, ihn zu sehen,
geschweige denn, ihn zu treffen. Egal, wo ich hingegangen bin, sie ist mir
gefolgt. Wenn wir Feldarbeit gemacht haben, durfte ich nicht mal allein
aufs Klo gehen. Du bist an dem Tag geboren, an dem ich deinen Schwager
das erste Mal getroffen habe. Das war ein schöner Tag. Ich bin sicher, daß
du an dem Tag geboren bist, sonst hätte ich deinen Schwager nicht treffen
können. Als Mutter wegen dir Geburtswehen bekommen hat, habe ich
mir gedacht, jetzt oder nie. Sie hat mich zur Hebamme Fadik geschickt.
Unterwegs habe ich deinem Schwager durch ein kleines Mädchen die
Nachricht zukommen lassen, daß er in der Scheune von Onkel Mustafa
auf mich warten soll. Als ich mit der Hebamme Fadik zur Mutter zurückgekommen bin, habe ich Wasser warm gemacht, damit das Kind gewa-
schen werden konnte. Dann bin ich ganz leise aus der Wohnung geschli-
chen. Mutter hat im Bett in der Küche gelegen. Ich bin gleich in die
Scheune vom Onkel Mustafa gegangen, wo dein Schwager auf mich warten sollte. Ich habe deinem Schwager Taschentücher geschenkt, auf die ich

Tauben, Rosen und ein Herz gestickt hatte. Er hat mir Kekse, Lokum und Feigen überreicht. Ich weiß nicht, wie lange wir in der Scheune gewesen sind. Als ich wieder rauskam, hat es in Strömen gegossen. Ich bin naß geworden wie eine Feldmaus. Als ich nach Hause kam, habe ich dich schreien gehört. Unsere Mutter hat nicht gemerkt, daß ich deinen Schwager getroffen hatte.

– Weißt du, in welcher Jahreszeit das gewesen ist?

– Das weiß ich nicht mehr. Wenn du auch das wissen willst, dann mußt du deinen Schwager fragen. Wenn er mal gute Laune hat, erzählt er immer von unserem ersten Treffen. Daß ich damals so rot geworden wäre. Das ist nicht wahr. Er hat mich gar nicht anschauen können, so schüchtern ist er damals gewesen. Wenn du ihn fragen willst, mußt du dich gedulden, er ist nämlich in der Stadt.

Bis mein Schwager nach Hause gekommen ist, haben wir uns über alle möglichen Dinge unterhalten. Ob deutsche Mädchen so frei sind, daß sie, wenn sie einen Türken sehen, ihn gleich in die Arme nehmen, wollte meine Schwester von mir wissen. Als ich verneinte, war sie froh. Ich weiß nicht warum.

Mein Schwager kennt nur eine einzige Aufgabe in seinem Leben, welche er, hier muß ich es ehrlicherweise zugeben, gewissenhaft erfüllt, nämlich das Kindermachen.

Nachdem mein Schwager und ich den Wangenkuß getauscht hatten, habe ich ihm alles, was meine Schwester gesagt hat, erzählt. Dann habe ich ihn gefragt, ob er wisse, wann ich geboren sei.

– Wann du geboren bist? Das weiß ich hundertprozentig. Bevor ich über deinen Geburtstag erzähle, will ich aber das berichtigen, was deine Schwester über unser Treffen gesagt hat. Das war typischer Weiberquatsch. Was habe ich dir immer gesagt, mein lieber Schwager Şinasi, du darfst dich nie auf die Weiber verlassen, und wenn es deine eigene Mutter ist. Das stimmt nicht, daß es an dem Tag, an dem wir, deine Schwester und ich, uns das erste Mal getroffen haben, geregnet hat; es stimmt auch nicht, daß wir uns das erste Mal in der Scheune von Onkel Mustafa getroffen haben, das ist in der Scheune von Hadschı Hasan gewesen. Ach, die Weiber, die Weiber, die erzählen nie die wahre Wahrheit, sondern immer nur ihre eigene, weibliche, Wahrheit.

Kommen wir zu deinem Geburtstag. Als ich mich mit deiner Schwester verlobt habe, bist du noch nicht auf der Welt gewesen. Du, Weib, wann habe ich mich mit dir verlobt? Hahaha, woher sollst du das wissen? Du kannst mir nicht mal sagen, was du gestern abend gegessen hast. Ja, Şinasi, so sind die Frauen, sie haben lange Haare, aber kurzen Verstand. Also, wir haben uns im Oktober 1947 verlobt. Im März 1948 bin ich zum Militärdienst einberufen worden, da bist du noch nicht auf der Welt gewesen. Ich bin im August 1949 auf Urlaub gekommen. Als ich in unsere Wohnung kam, hat mein Vater zu mir gesagt: »Mein Pascha, wenn du dich ein bißchen erholt hast, dann geh bitte zu deinen Schwiegereltern. Deine Schwiegermutter hat vorgestern einen Jungen bekommen, sie liegt jetzt im Bett.« Ich bin dann zu euch gegangen. Deine Mutter hat im Bett im Gastzimmer gelegen, sie hat ganz elend ausgesehen. Deine Schwester war natürlich nicht zu Hause, weil ich meinen Besuch angemeldet hatte. Damals hast du dunkle Haare gehabt. Wann ich auf Urlaub gekommen bin? Ich kann es dir gleich sagen, Moment, warte bitte.

Mein Schwager hat seinen Personalausweis geholt und nachgeschaut, wann er auf Urlaub gekommen ist; dann hat er weiter erzählt.

– Da, schau, ich bin am 5. August von Edirne abgefahren, damals hat die Reise mit dem Zug zwei Tage gedauert. Am 7. August bin ich im Dorf angekommen. Mein Vater hat mir gesagt, daß meine Schwiegermutter vor zwei Tagen ein Kind bekommen habe, dann müßtest du am 5. August 1949 geboren sein, als ich gerade von Edirne abfuhr.

Ich konnte mich aber auf meinen Schwager nicht verlassen, so gerne ich gewollt hätte, weil er mich mit meinem inzwischen verstorbenen Bruder verwechselte. An dem Tag, den mein Schwager mir als meinen Geburtstag angab, ist Ibrahim geboren, der am 2. April 1950 starb. Auf seinem Grabstein steht, wann er geboren wurde und wann er starb.

Von da aus bin ich zu meinem Onkel, dem Bruder meines Vaters, gegangen. Für meinen Onkel habe ich Rasierklingen aus Deutschland mitgebracht, da er einen harten Bart hat und sich nur mit deutschen Rasierklingen rasieren kann. Mein Onkel ist immer noch Vollblutpolitiker. Er war Mitglied in allen Parteien der Türkei. Am längsten hat er es in der Demokratischen Partei, die seit 1960 verboten ist, ausgehalten. Zu Hause hat er immer noch ein Bild vom Menderes, der im Jahre 1962 vom Militärgericht aufgehängt wurde. Jetzt aber wechselt er jedes Jahr die Partei.

– Na, hat er gesagt, nachdem ich seine Hand geküßt hatte, sind die Sozialdemokraten, diese Stiefbrüder der Kommunisten, immer noch an der Macht in Deutschland? Wie sind die Parteien denn in Deutschland, machen sie auch so viel Krach um einen Sitz?

– Die Parteien in Deutschland sind ganz vernünftig, Onkel, habe ich gesagt. Sie scheinen unter sich ausgemacht zu haben, daß alle zwanzig Jahre die andere an die Macht kommt.

– Das ist typisch deutsch. Die Deutschen planen alles im voraus, und sie sind sehr diszipliniert. Ich habe mal gehört, nach dem Zweiten Weltkrieg habe der deutsche Ministerpräsident, der Alte, ich weiß momentan nicht, wie der geheißen hat, an das deutsche Volk appelliert, daß jede Familie täglich nur ein einziges Ei essen solle; die deutschen Familien hätten dann nicht mal versucht, ein zweites zu essen. Sind sie immer noch so diszipliniert?

– Nein, Onkel, sie sind lascher geworden, seitdem die Türken in Deutschland arbeiten. Die Türken haben sie verdorben.

– Schade um das deutsche Volk.

– Onkel, ich habe eine wichtige Frage an dich. Ich möchte wissen, wann ich geboren bin. Kannst du es mir sagen?

– Ich kann dir nicht genau den Tag sagen, weil, als du geboren worden bist, weder in der Türkei noch in der Welt was politisch Wichtiges geschehen ist. Mein Sohn Selim ist am 1. Juni 1950 geboren, nachdem Menderes mit unserer legendären Demokratischen Partei die ersten Wahlen gewonnen hatte. Du bist zwei Jahre älter als Selim. Meine Tochter ist am 9. Mai 1945 geboren. Du weißt, was am 9. Mai 1945 passiert ist. Du bist drei Jahre jünger als sie. Dann müßtest du 1948 geboren worden sein, sonst könntest du nicht zwei Jahre älter als er, und drei Jahre jünger als sie sein. Warum willst du das denn wissen?

– Onkel, du kennst ja die Deutschen, bei denen muß alles ganz genau sein. Ich habe zwar ein Geburtsdatum in meinem Reisepaß stehen, aber soviel ich weiß, stimmt das nicht.

– In der Tat. Als du in die Mittelschule gehen wolltest, warst du so jung, daß wir dich mit zwei Zeugen gerichtlich zwei Jahre älter machen mußten, damit du überhaupt in die Schule aufgenommen wurdest. Nach deinem ersten Personalausweis bist du 1947 geboren, aber das ist, wie gesagt, nicht das richtige Datum. Weißt du, was du machen kannst? Geh zu deinem Volksschullehrer, der muß es wissen. Du findest ihn bestimmt in dem Lehrerlokal.

Am nächsten Tag bin ich in die Stadt gefahren. Wie mein Onkel gesagt hatte, fand ich meinen ehemaligen Lehrer im Lehrerlokal. Wie alle türkischen Beamten, die nicht wissen, was sie machen sollen, wenn sie pensioniert sind, ist mein Lehrer auch sehr schnell gealtert. Auf der Nase trägt er zwei Brillen, um Zeitung lesen zu können. Er hat mich nicht wiedererkannt. Er ist schwerhörig geworden. Er hat mich vier-, fünfmal gefragt, wer ich sei.

– Wer bist du? Sprich lauter.

– Ich bin Şinasi, Sohn von San Ahmet aus Kıyıköy.

– Du brauchst doch nicht zu schreien, ein bißchen lauter, habe ich gesagt. Also, du bist Şinasi, was machst du hier? Ich habe gehört, du arbeitest in Deutschland. Erzähle mir von Deutschland. Ist es wahr, daß die Türken in Deutschland viele Probleme haben?

– Es ist nicht wahr. In Deutschland haben die Türken nur Geburtstagsprobleme.

– So, so. Die türkischen Zeitungen müssen immer unwahre Dinge schreiben. Was ist mit den Kindern? Haben die Probleme?

– Nein, sie haben auch keine Probleme. Sie selbst haben einmal gesagt »wer lernen will, der lernt auch«. Viele der türkischen Kinder gehen in deutsche Schulen, weil sie lernen wollen.

– Du hast recht, wer lernen will, der lernt auch.

Damit die anderen Anwesenden in dem Lokal nichts mitbekommen, habe ich ihn leise nach meinem Geburtstag gefragt:

– Wissen Sie, wann ich Geburtstag habe?

– Was weiß ich, hat er geschrien, deinen Hochzeitstag? Du hast mich ja nicht eingeladen. Wie viele Kinder hast du schon?

– Ich habe keine Kinder. Ich bin noch ledig. Ich wollte wissen, wann ich geboren bin.

Er schien meine Frage immer noch nicht verstanden zu haben.

– Ja, dann ist es noch leichter. Um deinen Hochzeitstag zu wissen, mußt du erst heiraten. Ich möchte eingeladen werden, hast du mich verstanden,

Şinasi, sei nicht so frech wie die anderen in Deutschland. Die sind alle frech, die in Deutschland arbeiten, weil sie Geld haben. Übrigens, wie lange ist es schon her, daß dein Vater gestorben ist? Der ist ein ganz netter Mensch gewesen. Sei wie dein Vater.

Ich bin aufgestanden, ich wollte weggehen. Mein ehemaliger Lehrer hat seinen Kopf nochmals, aber langsamer, hochgehoben, hat mich eine Weile angeschaut, und gesagt:

– Şinasi, was lernen die deutschen Kinder in der Schule von ihrer Nationalgeschichte in den Jahren 1933–45?

– Davon habe ich keine Ahnung. Die deutschen Eltern selbst haben keine Ahnung, habe ich gehört.

Er hat sich gewundert. »Waaas?« hat er gesagt, »die Deutschen selbst haben keine Ahnung? So was.«

Meine letzte Hoffnung war der Dorfälteste. Wir nennen ihn Alaman Tüfeği, was auf deutsch »Deutsches Gewehr« heißt, weil er in Galizien mit den Deutschen gekämpft hat, worauf er immer noch stolz ist. Er ist bei denen, die in Deutschland arbeiten, gesprächiger als bei den anderen. Er spricht mit uns immer noch in seiner militärischen deutschen Sprache, die er in Galizien gelernt hat.

Vor meiner Abreise nach Deutschland hat er mich zu sich gerufen und gesagt: »Na, Şinasi, morgen fährst du nach Alemanien, kannst du Alemanisch?« Ich habe gesagt: »Nein.« Er hat mir dann ein paar deutsche Wörter beigebracht: Strammstehen, rühr dich, jawohl. »Schade«, hat er gesagt, »daß ich nicht jung genug bin, sonst wäre ich auch in das Land gegangen, wo die tapfersten und anständigsten Männer der Welt leben.«

Ich fand ihn, niedergekauert, an die Mauer seines Gartens gelehnt. Er ist für sein Alter immer noch sehr rüstig.

– Şinasi, seit wann bist du wieder im Lande? Was ist mit meinen Freunden? Haben sie noch nicht wieder vor, einen Krieg zu führen?

– Nein, Dede, jetzt machen deine Freunde Geschäfte. Krieg machen die Juden.

– Die Juden, die Juden, in letzter Zeit höre ich nur, wie tapfer die Juden sind. Die Juden könnten nie einen Krieg gewinnen, wenn die Araber ein bißchen mannhafter wären. Krieg können nur die Türken und meine Freunde, die Deutschen, führen. Die Deutschen sind genauso tapfer wie wir.

Ich habe ihm deutsche Filterzigaretten gegeben. Außer diesen raucht er nie Zigaretten mit Filter.

– Dede, habe ich gesagt, ich habe eine Bitte an dich. Ich muß unbedingt meinen Geburtstag wissen. Du kennst ja deine Freunde, sie wollen alles wissen, jetzt habe ich Schwierigkeiten mit ihnen, weil ich nicht sagen kann, wann ich geboren worden bin.

– Wie du sagst, sind die Deutschen meine besten Freunde. Sie sind dankbare Menschen. Weil wir ihnen im Ersten Weltkrieg geholfen haben, helfen sie uns jetzt. Sie holen unsere Männer in ihr Vaterland, damit unsere Armen was verdienen. Was wollen sie von dir wissen? Deinen Geburtstag wollen sie wissen? Ich habe mal in Galizien einen deutschen Hauptmann gehabt, der hat von Graf geheißen, er hat Haare gehabt wie Weizen, Augen wie das Meer. Er hat mich mal gefragt, wie ich heiße, ich habe ihm im Strammstehen geantwortet, natürlich auf Deutsch, ich heiße Ali, Herr Hauptmann. Dann wollte er wissen, wie alt ich sei. Ich habe ihm gesagt, das weiß ich nicht. Er hat mich gefragt, wann ich geboren bin. Ich habe ihm gesagt: Ich bin geboren, Herr Hauptmann, eine Woche, nachdem unser schwarzer Ziegenbock im Wald vom Wolf gefressen worden ist. Er hat gelacht und gelacht, ich weiß nicht warum. Jetzt will man von dir wissen, wann du geboren bist? Heißt der, der dich fragt, zufällig von Graf?

– Es fragt mich nicht nur ein Deutscher. Alle Deutschen, die ich kenne, wollen es wissen.

– Alle? Ach, der Hauptmann von Graf. Der hat allen Deutschen beigebracht, daß sie die Türken nach ihren Geburtstagen fragen sollen. Şinasi, wievieltes Kind von Sarı Ahmet bist du?

– Ich bin das siebte Kind.

– Das ist jetzt schwer zu sagen. Komm, zuerst trinken wir Tee.

Ich bin mit dem Alaman Tüfeği in seine Wohnung gegangen, um Tee zu trinken. Wir haben zusammen eine Kanne Tee ausgetrunken. Dann hat er noch mal gesprochen:

– Du bist an dem Tag geboren, an dem der Gouverneur der Stadt ins Dorf gekommen ist. Es war sehr heiß. Der damalige Dorfvorsteher hat mich beauftragt, dem berüchtigten Gouverneur Ayran anzubieten. Er hatte einen Kopf wie ein Spiegel. Er ist mit seinem ganzen Stab gekommen. Die standen alle hinter ihm und nickten mit den Köpfen wie die Pferde. Der

Gouverneur hatte den Ayran – gluck gluck gluck – getrunken und gesagt, der Ayran sei nicht gut gewesen, obwohl der Ayran aus reiner Ziegenmilch gemacht worden war. Ich habe mich granatenmäßig geärgert, so was hat mir nicht mal mein deutscher Hauptmann gesagt. Dieser miese Gouverneur hat uns alle von oben herab angesehen, als wären wir ganz merkwürdige Tiere, und ohne eine Rede zu halten, ist er weggegangen. Auf Wiedersehen hat er auch nicht gesagt.

Als ich verärgert und müde nach Hause zurückkam, sagte meine Frau, Gott hab sie selig, zu mir: »Du, Alter, die arme Frau vom Sarı Ahmet hatte wieder eine Geburt, das ist ihr siebtes Kind, ich muß sie mal besuchen.« Dann ist sie zu euch gegangen. Dieses Kind bist du gewesen.

– Dede, kannst du mir sagen, welche Jahreszeit es war, als dieser miese Gouverneur ins Dorf gekommen ist?

– Ich meine, es war im Juli. Er könnte genauso gut im August gekommen sein. Im August ist es ja auch sehr heiß. Es wäre natürlich besser, wenn du ihn persönlich fragen könntest. Ob er noch lebt ...?

Ich wollte noch mehr darüber wissen, aber der Dorfälteste hatte keine Lust mehr, über meinen Geburtstag zu reden.

– Die Deutschen sind zwar meine Freunde, aber sie sind auch nur Menschen, sie sind auch ein bißchen verrückt. Sie wollen alles geschrieben haben, nimm ihnen das nicht übel. Wenn du morgen nichts anderes zu tun hast, komm vorbei, ich erzähle dir mehr über meinen Hauptmann von Graf.

Der hatte viele verrückte Seiten.

Trotz all meiner Bemühungen ist es mir nicht gelungen, herauszubekommen, wann ich geboren bin.

Ich wurde wie die Deutschen von einer Mutter geboren. Feiern, wie die Deutschen das tun, habe ich sowieso nie gemocht.

Rajvinder Singh
Das Blaue im Meer

Vor zwei Tagen rief er endlich wieder an, um mir, wie bereits vor einer
Woche abgesprochen, den genauen Zeitpunkt seiner Ankunft mitzuteilen.
Was er jedoch auf meinem Anrufbeantworter hinterließ, war diese lahme
Nachricht: »Bitte hol mich nächsten Dienstag vom Bahnhof ab. Mein
Zug kommt 9 Uhr 41 in Berlin an.«
Typisch Balbir, dachte ich und ärgerte mich wieder mal über ihn. Jetzt
dürfte ich mir den Kopf zerbrechen, welchen der Berliner Bahnhöfe er
gemeint hatte und ob es sich bei seiner Ankunftszeit um morgens oder
abends handelte.
Nach einigen Anrufen im In- und Ausland gelang es mir, herauszufinden,
daß Balbir sich in Hamburg aufhielt. Sein Zug war also um 21. 41 Uhr am
Bahnhof Zoo zu erwarten. Ich freute mich auf das Wiedersehen. Doch je
näher der Zeitpunkt seiner Ankunft rückte, desto unruhiger wurde ich –
und das störte mich.
Ihn auf dem Bahngleis zu entdecken, war nicht schwer. Mit ernster Miene
stand er da und ließ seinen Blick wie eine Fernsehkamera Zentimeter für
Zentimeter die eilende Menge absuchen. Als sich unsere Augen begegne-
ten, sah ich, daß sein Ernst in Lächeln umschlug, wie im Fernsehen eine
Wetterberichttafel in die nächste. Auch von weitem erschien mir sein
Gesicht so freundlich und voller Übermut wie bei unserer letzten Begegnung. Erst als wir uns umarmten, fiel mir auf, daß er um einiges fülliger
geworden war. Sonst war er ganz der Alte. An seiner Schulter hing die-
selbe schwarze Reisetasche, die, umgeben von ihrem Inhalt, schon so oft
bei mir im Flur herumgelegen und mich geärgert hatte. Später, als wir uns
zum Essen im ›Bombay Palast‹ gegenübersaßen, bemerkte ich, daß seine
Haare dunkler geworden waren.
»Seit wann färbst du deine Haare?« fragte ich.
»Mein lieber Freund, seit 10 Tagen bin ich Schwiegervater und in einem
Jahr vielleicht sogar Großvater.«
Balbir reagierte vorwurfsvoll, als hätte ich dafür die Verantwortung zu tra-
gen, und sprach in einem für ihn ungewöhnlich ernsten Ton. Das muß das

Alter sein, das ihn so unverhofft erwischt hat, dachte ich. Als er mein Erstaunen bemerkte, entschuldigte er sich, weil er keinen der Freunde zur Hochzeit seiner Tochter eingeladen hatte.

»London war unerträglich teuer für uns. Die indische Rupie zählt dort rein gar nichts«, sagte er und fügte schnell hinzu: »Außerdem haben uns die Ereignisse völlig überrascht.«

Balbir gab sich unnötig Mühe, das Versäumnis zu rechtfertigen. Ich war überhaupt nicht böse, eher erleichtert, da ich die Einladung sowieso nicht hätte annehmen können. Dennoch fuhr er mit der Geschichte fort: Die Tochter war zu Besuch bei der Tante in England und habe dort den Sohn des Schwagers der Tante kennengelernt. Die Tante, d. h. Balbirs Schwester, hielt den Jungen für eine gute Partie und teilte dies unverzüglich nach Indien mit. Deshalb sei er mit seiner Frau Hals über Kopf von Delhi nach London geflogen.

Seit meiner Kindheit wußte ich, daß viele der in England lebenden Panjabi-Familien für ihre Söhne und Töchter, sobald sie erwachsen waren, Heirats-partner aus Indien importierten. Verwandte oder Freunde übernahmen dabei die Vermittlerrolle, und unbesehen oder nach der Ansicht von Fotos wurden Hochzeiten beschlossen. Die ausgewählten jungen ›Brautherren‹ reisten allein nach England, die jungen Mädchen in Begleitung ihrer Eltern oder eines älteren Bruders. Sofern sie von den englischen Behörden ein Visum erhielten. Das war, wie ich mal aus meiner entfernten Verwandt-schaft hörte, nicht immer der Fall, so daß manchem das Glück verwehrt blieb, über die sieben Meere zu fliegen und die Tochter in England zu ver-heiraten.

Während Balbir sprach, merkte ich, wieviel Phantasie der frischgebackene Erzähler in seine Geschichte packte. Meinetwegen hätte er einen ganzen Roman erzählen können. Was ich allerdings bemerkenswert fand, war seine Erleichterung darüber, daß nun eine der beiden Töchter verheiratet war. Die andere, ein Jahr älter, sitze noch zu Hause, so halte er, Balbir, mit seiner Familie die Augen offen, um eine geeignete Partie für sie zu finden. Um den Sohn mache er sich keine Sorgen, in ein paar Jahren könne er den Verlag übernehmen, dann werde Balbir sich ganz dem Schreiben widmen.

Vielleicht wollte er mit diesem Satz das Gespräch auf sein soeben erschie-nenes Buch lenken. Ich entschied mich, darauf nicht einzugehen, nicht im

Augenblick. Er trank den letzten Schluck seines Whiskys. Ich bestellte für ihn einen neuen. Selbstverständlich war er mein Gast. Ich trank, mit Berufung aufs Autofahren, langsam an meinem ersten Whisky. Das Essen hatten wir noch nicht ausgewählt. Balbir blätterte in der Speisekarte, sein Blick fiel auf die Getränkeseite. Wahrscheinlich sah er die Whiskypreise und hatte Erbarmen mit mir. Nach einem kurzen Seufzer schlug er vor, das Essen mit nach Hause zu nehmen. Dort sei es, betonte er, »viel gemütlicher« – ob für ihn oder für mich, blieb dabei offen. Mir war klar, daß er genau Bescheid wußte, wie gut meine Bar immer ausgerüstet ist.

In meiner Wohnung begaben wir uns gleich in die Küche. Balbir fiel, schwer wie ein Stein, auf den Stuhl. Ich deckte den Tisch, stellte Salat, Nüsse sowie indischen Rahmkäse hin und wärmte vom Mitgebrachten das Lamm-Tikka auf, das gut zu Whisky paßt. Die Eßsachen standen auf dem Tisch verteilt wie Schachfiguren. Das Spiel kann beginnen, dachte ich.

»Trink erst mal einen Whisky allein, damit du nicht benachteiligt bist«, sagte Balbir mit verschmitztem Lächeln, gewiß zur Belohnung dafür, daß ich ihm den Vortritt gelassen hatte. So leicht kann man ihm eine Freude machen, dachte ich, wurde aber eines anderen belehrt, da er kurz darauf die Küche verließ und zum Telefon im Flur ging. Ich hatte Verständnis dafür, daß er in London anrufen mußte, um seine Frau, die während seiner Geschäftsreise lieber bei ihren Verwandten geblieben war, von seiner Ankunft in Berlin zu unterrichten oder ihr Gute Nacht zu sagen. Doch Balbir kam im nächsten Augenblick wieder zurück, innerlich etwas unzufrieden.

»Keiner zu Hause?« fragte ich, um die durch seine stumme Unruhe eingerissene Stille zu durchbrechen.

Warum sprach er nicht darüber? Hatte er wieder Krach mit seiner Frau? Des öfteren hatte ich, noch in Indien, als Schlichter zwischen ihnen fungiert. Oder war etwa die Tochter mit dem Gatten nicht zufrieden? Während mir diese Gedanken durch den Kopf gingen, blätterte er sein Buch durch, um eine Geschichte auszusuchen. Ich nutzte die Gelegenheit, um aufs Klo zu gehen. Im Flur aber blieb ich vor dem Telefon stehen, nahm den Hörer ab, drückte die Wiederholungstaste und stellte verblüfft fest, daß er eine Nummer in Ostberlin gewählt hatte.

Es wurde drei Uhr morgens. Die Flasche war leer, wir waren voll und müde. Wir hatten über Gott und die Welt gesprochen, doch nicht darüber, wen er angerufen hatte.

* * *

Ich hatte eine Verabredung in Frankenfelde, südlich von Berlin. Ein guter Freund, der dort ein Restaurant besaß, steckte in Schwierigkeiten. Wenn ich Balbir offen sagte, wie wichtig mir dieses Treffen war, nähme er es als Zeichen, daß ich mich nicht genügend um ihn kümmerte und wäre gekränkt. So ist er. Also sagte ich es ihm nicht. Statt dessen versuchte ich, ihm die Gegend schmackhaft zu machen. Ich erwähnte, daß morgen der ›Tag der Einheit‹ sei und fragte, ob er in seinen Erzählungen auch die Deutsche Vereinigung behandelt habe. Das wäre gewiß ein neues Thema im Genre der Panjabi-Kurzgeschichte und eine passende Erweiterung von Balbirs Repertoire. Ich sei bereit, ihm die sozialpolitische und geographische Landschaft in Ostdeutschland zu zeigen. Wir könnten dabei einen Freund besuchen, der viel über die ostdeutsche Problematik zu erzählen wisse. Es klappte wunderbar. Bald darauf fuhr ich mit ihm durch kleine Dörfer in Richtung Luckenwalde.
Balbir war hingerissen von der märkischen Landschaft. »Daß die DDR so schön war, hätte ich nicht gedacht«, sagte er, als wir die Strecke zwischen Großbeeren und Trebbin erreichten. »Du meinst bestimmt die Landschaft«, entgegnete ich rasch, um den einstigen Kommunisten vor einem Nostalgie-Anfall zu bewahren. »Die ist heute noch genauso schön.«
Wir fuhren an einem Feld entlang, das zwischen zwei Waldgebieten lag. Balbir entdeckte eine Rehfamilie, unweit vom Waldrand, und bat mich anzuhalten. Die Rehe aber trauten unserem Anblick nicht und liefen zurück in den Wald. Balbir beobachtete für einen Augenblick den aus dem Feld ragenden Jägersitz und fragte mich, was das sei. Ich erklärte es ihm. »Irgendwie«, sagte er versonnen, »gleicht er dem Wachturm, den ich an der Mauer gesehen habe.« »Oder umgekehrt«, entfuhr es mir.
Einige Minuten schwiegen wir, bis der Abschnitt mit den alten, über die Straße gewölbten Bäumen kam. Wir fuhren wie durch einen grünen Tunnel. Ein Anblick zum Verlieben. »Hier ist es genauso schön wie in Kaschmir,

findest du nicht?« Ich kenne Balbirs Art, Freude durch eine Übertreibung auszudrücken. »Stimmt«, sagte ich, »es fehlen bloß die Gipfel des Himalaya.« Er lachte herzlich, ob nun über meine Antwort oder seinen Vergleich. Er betrachtete die Wipfel genau und holte nochmals aus: »Mir scheint, hier küssen sich Bäume genauso frei auf der Straße wie die jungen Leute in Berlin.« »Guck nicht so hin, Balbir. Merkst du nicht, daß sie vor Scham schon rot werden?« sagte ich, mit Blick auf die beginnende Herbströte. »Du meinst, weil die Bäume sich schämen, sind sie besser als die jungen Leute?« Daß Balbir fünfzehn Jahre älter war als ich, hatte zwischen uns nie eine Rolle gespielt. Bei dieser Begegnung aber schien er mir alt geworden.

»Vielleicht nicht ›besser‹, bestimmt aber ›besser dran‹ als die Menschen«, sagte ich. »Sie können sich unbemerkt lieben, zum Beispiel, mit ihren Wurzeln. Und je älter der Baum wird, desto tiefer, länger und verzweigter sind seine Wurzeln.« Ich mußte Balbir beistehen, und es tat ihm auch gut.

Er war von der idyllischen Landschaft und den Dörfern so bezaubert, daß er auf einmal anfing, Tagore zu singen:

»O, cautious wayfarer!

for once lose your way ...«

»Hast du dich etwa mit Tagore versöhnt, oder willst du mir damit ...?«

»Wieso versöhnt?« Er ließ mich nicht ausreden. »Ich habe seine Romane und Theaterstücke immer gemocht. Dieses Gedicht auch.«

Ich wußte, daß er Tagore als Dichter nicht sehr schätzte. Unklar war, ob er mit diesem Gedicht, das er in meinem Zimmer in Indien hatte hängen sehen, mir eine Freude machen wollte. Davon abgesehen paßte es wunderbar in die augenblickliche Stimmung. Nach einer kurzen Pause drehte er sich zu mir und sagte:

»Ich muß dir etwas erzählen.«

»Und?«

Ich war ganz Ohr. Er hatte ja keine Ahnung, wie ich darauf gewartet hatte.

»Auf der Fahrt von Hamburg zu dir habe ich im Zug eine Frau kennengelernt«, sagte er schmunzelnd und schilderte den Vorgang, als wolle er mich neidisch machen. Er vergaß allerdings, daß solche Begegnungen hierzulande zum alltäglichen Umgang gehörten. Während er mir die Geschichte im Detail erzählte, merkte ich an seinen Formulierungen, daß er dieser Frau seinen Stempel aufdrückte, als gehörte sie bereits ihm.

Jetzt endlich begriff ich die Geheimnistuerei am Telefon.

Balbir dramatisierte die Begegnung dermaßen, daß ich ab und zu über ihn lächeln mußte. Er sagte, er wisse nicht, wer die Hände im Spiel hatte, sein Schicksal oder ein Sonderdienst der Bahn, daß ihm ausgerechnet in dem Abteil ein Platz zugeteilt worden war, in dem diese wunderbare Frau saß. Die übrigen Plätze blieben frei. Die Frau, deren Name er mir verschwieg, war wohl sehr freundlich zu ihm gewesen. Als sich der Zug in Bewegung setzte, fing sie an, ein Buch über Yoga zu lesen. Demonstrativ, fand Balbir, da sie gewiß bemerkt hatte, daß er Inder war. So verstand er die Geste als Einladung zum Gespräch.

Die Frau stammte aus Ostberlin. Also sollte sie lieber nichts von Balbirs kommunistischer Vergangenheit erfahren. Daß er Verleger und auch noch Autor war, imponierte ihr sehr. Er zeigte ihr sein Buch. Die Panjabi-Buchstaben mit Händen und Füßen erschienen ihr wie richtige Kreaturen, die alsbald aus den Seiten heraustreten würden. Sie lachten viel miteinander und bemerkten nicht, wie die Zeit verging. Yoga, antwortete sie auf seine Frage, helfe ihr, den Schulstreß abzubauen. Daraus schloß er, daß sie Lehrerin war. Er schlug ihr vor, Indien zu besuchen. Sie antwortete ganz offen, daß ihr dazu das Geld fehle. Solche Ehrlichkeit beeindruckte Balbir sehr. Selbstverständlich lud er sie ein, bei seiner Familie in Delhi und seinen Verwandten an anderen Orten zu wohnen. So tauschten sie schnell ihre Adressen, als Balbir aussteigen mußte. Sie fuhr weiter bis zum Hauptbahnhof.

»Sie hatte mir deutlich gezeigt, daß sie mich mag. Und ich konnte mich nicht mal richtig von ihr verabschieden.« Balbir ärgerte sich, daß er aus dieser Begegnung nicht mehr gemacht hatte. Er glaubte allen Ernstes, daß sie frei und ledig war. So wuchsen seine Wünsche, je mehr er von ihr sprach.

An unserem Zielort Frankenfelde betraten wir das Restaurant, es war fast leer. Doch wirkten mein Freund, der Wirt, und seine Mitarbeiter überaus beschäftigt. Der Grund dafür war Balbir, dessen Besuch ich vor unserer Abfahrt telefonisch angekündigt hatte. Es beeindruckte ihn, daß für uns nicht die europäisierten, sondern echte indische Gerichte zubereitet wurden. Während wir aßen, richtete Balbir an den Wirt die höfliche Frage, wie das Geschäft laufe, und löste damit ein Gespräch aus.

»Sie sehen es selbst. Die Leute haben kein Geld mehr.«

»Warum denn das? Die Einheit hat doch die Marktwirtschaft hierhergebracht.« Balbir redete wie ein Seereisender, dem nicht bewußt ist, daß das Schiff durch Wasser fährt. Marktwirtschaft war in Indien seit ein paar Jahren das große Zauberwort.

»Das stimmt schon. Aber nur wenige haben davon profitiert. Eine größere Zahl hat ihre Existenzgrundlage verloren«, sagte mein Freund und folgte dabei Balbirs Blicken, der wiederholt durch die Serviceluke in die Küche hinübersah, in der eine hübsche junge Frau das Geschirr spülte. »Die Einheit«, fuhr er fort, »hat zwei Nationen zusammengeführt, aber sie hat auch viele Familien auseinandergebracht. Meine Mitarbeiterin in der Küche hat auch ihre Arbeit verloren. Jetzt muß sie hier spülen und putzen, um ihre drei Kinder zu ernähren.«

Auf dem Rückweg nach Berlin schwärmte Balbir von der Schönheit seiner Zugbekanntschaft. Weder unterwegs noch von Zuhause hatte er sie aber erreichen können.

Endlich war es Abend. Er schlug vor, einen guten Whiskey zu trinken. Drei Stunden später hatten wir drei Viertel der Flasche geleert. Dabei sprach er die meiste Zeit von ihr, die Änne hieß, und über seinen Wunsch, sie ganz langsam zu lieben. Er entfaltete all sein schauspielerisches Talent, ich amüsierte mich köstlich. Wie ein großes Geheimnis teilte er mir mit, daß Änne genauso aussehe wie seine Frau, als er sie vor achtundzwanzig Jahren kennenlernte.

Änne war noch im Bett, als Balbir sie am Vormittag anrief, doch kam eine Verabredung für siebzehn Uhr zustande. Wir hatten viel Zeit bis dahin und gingen spazieren. Es machte mir Spaß, Balbir ein wenig aufzuziehen. Nach dem Spaziergang müsse er unbedingt duschen, sagte ich, und würde ihm sogar mein Moschus *Wild Love* zur Verfügung stellen. So konnte ich meine Unzufriedenheit wegen der kurzerhand verschobenen Reise über meinen Kopf hinweg abreagieren. Doch schien Balbir meine Bemerkungen größtenteils ernst zu nehmen.

Pünktlich brachte ich ihn zu der angegebenen Adresse. Änne stand schon vor der Tür. Bevor sie uns sehen konnte, erlaubte ich mir noch einen Spaß, öffnete schnell das Handschuhfach und drückte Balbir ein Paar Präservative in die Hand. Er nahm sie dankend an.

Änne war sehr freundlich. Automatisch sprach ich Deutsch, als ich sie fragte, wann ich Balbir wieder abholen sollte. »Das Problem ist«, sagte sie direkt in meine Augen schauend, »ich bin gerade erst umgezogen, und die Wohnung steht noch voller Kisten.« Sie schlug vor, in eine Kneipe zu gehen, ganz in der Nähe, denn in knapp zwei Stunden müsse sie wieder fort. Das hörte sich an, als sollten wir zu dritt bleiben. Bevor ich erklären konnte, daß ich schon etwas anderes vorhätte, sagte Balbir auf englisch: »Ich möchte über meine Deutschlandreise und besonders über mein Treffen mit dir eine Geschichte schreiben. Bitte sag meinem Freund, wann er mich abholen kann.« Offenbar hatte er ein wenig Deutsch verstanden und befürchtete nun, daß ich hängenbleiben würde.

Die Kneipe lag gleich um die Ecke. Nach genau zwei Stunden war ich wieder da und trat an ihren Tisch. Sie trank Tee, er Rotwein. Balbir schien glücklich zu sein und bat mich, Platz zu nehmen. Es stellte sich heraus, daß Änne noch keine Lehrerin, sondern erst Abiturientin war. Die Notizen von Balbir zeigten, daß sie in der Tat ausführlich über die Wende gesprochen hatten. Ich bekam noch mit, wie Balbir sich betroffen zeigte von den Schwierigkeiten, in denen sich die Menschen beim Übergang vom Plan- zur Marktwirtschaft befanden, betroffen von der Kluft, die sich nun auftat, ähnlich wie nach der Einführung der Marktwirtschaft in Indien.

Auf der Heimfahrt sagte er mir feierlich, wie froh er sei, Änne kennengelernt zu haben. »Heute hat eine Freundschaft begonnen, die lange währen wird«, versicherte er und sah mir in die Augen. Währenddessen legte er die beiden Präservative zurück in das Handschuhfach meines Wagens.

Natascha Wodin
Andrej

Der Winter und der Frühling vergingen, der Sommer wurde so heiß, wie ich mir die Temperaturen in Afrika vorstellte. In diesem Sommer, ich war seit über fünf Jahren mit Harald verheiratet, lernte ich Andrej kennen. Er sprach mich auf der Leopoldstraße an, vor einem Zeitungsladen, wo ich im Vorübergehen plötzlich die mir seit meiner Kindheit vertraute russische Emigrantenzeitung »Nowoje russkoje slowo« in einem Zeitungsständer entdeckt hatte. Zum ersten Mal seit jener Zeit sah ich diese Zeitung wieder, die damals mit der Post zu uns nach Hause kam, die verschnörkelten, etwas zerlaufenen kyrillischen Lettern, mit denen der Titel geschrieben war Ich wußte nicht, ob ich diese Zeitung kaufen sollte, ich wußte nicht einmal mehr, ob ich die russische Sprache noch verstand, ich berührte mit den Fingern das grobe, gelblich gefärbte Papier, wie um zu prüfen, ob mir die Schrift darauf noch etwas sagte, und da hörte ich plötzlich russisch gesprochene Worte neben mir.

Er sagte, er hätte sofort gesehen, daß ich Russin sei, er hätte es auch dann gesehen, wenn ich eine deutsche Zeitung aus dem Ständer genommen hätte. Ich stand vor diesem fremden, aus dem Nichts aufgetauchten Russen mit der kleinen, runden Nickelbrille im braungebrannten, nicht mehr ganz jungen Gesicht, ich stand vor dem ersten Russen, der mir jenseits der Flüchtlingslager der Vergangenheit begegnete, und ich wußte nicht, wo ich die Worte hernehmen sollte, um den seinen zu antworten. Die letzten russischen Worte hatte ich an meinem Hochzeitstag mit meinem Vater gesprochen, es war, als hätte sich das Russische in eine rohe, formlose Masse in mir verwandelt, als wäre es in mir eingeschlafen, so daß ich nur irgendwelche stotternden, beinah wahllosen Worte hervorbringen konnte. Zum ersten Mal in meinem Leben war das Russische an mir nicht zuviel, sondern zuwenig, zum ersten Mal hatte ich das Gefühl, nicht russisch genug zu sein.

Er verabredete sich für den nächsten Tag mit mir, ich sollte nach Büroschluß vor dem Zeitungsladen auf ihn warten. Zu meinem Erstaunen kam er wirklich. Schon am Vortag hatten wir die wichtigsten Informationen übereinander ausgetauscht. Ich hatte erfahren, daß er, genau wie ich, ein Kind russischer Emigranten war, nur daß er nicht in Deutschland, sondern in Amerika geboren war und auch jetzt noch dort lebte. Er war, wie er sagte, Slawistikprofessor, in Deutschland hielt er sich nur vorübergehend auf, im Auftrag seiner Universität. Er unterrichtete hier amerikanische Slawistikstudenten, die ein Gastsemester in Europa verbringen wollten. Seinen Nachnamen hatte er gemeinsam mit einem der berühmtesten russischen Schriftsteller, mit Lew Tolstoj. Er sagte, daß er ein Urenkel dieses Schriftstellers sei. Mit dreiundvierzig Jahren war er noch Junggeselle.

Er ließ mich, wie in meinem Kindertraum von unserer gelungenen Auswanderung nach Amerika, in seinen großen amerikanischen Wagen einsteigen und fuhr mit mir zum »Departement«, wie er es nannte, zur Münchner Niederlassung der amerikanischen Universität. Sie befand sich in einer ruhigen Seitenstraße von Schwabing, auf dem Territorium einer weiträumigen, etwas heruntergekommenen Altbauwohnung. Es war der letzte Tag im Semester, die Studenten feierten gerade eine Abschiedsparty. Bevor ich es begriff, stand ich allein in einem lärmenden Durcheinander aus amerikanischen Stimmen und russischer Volksmusik. Andrej war, nachdem er mich den Studenten als echte Russin vorgestellt und einige Scherze mit ihnen gemacht hatte, aus der Tür verschwunden. Jemand drückte mir ein Glas in die Hand, es war das langbeinige, langhaarige, von einem weißen Minikleid umflatterte Geschöpf, das Andrej mir als seine Assistentin Holly vorgestellt hatte und das in einem russisch-amerikanischen Kauderwelsch auf mich einsprach. Ich nippte an dem Glas, offenbar stammte sein Inhalt aus einer der Flaschen, in denen sich, wie die Etiketten verrieten, russischer Wodka befand. So etwas trank ich zum ersten Mal in meinem Leben. Es schmeckte wie scharfes, nach Petroleum riechendes Wasser. Im Hintergrund des Lärms sang jetzt eine dunkle, schluchzende Frauenstimme ein mir unbekanntes russisches Lied. Was hatten die Amerikaner mit den Russen zu tun? Warum studierten Amerikaner Slawistik, und was war Slawistik überhaupt? Ich hatte das Gefühl, mich an einem höchst rätselhaften, undurchsichtigen Ort zu befinden, und das Zentrum dieses Rätsels war Andrej. Ich wußte nicht, warum er mir vom ersten Moment an so vertraut vorgekommen war. Wahrscheinlich nur deshalb, weil er Russisch mit mir sprach. Weil wir auf der ganzen Leopoldstraße die

einzigen gewesen waren, die da standen und Russisch miteinander sprachen, und weil es mir vorkam, wir seien die einzigen auf der Welt, die sich
in dieser Sprache verständigten, einer Geheimsprache, die niemand außer
uns verstand. Ich fragte mich, ob er mich hier einfach abgegeben hatte und
stehenlassen wollte, oder ob er mich hergebracht hatte, um mich auf diese
Art mit der Welt bekannt zu machen, zu der er gehörte.
Ich wußte nicht, wieviel Zeit verging, bis er wiederkam. Er nahm mich an
der Hand, mit der Bemerkung, die Studenten hätten nun mehr als genug
von mir gehabt, zog er mich mit sich davon. In seinem Büro drückte er
mich in einen hohen, rissigen Sessel aus schwarzem Leder und streckte die
Beine auf seinem Schreibtisch aus, so, wie die Amerikaner es im Film
machten. Das Zimmer war angefüllt mit Büchern, deren Rücken mit russischen und amerikanischen Titeln bedruckt waren, auf den Porträts, die
mich von den Wänden ansahen, erkannte ich die Namen russischer
Schriftsteller. Über einem Regal voller Zeitungen und Zeitschriften hing
eine große bunte Landkarte mit der Aufschrift »The Geography of Soviet
Union«.
»Nun«, fragte Andrej, während er mit dem Bleistift in seiner Hand spielte,
»wie gefallen Ihnen meine Studenten? Sind es nicht reizende Kinder?«
Einerseits stellte Andrej diese Frage einer Erwachsenen, mit der er in einen
vertraulichen Meinungsaustausch über die ihm anbefohlene Jugend trat,
andererseits war ich nicht älter als seine Studenten, die er Kinder nannte
und mit denen er mich auf diese Weise gleichsetzte. Ich wußte nicht, wie
ich mich ihm gegenüber verhalten mußte. Obwohl das vollkommen
gleichgültig zu sein schien. Ich war sicher, daß Andrej ohnehin alles über
mich wußte, wie immer ich mich verhielt. Er wußte vom ersten Blick an
mehr von mir als jeder andere Mensch auf der Welt.
»Ich habe die ganze Nacht an Sie gedacht, wissen Sie das?« sagte er.
»Vorgestern gab es Sie noch nicht, und jetzt sind Sie da, wie vom Himmel
gefallen. Ich habe noch nie eine Russin mit einem so russischen Gesicht
gesehen ...«
Er saß etwa zwei Meter von mir entfernt, ich wußte nicht, ob er sehen
konnte, wie mein Gesicht sich rot färbte. Ich wagte es nicht, meinen
Blick weiter zu heben als bis zu den Sohlen seiner Schuhe, die sich auf
meiner Augenhöhe befanden. Er trug leichte braune Schnürschuhe,

das Muster der Sohlen war abgetreten, in einer Rille steckte ein kleiner Stein. Ich bemerkte, daß er einen schnellen Blick auf seine Armbanduhr warf.

»Am liebsten würde ich Sie mitnehmen«, sagte er und lächelte. »Wie dumm, daß wir uns ausgerechnet einen Tag vor dem Anfang meiner Ferien kennengelernt haben. Morgen um diese Zeit bin ich schon in Portugal. Aber ein paar Minuten Zeit habe ich noch.«

Als ich ein Kind war, hatte mir einmal ein Russe, der meine Eltern besuchen kam, einen Granatapfel geschenkt, den er aus Portugal mitgebracht hatte. Ich hatte die Frucht geöffnet und voller Entzücken in ihr geheimnisvolles Inneres aus einzelnen, rot glänzenden Kernen geblickt. Es war jetzt, als würde Andrej in diesem Granatapfel verschwinden. Bereits auf der Autofahrt hierher hatte er mir gesagt, er wisse nicht, wie lange er noch in Deutschland bleiben würde, es könne täglich passieren, daß er zurück müsse nach Amerika. Kaum war er aufgetaucht, war mir bereits sein Verschwinden angekündigt, aber ich hatte nicht geahnt, wie schnell es gehen würde. Durch das hohe, geöffnete Fenster zu meiner Linken blickte man in das grüne Laub einer Kastanie, die in einem Hinterhof stand. Ein unruhiger Wind bewegte die Blätter, es schien sich ein Gewitter anzukündigen. Ich tastete nach meiner Handtasche, die ich über die Sesselkante gehängt hatte, und wollte aufstehen.

»Nein, nein«, protestierte Andrej und nahm die Füße mit einem Ruck vom Tisch, »bitte bleiben Sie noch, ich kann mich noch nicht von Ihnen trennen. Oder müssen Sie nach Hause, erwartet Sie Ihr Mann?«

Ich wußte nicht, was ich jetzt sagen mußte. Ich schämte mich, weil er mich daran erinnert hatte, daß ich verheiratet war. Mir schien, er hätte mich an meine Pflicht als Ehefrau erinnert, daran, daß ich etwas Unerlaubtes tat, indem ich hier mit ihm saß. Seine Augen hinter der kleinen runden Brille hatten eine seltsame Farbe. Sie waren nicht blau, sie waren lila. Sie erinnerten mich an die Farbe katholischer Bischofsgewänder. Was hätte Andrej von mir gedacht, wenn er gewußt hätte, daß ich die Ehefrau eines Einäugigen war? Was hätte er von mir gedacht, wenn er gewußt hätte, daß ich Harald nur geheiratet hatte, um eine Deutsche zu werden? Um das an mir zu löschen, was für Andrej der einzige Grund zu sein schien, sich überhaupt mit mir zu unterhalten?

Er wollte von mir wissen, wer meine Eltern waren, woher sie stammten, wie sie nach Deutschland gekommen waren, diese Fragen schienen ihn sehr zu interessieren. Er notierte sich das wenige, das ich ihm berichten konnte, er sagte, es gäbe Möglichkeiten, Nachforschungen über meine Herkunft anzustellen, nach meinen russischen Verwandten zu suchen. Das klang so, als wäre Rußland ein wirkliches Land, und als verfügte Andrej über Verbindungen zu dieser Wirklichkeit. Geheime, illegale Verbindungen, die mit Namen wie CIA und KGB zusammenhingen. Es war, als blickte ich in irgendein verbotenes, gefährliches Dunkel zwischen den zwei Teilen der Welt, die Osten und Westen genannt wurden, und dieses Dunkel war es, aus dem Andrej stammte.

Er hatte inzwischen angefangen, mir russische Gedichte vorzulesen.

> Kein Lied nach meinem mehr, vom Dorf zu singen,
> die Bretterbrücke kann nicht mehr ins Lied.
> Ich seh die Birke Weihrauchkessel schwingen,
> ich wohn ihr bei, der Abschiedsliturgie.

> Aus meinem Leib gezogen ist die Kerze,
> sie brennt herab, brennt golden und brennt stumm.
> Von ihm, dem Mond, der Uhr, der Uhr dort, hölzern,
> les ich es ab: Die Zeit, Sergej – herum.

Ich wußte nicht, ob ich etwas von diesem Gedicht verstand, aber etwas ging von ihm aus, das ich kannte. Traurigkeit, ein Gefühl von Verdammnis. Auf unbestimmte Weise verband es sich mit meiner Erinnerung an das Bild von Lew Tolstoj, das ich als Kind in einem völlig vergilbten, halb zerfetzten russischen Buch ohne Umschlag betrachtet hatte. Ein heiliger Mann mit einem bauchlangen weißen Bart, der wirkte wie ein Bauer. In groben Schaftstiefeln und einer sackartigen, knielangen Kutte, die an ein Büßergewand erinnerte.

Seit Andrejs Blick auf die Uhr und seiner Mitteilung, er habe nur noch ein paar Minuten Zeit, war über eine Stunde vergangen. Inzwischen war es draußen dunkel geworden, die Lampe, die Andrej auf seinem Schreibtisch angeknipst hatte, verbreitete das Licht häuslicher Gemütlichkeit. Aus der

Entfernung hörte man den Partylärm der Studenten, der jetzt aus amerikanischer Popmusik bestand. Das Gewitter hatte sich offenbar verzogen, aber es hatte zu regnen angefangen, durch das geöffnete Fenster strömte kühle Luft ins Zimmer, der Geruch nach nassem Staub. Das Gedicht, das Andrej mir zuletzt vorgelesen hatte, stammte von einem Dichter, der Sergej Jessenin hieß. Andrej sagte, er sei ein Bauernsohn gewesen, der letzte russische Dorfpoet, der sich mit dreißig Jahren, wenige Jahre nach Ausbruch der Revolution, erhängt hatte. Ich schämte mich, daß ich von diesen Dingen nichts wußte. Ich wußte im Grunde überhaupt nichts über Rußland. Nur daß die Wolga der breiteste und mächtigste Fluß der Welt war und daß dort die größten und saftigsten Melonen der Welt wuchsen. Ich hatte nie den Wunsch verspürt, mehr darüber zu erfahren. Und niemals war in meinen Wünschen und Träumen ein russischer Mann vorgekommen. An so etwas hatte ich nie in meinem Leben gedacht. Nie wäre es mir in den Sinn gekommen, daß der Mann, den ich erwartete, ein Russe sein könnte. Und daß das Russische an mir selbst genau das sein könnte, was für diesen Mann von Interesse war.

Er wollte nach seiner Rückkehr aus Portugal sofort bei mir zu Hause anrufen, doch ich wartete umsonst. Ich wartete zwei Tage, drei Tage, zehn Tage. Wenn das Telefon läutete und ich den Hörer abnahm, war es, wie immer, jemand aus Haralds Familie. War Andrej krank geworden? War sein Flugzeug abgestürzt? Oder existierte er gar nicht, hatte ich ihn nur geträumt? Ich besaß keine Adresse von ihm, auch im Telefonbuch gab es unter seinem Namen keinen Eintrag. Meine einzige Verbindung zu ihm war die amerikanische Universität, deren Namen und Adresse ich mir gemerkt hatte. Zu meiner Überraschung fand ich ihre Nummer tatsächlich im Telefonbuch, aber als ich anrief, meldete sich niemand. Nach Arbeitsschluß nahm ich die Straßenbahn und fuhr nach Schwabing. Ohne Mühe fand ich die Straße wieder, in die ich zum ersten Mal mit Andrej im Auto gefahren war. Ungläubig blickte ich auf das Schild mit dem Namen der amerikanischen Universität neben der Eingangstür. Ich stand genau an der Stelle, an der ich mich vor über einem Monat von Andrej getrennt hatte. Wir waren aus dem erleuchteten Treppenhaus auf die dunkle Straße getreten, in den Regen, und da hatte Andrej mich in seine Arme gezogen. Er hatte mich in seine Arme gezogen und so geküßt, wie ein Mann eine

Frau küßt, und ich hatte nicht gewußt, was für eine Frau das war, die er küßte. Die ganze Zeit, während ich in seinem Büro gesessen hatte, hatte ich mir vorgestellt, er würde mich in seine Arme ziehen und küssen, aber jetzt, während er es tat, spürte ich nichts von dem, was ich in meiner Vorstellung gespürt hatte, obwohl ich wußte, daß es Andrej war, der mich küßte, und daß er es jetzt wirklich tat. Ich wünschte mir, mich schon hinter dem Moment der mir bevorstehenden Trennung von ihm zu befinden, hinter dem Moment, der mir vorkam wie mein Tod. Bis zuletzt hatte ich gehofft, er würde es sich mit seinem Urlaub anders überlegen oder tatsächlich das tun, was er, wie er gesagt hatte, am liebsten tun würde, ich hatte mir vorgestellt, mit ihm zusammen ins Flugzeug nach Portugal zu steigen, kein anderes Land auf der Welt war mir so greifbar nah und so unerreichbar fern erschienen wie Portugal, von dem ich nur wußte, daß es irgendwo am Meer lag und daß seine Hauptstadt Lissabon hieß, aber ich sah es, über Rußland, Deutschland und Amerika hinaus, als das Land, das mir und Andrej bestimmt war. Er ließ mich los, sein Haar und seine Brille waren naß vom Regen, dann zog er mich erneut in seine Arme und küßte mich wieder, das tat er mehrmals, doch schließlich befand ich mich doch in der Zeit nach dem Abschied von ihm, ich ging allein auf der Straße und spürte den Regen. Er lief über mein Gesicht und tropfte vom Haar in meinen Nacken. Er ließ das Licht der entgegenkommenden Autoscheinwerfer zerfließen, die hohen Pappeln, die im Spalier zu beiden Seiten der Leopoldstraße standen, sahen aus wie riesige, im Regen erloschene Kerzen. Das Wasser stürzte in Bächen von den rotweißen Sonnenschirmen, die aufgespannt vor einem hell erleuchteten Restaurant standen, es trommelte auf eine leere Getränkedose, die unter einer Dachrinne tänzelte. Das waren die Bilder jener ersten Minuten nach der Trennung von ihm, die ich gesehen hatte wie auf einem Filmstreifen.

Jetzt, da ich an den Ort der Trennung zurückgekehrt war, schien die Sonne, es war ein heißer Spätsommertag. Ich blickte an der Fassade des Hauses hinauf, zu den Fenstern im dritten Stock. Die Tatsache, daß sie alle dicht geschlossen waren, schien dafür zu sprechen, daß dort oben niemand war, wie zu erwarten zur Zeit von Semesterferien. Selbst diese Straße kam mir unwirklich vor, weil sie etwas war, das ich gemeinsam mit Andrej kannte. In den Briefkasten, der an der Mauer des Nachbarhauses hing, warf er wahrscheinlich seine Post ein, in der Bäckerei gegenüber kaufte er Brot oder eine der Rosinenschnecken aus dem Schaufenster. Er kannte die Häuser in dieser Straße, das Straßenpflaster, die Bäume, deren schmächtige Stämme von Gerüsten gehalten wurden.

Seit unserem Abschied auf dieser Straße dachte ich unentwegt über sechs Worte nach. Ich könnte dich so sehr lieben ... Hatte Andrej mit diesen Worten mich gemeint? Sie bedeuteten nicht, daß er mich liebte, aber sie bedeuteten auch nicht, daß er mich nicht liebte. Er liebte mich in der Möglichkeitsform. Die Worte schienen zu sagen, daß er mich lieben wollte, aber aus irgendeinem Grund nicht lieben konnte. Es gab irgendeine Bedingung, die nicht erfüllt war, irgendein Hindernis. Dieses Hindernis konnte in mir liegen, in äußeren Umständen und in Andrej selbst. Jede der drei Möglichkeiten beinhaltete weitere Möglichkeiten, die zahllos waren. In einer von ihnen sah ich Andrej als denjenigen, der von mir gerettet werden mußte. Ich mußte ihn retten vor jener dunklen Macht, die ihn an der Liebe hinderte. Ich mußte die werden, die ihn erlösen konnte von einem Fluch, von einer Krankheit, die in der Unfähigkeit zur Liebe bestand. Er wollte lieben, aber er konnte es nicht. Es gab die Frau, die das ändern konnte. Ich mußte nur herausfinden, wer sie war. Ich mußte hinter ihr Geheimnis kommen.

Ich war ins Haus hineingegangen und stand auf dem unteren Treppenabsatz. Alles im Haus war still. Ich erkannte die himbeerfarben gestrichenen Briefkästen wieder, das verschnörkelte Treppengeländer mit dem gleichfarbigen Handlauf, die abgetretenen, ausgebleichten Holzstufen, die etwas modrige Kühle des Treppenhauses. Ich streckte meinen Kopf über das Geländer und blickte vorsichtig nach oben. Über das sonnendurchflutete Glas des entfernten Lichtschachts huschte etwas wie Eidechsen. Es war, als blickte ich aus einer Jahreszeit in eine andere. Dort oben war Sommer, hier unten, wo ich stand, Winter. War Andrej wirklich ein Urenkel von Lew Tolstoj? Es klang in meinen Ohren wie eine meiner Selbsterfindungen, wenn ich mich in meiner Kindheit als Tochter russischer Fürsten oder als Findelkind ausgegeben hatte. War Andrej die leibhaftig gewordene Erfindung meiner selbst oder war auch er ein Erfinder? Er war mir gleichzeitig so fern und so nah, daß ich ihn von keinem Punkt aus sehen konnte. Vielleicht wollte ich auch von ihm nur den Namen, so, wie ich von Harald nur den Namen gewollt hatte. Durch Andrej erblickte ich eine Variante, die mir niemals zuvor in den Sinn gekommen war. Nicht Deutsche zu werden, sondern eine andere Russin. Eine Russin mit einem anderen Namen, dem Namen Tolstoj. Vor dem Russischen, das dieser Name verkörperte, verblaßte sogar das Deutsche, im Vergleich mit einem Russen, der Tolstoj hieß, verlor auch ein zweiäugiger deutscher Mann seinen Glanz.

Ich war hinaufgestiegen in den dritten Stock und stand vor der rosafarben gestrichenen Tür mit dem muschelförmigen Türgriff. Nichts war hinter dieser Tür zu vernehmen, das einzige, was ich hörte, waren die Schläge meines Pulses, die den ganzen Raum des Treppenhauses auszufüllen schienen. Was hätte ich getan, wenn diese Tür plötzlich aufgegangen wäre und Andrej vor mir gestanden hätte? Von meinem Mut, auf den Klingelknopf zu drücken, war nichts mehr übrig. Im Grunde hatte ich diesen Mut nie verspürt. Ich hatte nur gehofft, Andrejs Auto vor dem Haus zu entdecken, um sicher zu sein, daß er zurückgekommen war. Ich hatte gehofft, einem Geheimnis auf die Spur zu kommen. Einem Geheimnis, das ich mir im Nächstliegenden vorzustellen versuchte: Andrej war an eine Frau gebunden, wie die meisten Männer in seinem Alter. Mit dieser Frau war er im Urlaub in Portugal, mit ihr war er in diesem Augenblick zusammen. Ich wäre froh gewesen, wenn das die Antwort hätte sein können. Sie hätte Andrej in bekannte, leicht faßbare Zusammenhänge gestellt. Doch in genau diesen Zusammenhängen konnte ich ihn nicht sehen. Das, was ihn von mir trennte, war viel mehr als eine andere Frau, viel mehr als etwas, das ich im mir Vorstellbaren hätte finden können. War er inzwischen vielleicht längst in Amerika? Würde ich ihn überhaupt noch einmal wiedersehen? Wie lange dauerten die amerikanischen Semesterferien? Genauso lange wie die deutschen, wie Haralds Semesterferien in der Abendschule für Betriebswirte? In einigen Wochen zogen Harald und ich um in eine andere Wohnung. Die Stoibers hatten uns gekündigt. Es wurde nichts mit dem Erbe des Hauses, so, wie es nichts mit dem Erbe von Herrn Sedlmeyer geworden war. Vor allem meine häufigen Opernbesuche hatten Frau Stoiber verbittert und enttäuscht. Ich hatte sie an den Abenden zu oft allein gelassen, und ich hatte mich nicht darin belehren lassen, daß es für eine junge Ehefrau unschicklich war, abends so oft allein auszugehen, ohne ihren Mann. Frau Stoiber verstand meine Begeisterung für die Oper nicht, und ganz offensichtlich glaubte sie mir auch nicht, sie wähnte mich auf Abwegen. Eines Tages war es zum Streit wegen Renovierungsarbeiten gekommen, Harald und Herr Stoiber hatten aufgehört, sich zu grüßen, und schließlich hatte Frau Stoiber ein anderes junges Ehepaar für die Wohnung gefunden, eines, das ihren Erwartungen besser zu entsprechen schien als wir. Harald und ich hatten bereits eine neue Wohnung gefunden, sie lag im selben Stadtteil wie die alte. Nur war es jetzt eine richtige Wohnung. Mit zwei Zimmern von normaler Größe, einer richtigen Küche und eigenen Möbeln, die wir bereits bestellt hatten.

Unten im Treppenhaus schlug plötzlich eine Tür, jemand kam die Treppe herauf. Ich wollte in Richtung Speicher fliehen, doch kurz darauf hörte ich Schlüssel klirren, jemand aus den unteren Stockwerken war nach Hause gekommen. Im nächsten Moment läutete hinter der Tür zur amerikanischen Universität das Telefon. Es läutete lange und aussichtslos, es läutete wie irgendwo im leeren Weltall. Langsam stieg ich die Treppen wieder hinunter. Ein Mädchen mit einem großen orangefarbenen Hund kam mir entgegen. Der Hund stürzte mit offensichtlicher Begeisterung auf mich zu, pfui, Collie-Boy, rief das Mädchen. Ob es Andrej kannte?

Jusuf Yeşilöz
Hasos Schatten

Als der Postenkommandant eines Nachts durch seinen Kontaktmann im Dorf von Hasos Treffen mit den Rebellen in den Bergen erfuhr, wurde er wütend wie ein hungriger Tiger. Er wartete ungeduldig bis zum Morgen, bis Haso von der Weide zurückkommen würde, und lief die ganze Nacht in seinem Zimmer auf und ab, von einer Wand zur anderen. Immer wieder schaute er aus dem Fenster auf das Dorf, das im Dunkeln in tiefem Schlaf lag. Frühmorgens befahl er einem jungen Soldaten, nachzuschauen, ob die Schafherden schon im Dorf eingetroffen oder wenigstens in der Nähe zu sehen waren. Der Soldat ging auf die Terrasse und beobachtete das Dorf und die Umgebung. Nach einer Weile kehrte er zum Feldwebel zurück, grüßte und hielt die Mütze vor seine Brust: »Die Hirten und die Schafherden sind noch nicht eingetroffen, mein Kommandant!« Dann drehte er sich vorschriftsmäßig um und ging wieder auf die Terrasse. Schließlich kamen ihm die Geräusche von Glocken zu Ohren, worauf er sofort wieder zum Kommandanten rannte. »Die Schafherden kommen zurück, zu Befehl, mein Kommandant!« Als Suat aus dem Fenster schaute, war tatsächlich Bekos Herde, von Haso auf seinem Esel angeführt, unterwegs ins Dorf. Er rief den diensthabenden Soldaten zu sich und befahl, daß sich eine Patrouille aus einem Gefreiten und zwei Soldaten bereit zu halten habe. In Kürze waren der Gefreite und die zwei Soldaten zur Stelle – so schnell, als hätten sie schon vor der Tür gewartet. Der Gefreite sagte laut: »Die Patrouille, zu Befehl, mein Kommandant!« und wartete auf weitere Befehle. Die zwei dunkelhäutigen Soldaten hielten ihre Mützen vor die Brust und standen stramm. Der Kommandant erhob sich, versetzte den zwei Soldaten einen leichten Stoß, wandte sich zu dem Gefreiten, versetzte ihm einen stärkeren Stoß und sagte: »Eselssöhne, hat euch niemand beigebracht, daß ihr zuerst euren Namen und Rang zu sagen habt? Gefreiter, Soldaten, was seid ihr für türkische Soldaten?« Die Soldaten nannten der Reihe nach mit lauter Stimme und roten Wangen ihren Namen und Rang. Der Kommandant schaute sie von oben bis unten an:

»Schaut, Mehmetçiks, meine Löwen, der Moment, auf den wir seit langem gewartet haben, ist gekommen. Jetzt sind wir an der Reihe, unsere Heimat zu schützen. Man hat mir berichtet, daß in dieser Gegend Terroristenbanden unterstützt werden. Wie ich letzte Nacht erfahren habe, bringt Haso, Bekos Hirte, den Terroristen seit Monaten, vielleicht seit Jahren, zu essen und zu trinken und verschafft ihnen Kontakte zu den Nachbardörfern. Nachts zeigt er den Terroristen den Weg, damit sie in den Dörfern ihre Propaganda für die Kurden verbreiten und Schutzgelder eintreiben können. Er gibt Informationen weiter, über mich, über diesen Posten der mutigen türkischen Armee, über euch, Mehmetçiks, die ihr von euren Lieben fern seid, damit uns die Terroristen eines Tages in die Hände kriegen. Für uns heißt das, daß die Ruhe vorbei ist. Wenn wir den Kopf der Schlange nicht zertreten, solange sie klein ist, können wir morgen nicht mehr mit ihr fertig werden, sie wird uns alle vergiften oder vertreiben. Jetzt müßt ihr eure Gewehre schußbereit halten, eure Bajonette aufpflanzen und diesen Hirten Haso hierher zu mir, eurem Kommandanten, bringen, noch bevor er sich mit jemandem trifft. Aber paßt auf! Wenn er seine Waffe zieht, wißt ihr, was zu tun ist; das habe ich euch schon so viele Male erzählt, wie ich Haare auf dem Kopf habe, und ihr habt es auch in eurer Ausbildung in der mächtigen türkischen Armee gelernt. Ich will nichts Halbes und absolut kein Erbarmen! Nun geht, meine Löwen!«
Kaum hatte Suat ausgeredet, sagte der Gefreite: »Zu Befehl, mein Kommandant«, und alle drei Soldaten drehten sich um und marschierten hinaus. Sie rannten, die Gewehre quer vor sich haltend, den Finger am Abzug, sofort in Richtung der Schafe, ohne etwas anderes zu beachten. Der Lärm ihrer Stiefel war im ganzen Dorf zu hören.
Als Haso die Soldaten kommen sah, erschrak er innerlich, aber er lief mit schnellen Schritten zum Brunnen, als wenn nichts wäre. Er nahm den Eimer und fing an, Wasser zu schöpfen. Er zog schnell ein paar Eimer Wasser hoch und leerte sie in den Holztrog, dessen Boden und Ecken mit Moos bedeckt waren. Als er unter den Augenlidern hervorlugte, sah er, wie sich die Soldaten ihm näherten. Er machte weiter, leerte Eimer um Eimer in den Trog. Die Knaben, die gerade zum Helfen herbeikamen, blieben erstaunt stehen und beobachteten die Soldaten, die auf Haso zumarschierten, und Haso, der sie scheinbar nicht beachtete. Alle Dörfler kamen

aus ihren Häusern und schauten nach Haso und den Soldaten. Als die Soldaten bei der Herde angekommen waren, befahl der Gefreite mit lauter Stimme, daß Haso den Eimer hinstellen, seine Hände hochheben und sofort zu ihnen kommen solle. Haso schien ihn nicht zu hören, leerte weiter das Wasser in den Holztrog.

Die Schafe, die in der Sommerhitze durstig geworden waren, drängten, eines dicht neben dem anderen, zum Trog. Die ganze Herde wollte gleichzeitig an dem zwei Meter langen Holztrog trinken. Haso leerte Eimer um Eimer hinein. Die Knaben waren neben der Herde stehengeblieben und warteten, was passieren würde. Der Gefreite wurde wütend und schrie laut. Er versuchte, mit seinen Soldaten zu Haso vorzudringen, sie wurden aber von den durstigen Schafen daran gehindert. Schließlich gab der Gefreite den Soldaten einen Befehl, und alle drei machten ihre Gewehre schußbereit. »Entweder nimmst du deine Hände hoch und kommst jetzt mit, oder wir schießen«, schrie der Gefreite. Haso wandte sich kurz zu ihm um: »Ich komme erst, wenn diese Tiere genügend Wasser getrunken haben. Es sind Tiere, sie verstehen nichts von Befehlen!« Inzwischen hatten schon viele der Schafe ihren Durst gestillt und sich vom Trog entfernt. Einer der Soldaten drang zu Haso durch, packte ihn am Arm und brachte ihn zu seinem Gefreiten, der schon die Handschellen bereithielt. Sie fesselten Haso und machten sich gleich auf den Weg zum Posten. Im ganzen Dorf herrschte Stille. Frauen, Männer und Kinder schauten, wie Haso zwischen den drei Soldaten in Handschellen ging. Hasos Gesicht wurde rot, er sah zu Boden. Fate, die Hände verschränkt, schaute vom Fenster ihres Zimmers den Soldaten und ihrem Mann nach.

Als die Soldaten mit Haso auf dem Posten eintrafen, gab Feldwebel Suat, der schon vor dem Außentor gewartet hatte, dem Gefreiten ein Zeichen mit den Augen, daß Haso in das »Nebenzimmer« gebracht werden solle. Suat ging ins Kommandantenzimmer. Seine Beine waren zittrig. Mit dem Gummiknüppel schlug er leicht auf seine Schenkel und tigerte von einer Ecke des Raums zur anderen. Er befahl dem diensthabenden Soldaten, daß die ganze Mannschaft vorläufig auf dem Posten bleiben solle, niemand habe ihn zu verlassen.

Inzwischen hatten der Gefreite und die zwei Soldaten Haso ins »Nebenzimmer« geführt, seine Handschellen entfernt und ihn auf einen

Lehnstuhl gesetzt. Sie fesselten seine Arme an den Stuhl und verbanden ihm die Augen mit einem gemusterten dunklen Lappen, der nach Rauch und Schweiß stank. Ein anderer Soldat kam in den Raum und trat ab und zu mit seinen Stiefeln nach Hasos Knie. Haso versuchte vergeblich, unter seiner Binde hervor diesen Soldaten zu erkennen. Der Gefreite klopfte an die Tür des Kommandanten, der immer noch nervös hin und her ging. Schnell setzte sich der Feldwebel hinter seinen Schreibtisch. Nach seinem »Herein!« traten der Gefreite und die beiden Soldaten ins Zimmer und stellten sich wie Standbilder vor das Pult. Alle drei hielten ihre Mützen vor die Brust und riefen nacheinander ihren Namen und den Rang. Der Gefreite sagte: »Ihr Befehl ist erfüllt, mein Kommandant!« Suat erhob sich, ein wenig stolz. Er hatte seine Pistole umgeschnallt. Ein Gummiknüppel, den er zuvor von einem Soldaten hatte einfetten lassen, lag dienstbereit auf seinem Pult. Seine Wangen waren rot geworden, den Bauch hatte er nach vorne gestreckt. Er schaute in die Augen des Gefreiten und fragte mit lauter Stimme: »Hat er euch Probleme gemacht?«

»Ein wenig, mein Kommandant!« antwortete der Gefreite ebenfalls laut, aber nicht lauter als der Kommandant.

»Was für Probleme hattet ihr mit diesem Kurden?«

»Er hat unserem ersten Befehl nicht Folge geleistet, mein Kommandant!«

»Was hat er denn gemacht?«

»Er hat erst Wasser für die Schafe aus dem Brunnen geholt, mein Kommandant!«

»Ihr hattet Schießbefehl, wie kann das sein, daß ein Dorfkurde den Befehl der türkischen Armee mißachtet?«

Die Soldaten schwiegen.

»Sagt, was ging da vor sich?«

»Zuerst haben wir ihm den Befehl gegeben, herzukommen, mein Kommandant. Er hat aber weiter die Schafe getränkt, mein Kommandant. Von vier Seiten war er von Schafen umringt, und wir konnten nicht zu ihm vordringen, mein Kommandant. Als die Schafe, nachdem sie genug Wasser getrunken hatten, weggegangen sind, haben wir ihn am Arm gepackt und hierher gebracht, mein Kommandant!«

»Haben das die Dörfler gesehen?«

128

»Ja, mein Kommandant. Alle Dörfler, Frauen und Männer und Kinder, haben dies beobachtet, mein Kommandant! Aber niemand hat gewagt, etwas zu sagen, mein Kommandant!«

Der Feldwebel gab zuerst dem Gefreiten, dann den zwei Soldaten eine heftige Ohrfeige, daß alle drei wankten; die fleischigen Wangen der Soldaten wurden tiefrot.

Danach ging er, etwas ruhiger geworden, die wippende Pistole auf seiner Hüfte und den Gummiknüppel schwenkend, ins »Nebenzimmer«. Er befahl dem Soldaten, der immer noch ab und zu gegen Hasos Beine trat, den Gefangenen loszubinden, und schickte ihn dann hinaus. Der Kommandant wartete darauf, daß Haso aufstehe, aber dieser machte keine Anstalten dazu. Suat wurde wütend, er schrie: »Hat man dir bis jetzt nicht beigebracht, wie du dich zu benehmen hast, wenn ein Kommandant eintritt?« Gleichzeitig schlug er mit seinem eingefetteten Gummiknüppel mehrere Male auf Hasos Knie. Noch immer regte sich Haso nicht. Der Kommandant stieß ein zorniges Lachen aus und schlug weiter. Doch Haso reagierte nicht, er war in seine Gedanken versunken, überlegte, wer ihn bei diesem gewissenlosen Feldwebel angezeigt haben könnte, wer ihm nachgeschlichen war. Er hatte ja nur Fate davon erzählt. Außer ihr wußten es noch die anderen Hirten, aber diese gaben den Rebellen ja auch zu essen. Die konnten es nicht gewesen sein! Der Feldwebel geriet außer sich. Er rief den diensthabenden Soldaten zu sich und gab ihm einen Befehl. Dieser band Haso wieder an den Stuhl. Dann packte er ihn am Kragen und riß ihn samt dem Stuhl hoch, auf die Beine. Auf einen weiteren Befehl kamen noch mehr Soldaten dazu. Zwei hielten Haso an den Armen fest, einer löste seine Augenbinde. Haso starrte den Kommandanten an, worauf dieser noch mehr in Zorn geriet. Mit Füßen, Gummiknüppel und Pistolenkolben trat und schlug er brüllend zu. Obwohl ihn die Soldaten hielten, wankte Haso. Feldwebel Suat hörte schließlich auf zu brüllen, schlug aber mit offensichtlichem Genuß weiter. So verging die Zeit. Wenn der Feldwebel müde wurde, machte sein Unteroffizier weiter, wenn auch dieser müde geworden war, prügelten der Gefreite und nach ihm die Soldaten weiter. Dank der Zigarettenpausen konnte Haso zwischendurch ohne Schläge atmen. Doch jeder, der fertiggeraucht und sich erholt hatte, kam wieder zu ihm ... Haso sah nur noch dunkle Betonwände.

Es wurde später Nachmittag. Im Dorf hatte man Hasos Schatten immer noch nicht gesehen. Die Augen aller waren auf den Posten gerichtet, alle Dorfbewohner machten sich Sorgen und fragten sich, was mit Haso passiert sei. Wie immer war vom Posten Geschrei zu hören, das Geschrei von zornigen Soldaten. Beko machte sich schließlich auf und holte Hasos Vater Hamo und ging mit ihm zum Posten. Als sie dort ankamen, hörten sie, wie gerade der Kommandant losbrüllte. Der Wachsoldat beim Tor, der Beko erkannte, benachrichtigte Feldwebel Suat. Der Kommandant schlug Haso noch eine Weile weiter, dann ging er naßgeschwitzt in sein Büro und befahl dem diensthabenden Soldaten, nur Beko einzulassen. Er empfing ihn vor seinem Pult stehend und wetterte los: »Was für ein Mensch ist das? Ein Stein würde sprechen, er aber schweigt. Viele Holzstöcke sind kaputtgegangen, er aber sagt immer noch nichts! Ist er aus Stahl? Wir haben geschwitzt und sind alle erschöpft, er aber schweigt immer noch eigensinnig weiter und will uns nicht verraten, wo sich die Terroristen verstecken.«

Beko hörte erst still zu. Dann versuchte er von Suat zu erfahren, wer Haso verraten habe und was verraten worden sei. Der Feldwebel antwortete: »Dies ist Sache der Armee, einen wie dich geht das nichts an!« Beko bat inständig, daß der Kommandant Haso für dieses eine Mal verzeihen und ihn, falls wieder etwas passiere, gleich dem Staatsanwalt übergeben solle. Feldwebel Suat lehnte zunächst ab. Beko aber kannte seine Sprache und gab ihm zu verstehen, was er von Hamos Vermögen bekommen könnte. Nach einigem Hin und Her war der Kommandant damit einverstanden, Haso mit Beko zusammen nach Hause gehen zu lassen.

Hamo vor dem Tor dachte bange darüber nach, was seinem Sohn wohl zugestoßen war. Da traten Haso und Beko aus der Tür des Postengebäudes. Als Hamo sah, wie sein einziger Sohn sich auf den Arm von Beko stützen mußte, begannen ihm die Beine zu zittern, und ihm wurde schwarz vor Augen. Sein Haso, der am Vormittag zwischen den drei Soldaten noch wie ein Ahorn in der Morgensonne ausgesehen hatte! Er wandte sich ab und machte sich auf den Heimweg, noch bevor Beko und Haso ihn erreicht hatten. Dabei flüsterte er vor sich hin: »Einer allein kann meinen Haso nicht so zugerichtet haben, sicher sind alle auf ihn losgegangen!« Als er aber zurückschaute und bemerkte, daß Beko Haso nur mit Mühe stützen konnte, ging er zurück und nahm wortlos Hasos anderen Arm.

Die Nachbarn, die sahen, daß Haso entlassen worden war, begaben sich zu Hamos Haus. Jeder umarmte Haso und sprach seinen Haß gegen Posten und Soldaten aus. In Kürze war niemand mehr im eigenen Haus, alle Dorfbewohner hatten sich um Hamos Haus versammelt. Hasos Hände waren geschwollen, und seine Augen waren in einen tiefen Brunnen gefallen. Er sagte kein Wort, gab niemandem eine Antwort. Seine Mutter und Bekos Frau Aişe saßen bei ihm, sangen Klagelieder, besangen den Haß gegen das Militär der türkischen Republik. Zöre sang von Ahmed und seiner Tapferkeit. Die alten Frauen pflegten Hasos Wunden; sie netzten ein weißes Tuch im Wasser und wuschen sie, danach banden sie Oliven und gekautes Brot darauf. Dabei fluchten sie über die Soldaten und den Kommandanten. Haso fühlte sich trotz all der Menschen wie ein einsamer Schatten in der Wüste.

Ein Teller mit Joghurtsuppe, die Fate gekocht hatte, wurde ins Zimmer gebracht. Die Suppe verbreitete den Geruch von gebratener Butter und Pfefferminze. Aişe gab Haso mit dem Holzlöffel ein paar Schlucke, dann verließen alle den Raum und setzten sich an den Tisch, den Fate im anderen Zimmer gedeckt hatte. Beko, dem klargeworden war, daß Haso in seinem Zustand bestimmt keine Schafe hüten konnte, rief einen seiner Landarbeiter herbei, beauftragte ihn, diese Nacht auf die Schafe aufzupassen, und gab ihm noch einige Ratschläge.

Die Soldaten schauten aus den Fenstern auf die versammelten Dorfbewohner, die Menschenmenge, die vor Hamos Haus stand und zum Posten starrte. Der Kommandant rief alle Soldaten in den Eßraum. Er nahm seine Mütze ab, steckte die Hände in die Hosentaschen und sprach zu ihnen wie immer. Diesmal jedoch sah er noch etwas stolzer aus. Als es Abend wurde, verdoppelte er die Zahl der Wachposten.

Feldwebel Suat ließ einen Krug Tee kochen, ging in sein Büro, befahl, den Stuhl vor das Fenster zu stellen und die Lampen zu löschen. Aus dem dunklen Raum schaute er zum Dorf. Alles war noch auf den Beinen. Auch die Kinder waren noch auf und liefen wie die Ameisen umher. In allen Häusern war Licht zu sehen. Vor Hamos Haus war ein Betrieb, als würde dort eine Hochzeitszeremonie gefeiert; Gruppen von Menschen gingen hinein, Gruppen von Menschen kamen heraus. Suat versank tief in Gedanken. Auch er war in einem kleinen Dorf in Mittelanatolien aufgewachsen, aber in einem ohne Gendarmerieposten. Er dachte an seine Verwandten, Freunde, an seine Kindheit. Bald stiegen Rauchschwaden im Raum auf. Der riesige Aschenbecher, so groß wie der Kopf eines Soldaten, quoll über von Zigarettenstummeln. Im Teekrug war bald kein Schluck mehr übrig. Die Wachablösung um Mitternacht weckte den Kommandanten aus seinen Gedanken; er kontrollierte die Soldaten selber und ging dann in sein Zimmer, versuchte den vergangenen Tag zu vergessen und einzuschlafen. Doch schließlich stand er wieder auf und ging zum Fenster. Im Dorf waren nun alle Lichter gelöscht worden, eine dunkle und beängstigende Wolke hing am Himmel. Durch das Fenster, das geschlossen war und von einem bewaffneten Soldaten bewacht wurde, sickerte Angst in das Zimmer.

Ilija Trojanow
Gatschews Rückkehr

Sofia duftet, eingetaucht in Paprika, seinen Erinnerungen entgegen. Paprikaspätsommer vor dem Herbst, Autos mit Kartons, abgegriffene, eingerissene, schmutzige Kartons voller Schoten, grünegelbeorange Schoten, frische grüne reife Schoten, Schoten unter fleckigen Planen. Autos, die er nicht kannte, Gesichter, die ihm nicht bekannt sein konnten. An einer Kreuzung, er liest die Buchstaben von der Haube des Autos ab wie ein Erstkläßler von der Tafel, *Za-Po-Ro-Zitsch* murmelt er, die Türen geöffnet, zwei Männer packen das Auto voll. *Wie bitte?* fragt der Mann neben ihm. Ein Zaporozitsch bis oben hin voll mit Paprika, er lacht, *wir kommen gleich an, nicht?,* und staunt über sein Lachen. Der Mann neben ihm sieht ihn an und fragt nicht nach. *Entschuldigung, ich hab so einen noch nie gesehen.* Die großen Hände des Mannes liegen wie fehl am Platz im Schoß, verschränkt, die ganze Fahrt schon. *Lange unterwegs? Verwandte besuchen?* Der Mann sieht an Georgi vorbei auf die zweispurige Allee.

Paprika. Die ganze Stadt würde duften, das würde sich nicht verändert haben, die ganze Stadt wäre schwarzgebratene Paprika, jeder Balkon jeder Garten jeder Hinterhof, enthäutete, um ihren Geruch geschrumpfte Paprika, abgeschnittene Stiele auf nassen Zeitungsfetzen, Messer mit verkohlten Resten auf der Klinge, zum Einlegen bereit, für den Rakiawinter. Duft, der den Tschuschkopeks entsteigt, Luft, die erblüht, und er kehrt zurück. Der Bus erreicht eine Straße mit Bürgersteig, hinter Bäumen wird gebaut, und immer wieder ein Haus, das ihm seine Erinnerung vorenthält.

Derselbe Busbahnhof. Trolleybusse führen in die Innenstadt. Er nennt das Viertel. *Sie müssen umsteigen.* Er wundert sich, daß er die Stimme versteht. Es ist laut auf dem Busbahnhof. Alle schreien. Im Bus, zu dieser Jahreszeit, er hat das Fenster immer nach unten gedrückt. Es klemmt, dieses Fenster klemmt, er wuchtet es nach unten, kein Grund zu starren, es strengt ihn an, er atmet Sofia ein, aus ein, atmet tief ein, was sind das für Gebäude ... freie Menschen würden sie zerstören, er atmet aus, die

Statue … der Gebrüder … der Spender … für die Universität, und daneben der Park mit breiten Schatten. Wenn sich zwei umarmen, ist ihr Schatten so breit wie ein Baum. Wie eine Weide. Es gibt hier keine Weiden. Es riecht, die anderen scheinen es nicht zu riechen, sie sitzen da, keiner sieht den anderen, und keiner sieht hinaus, sie haben sich daran gewöhnt, aber er, ihn stärkt es und schwächt es, er hat Zeit gehabt, sich zu entwöhnen, neun Jahre Zeit, und jetzt riecht er wieder alles.

Nur weil ich neun Jahre weg war, so lange haben sie mich nicht entfernt, daß ich nicht mehr zurückfände, ich bin am Leben, und drei Ecken weiter sitzt Bruder, auf einem Baumstumpf oder einem Stuhl oder einem Hocker, hinter dem Haus, vor dem Haus, neben ihm der Tschuschkopek, und um ihn herum die Nachbarn. Ihm hören sie zu, und der großmauligen Flasche, bleibt mir gesund, bleibt mir erhalten, bleibt bei mir, geht nicht weg. Aber dieses Jahr, Bruder blickt jeden der Nachbarn streng an, dieses Jahr ist eure letzte Chance, ihr müßt lernen, auf eigenen Beinen zu stehen, wie lange noch wollt ihr von mir abhängig sein?

Georgi bittet eine Frau, ihn hinauszulassen, er steigt aus, ihr Blick reicht ihm flüchtig ein Almosen, zum Verweilen nicht stark genug. Sieh mich nur an, Frau, ich bin nicht am Alltag mager geworden.

Noch zwei Ecken sind es bis zu seinem Bruder, ich bin eure Blumensträuße leid, ich mag eure hübschen Worte nicht mehr hören, ich weiß selbst, wie gut es schmeckt, das weiß ich schon lange, euer Knirps war noch nicht geboren, ihr solltet endlich auf eigenen Beinen stehen, dies ist euer Sommer, das Ende eures unwürdigen Lebens, kein Herumscharwenzeln mehr, kein Drucksen, Liebschauen und meine Künste in den höchsten Himmel loben. Mein Vater sagte immer, ich hab's mir gemerkt, weil ich wußte, daß ich mal Leute wie euch treffe, er sagte: Wer mich lobt, der will mir an den Hausgemachten. Und Vater sagte auch: In meiner Gegenwart könnt ihr trinken, soviel ihr wollt, ich werde immer nachschenken, aber bildet euch ja nicht ein, ihr könnt was mit nach Hause nehmen, das gibt's bei mir nicht, das wird es nie geben. Ich weiß, daß ihr nach einem Gläschen giert, glaubt ihr, ich sei dämlich, nur weil ich nicht aus den Bergen stamme, ich kenne eure Geschichten, ich weiß, was ihr euch ausdenkt, wenn's um meine Paprika geht, ihr werdet aus dem Winter kriechen, große Knochen von Komplimenten im Maul, verzweifelt werdet ihr eure spärlichen Vorräte in Augenschein nehmen, und angeschlichen kommen, mit Eintrittskarten und Ziegeln und Lukanka und Öl. Wofür? Was für ein Aufwand. Ich will euch Gutes tun, ich will euch befreien, lernt es selber und werdet selbständig, das streben wir doch an, traut nicht dem Tschuschkopek eures Nachbarn, man weiß nie, wo der Feind hockt, belegt Kurse bei mir, wir fangen bescheiden an, Waschen, Schälen, hier sind Messer, hier sind Teller.

Gleich wird er neben seinem Bruder sitzen, zuhören, zuschauen, die einfachsten Sachen müssen gelernt werden. Das Haus! Er wird die Stimme hören, die Stimme zuerst, dann wird er ihn sehen – Wer sieht das Meer als erster? Aus dem Zugfenster gelehnt, der Bruder neben ihm halb aus dem Fenster, blickt verstohlen um sich, als traue er sich etwas Verbotenes, wie er sich auf das Meer gefreut hatte, viele Jahre lang, und dann das Blau und dann das Geschrei, und dann der Streit, das ist nicht das richtige Meer, das ist nur eine Bucht, das ist nur ein Meerbusen, eine Mündung, sein Bruder hatte die Mitpassagiere versammelt, ihren Ehrgeiz entfacht, es besser zu wissen, in diesem Land werden wir uns immer was zu sagen haben, Bruder, wir werden uns immer die Besserwisserei um die Ohren schlagen. Er hatte zugehört, er hatte es erwarten können, es gab kein unpassendes Alter, etwas zum ersten Mal zu erleben. Einer aus Varna sagte: Das wahre Meer sieht man nicht vom Zug aus. Von der Hütte aus waren es drei Kilometer, und dann, eine letzte Düne, sein Bruder hielt ihn an der Hand, und sie liefen los, mit Kleidern mit Schuhen, aus dem Lauf heraus ohne auf Rufe zu hören ohne irgendwohin zu sehen nur nach vorn und in das Meer, es spritzte hoch, sie hüpften weiter hinein, wurden von einer Welle begraben, die sie ausspuckte, um Platz zu machen für das Lachen, das er hört, nun, fünfzig Schritte entfernt, vierzig, dreißig.

Georgi überquert noch eine Straße, ein Geschäft, das er kennt, er wird nachgeben, egal, was passiert, auch sein Bruder hat gelitten, er wird die Schwägerin umarmen, alles umarmen, die Gerüche die Verwandten, die alten Verwandten die neuen Bekannten. Ich kann euch nicht sagen, wieso sie so lecker sind, das kann ich euch nicht sagen, was wollt ihr denn? Martschka will ein Gebet, das sie mit dem Gemüse einlegt, das sie in den Himmel führt, Martschka, du kennst das Sprichwort, das geht nicht zusammen, das Herz im Himmel und den Wanst auf dem Kanapee und du weißt schon was du weißt schon wo, und Petjo will eine Losung, also eine Losung, Tschuwek Tschuschka Tschudo, kurz muß sie sein, seine Losung, damit sie auf dem Balkon Platz hat, Pionier Partei Paprika, da mußt du dir nicht viel merken, du kannst auch mit Paprika beginnen, dann weißt du immer gleich … Nein, nein, so etwas sagt Bruder nicht, er schwätzt, wahr, aber er schwätzt sich nie um seine Sicherheit. Georgi nähert sich der Haustür, vielleicht ist jemand im Garten, einer der Söhne, welcher Wochentag ist es? Er hat noch nicht gefragt, welchen Wochentag sie haben. Im Kalender kennt er sich aus. Wann salzt man, das ist die wichtigste Frage, salzt man, bevor sie auf den Tschuschkopek kommen, salzt man sie vor dem Einlegen, oder salzt man zweimal, oder legt man sie vielleicht über Nacht in Salzwasser ein? Wer will dem gemeinsamen Werk mit Vorschlägen dienen? Aus dem Hinterhof kamen keine Geräusche. Seltsam. Es war still. Soll er gleich um das Haus herumgehen? Nein. Er wird sie schon genug überraschen.

Natürlich haben wir niemanden informiert, hat der Oberst gesagt, wir sind hier kein Postamt. Außerdem können wir uns nicht vorstellen, daß so ein Vaterlandsverräter wie du überhaupt Verwandte hat. Er klopft. Er wartet, er siebt erste Sätze aus, gute von weniger guten von ungeeigneten, das tut er, seitdem ihn die Fähre übergesetzt hat, von der Insel auf das Festland, auf die feste Heimat, und er am *Hotel* entlassen wurde und in dem Städtchen den Bus nahm, alle schauten weg und die erste Strecke, die saß er allein, neben ihm ein freier Platz, und mehrere, die standen, sogar eine Frau mit Krampfadern, so viele Sätze, zwischenzeitlich abgelegt im Staub einer Haltestelle. Im nächsten Bus setzte sich ein Bauer neben ihn und bot ihm einen Apfel an, den er aß, während er zuhörte. Es war nicht leicht, von der Insel in die Hauptstadt zu kommen. Es war eine lange Reise. Das ist ein guter Satz. Ich komme von einer langen Reise zurück. Er hört nichts, er klopft erneut.

Warte.

Die Stimme der Schwägerin.

Sie werden doch ein bißchen warten können.

Ein bißchen warten? Die Tür, die sich öffnet, nur einen mißtrauischen Schlitz weit. Ihr Gesicht, das sich zeigt, ihr Blick, Angst eines Gefangenen Zorn eines Wachmanns, in einem verschmolzen und so schnell in ihren

Blick gesprungen wie ein unerwarteter Hieb, und er weiß, daß er sich geirrt hat, daß auch neun Jahre nicht ausreichen, sie zu umarmen. Georgi? Was willst du denn hier?

Er nähert sich seinem Bruder, von hinten. Die Schwägerin hat nur mit dem Kopf zum Hinterhof gezeigt ... hier ist jemand für dich ... hat sie gerufen, viel in der Stimme, viel, was bitter ist ... sie verschwand in die Küche. Die neun Jahre haben seinen Schopf gerodet, haben eine breite Schneise fast bis zum Nacken hinabgeschlagen. Er hätte seinen Bruder nicht wiedererkannt. Er legt seine Hand auf seine Schulter.
Warte, wie lange warst du weg? Wie oft saß ich so da. Keine bessere Zeit nachzudenken, an dich zu denken, so oft hast du neben mir gesessen und geholfen. Ich glaube fast, du könntest passable Paprika machen. Was ist, wenn wir in Paprika rechnen? Frag mich, Bruder, frag, wieviel Paprika hast du eingelegt, ohne mich. Frag mich.
Wieviele, Mischu?
Ein Jahr zu dreißig Kilo, so ungefähr, so im Durchschnitt. Dreißig Kilo. Und ein Kilo das sind etwa vier Stück. Macht 120, 120 Paprika pro Jahr. Und das jedes Jahr, jedes dieser Jahre, und das eine Mal mußte ich auch für Mutter machen, als sie im Krankenhaus war. Also 10 Jahre. Das macht tausendzweihundert Paprika, die haben wir gegessen, und du warst nicht da. Du hast tausendzweihundert Paprikas lang gefehlt. Setz dich, Bruder, und reich mir eine. Ich muß weitermachen. Du siehst den Haufen.

Wie bist du rausgekommen?
Ich saß unter einer Weide, einer der wenigen Weiden, die noch nicht gefällt waren, wir fällten die Bäume seit Monaten, eine Schneise, die von Woche zu Woche breiter wurde, ich saß unter der Weide und sah zu, wie die anderen ihre Äxte schwangen, ich hatte mich geweigert, zu arbeiten, und sie ließen mich in Ruhe. Da kommt jemand, sagte einer der anderen. Der Mann lief den Damm hinunter, du siehst von weitem, wenn du nichts anderes siehst, du siehst, ob's einer von der Wache ist oder ein Gefangener, das sagt dir schon der Schatten, ob der Schatten abhebt oder in sich zusammenfällt, der Mann kam direkt auf uns zu, es waren noch zwei andere da, die nicht arbeiteten, ein Anarchist und ein Legionär. Der Mann blieb vor unserer

Weide stehen, die Sonne hinter ihm, wir mußten die Augen zusammenkneifen. Er sah uns nicht an, das tun sie nie, sie verachten dich und hassen
dich und quälen dich, aber sie können dir nicht in die Augen sehen, und du
fragst dich, was auf dich zukommt, was sie sich dieses Mal für dich ausgedacht haben, nach so vielen Jahren stellst du dir diese Frage, als würde es
nicht dich betreffen, einfach nur die Neugier, was jetzt geschehen wird, es
geschieht ja nicht viel. Gatschew? sagte der Mann, als Frage, Gatschew?
Ja. Du mußt langsam antworten, das ärgert sie. Steh auf Gatschew. Ich
wischte den Mückenschwarm weg und stand auf, nicht zu hastig, gemäch-
lich, in jeder Kleinigkeit mußt du ihnen zeigen, daß es nicht so läuft, wie sie
es wollen, die zwei drei Schritte, die scheuchten so viele Mücken auf, daß
der Mann fluchte, seine Mütze vom Kopf riß und um sich schlug. Er
drehte sich um, und im Weggehen schrie er: Mitkommen. Einige Schritte
später merkte er, daß sich hinter ihm nichts tat, er drehte sich um, dieser
fassungslose Ausdruck im Gesicht, und ich sagte: Zuerst will ich wissen,
was los ist, und der Mann: Was los ist Gatschew, besorg's doch deiner
Mutter, dich Dreckskerl lassen sie jetzt auch noch raus, nichts hast du hier
gelernt, du wiederholst die ganze Schule, wenn's nach mir ginge, aber
irgend jemand in Sofia ist sentimental geworden, wir sollen dich rauslas-
sen. Hinter mir Schreie, hinter mir ein Jubeln, was schlugen sie mir nicht
auf die Schultern, und schüttelten meine Hand und was weiß ich, was sie
alles sagten. Wir umarmten uns, und dann folgte ich dem Mann, er war
schon fast am Damm angekommen. So plötzlich kam das, ich hatte gar
keine Möglichkeit, euch Bescheid zu geben.

Frau, Georgi wird dableiben, erst einmal, mach das Gästebett fertig. Frau,
hast du mich gehört? Ich sehe, sie hat ihre Wut gesammelt.
Das hast du also entschieden, er bleibt da, einfach so, damit wir noch mehr
Probleme kriegen. Das ist dein Bruder und das löffelst du aus, ganz alleine,
ich helfe dir kein bißchen, kein kleines bißchen, keinen kleinen Finger
rühre ich, nichts, es dein Bruder, dein Bruder, der nur Unglück bringt, und
einen Fluch über die ganze Familie. Wenn ich ihn nur nicht sehen muß.
Hast du ihm gesagt, was er uns angetan hat, was wir seinetwegen alles auf
uns nehmen mußten, wie man uns behandelt hat. Nur weil er dein Bruder
ist, und die Kinder, was sie erleben mußten, so viel haben wir gelitten

wegen ihm, und jetzt kommt er einfach so an, jetzt ist er da, und was wird jetzt geschehen? Ich frage dich, was geschieht jetzt? Wir werden alles verlieren, alles umsonst, nur weil du so einen Bruder hast, schaff ihn mir vom Halse, ich will ihn nicht sehen …

Bruder ist aufgesprungen, der Emailleteller klappert über den Steinboden des Hofes, ich sehe die roten Paprika auf den Boden fallen und höre den ersten Schlag und sehe den zweiten, er schlägt ihr ins Gesicht, und sie verstummt, und beide starren sich an, so voller Haß – das ist in den neun Jahren geschehen –, bis sie sich umdreht und in das Haus verschwindet.

Libuše Moníková
Treibeis

Die Naturwissenschaftler haben die Tür geöffnet. Sie diffundieren in den Hauptsaal mit leeren Tassen in der Hand, hoffen auf Kaffee; bei dem Namen Wittgenstein bleiben einige stehen. Screwley wartet, bis sich genügend unbeeinflußte Zuhörer versammelt haben. Er habe hier einen Beweis, wie ernst Wittgenstein seinen Beruf als Lehrer genommen hätte, für alle Zweifler! Er schwenkt ein dünnes Heft über den Kopf. »Das ›Wörterbuch für Volksschulen‹, 1926 in Wien erschienen. Nach dem ›Tractatus‹ Wittgensteins zweites und letztes Buch, von ihm selbst herausgegeben. Dieses schmale Bändchen – eine Wörtersammlung für Dorfkinder! war es ihm wert, sich für seine Drucklegung sogar mit mehr Entschiedenheit einzusetzen als für seine epochemachende Schrift zur Epistemologie! Die Veröffentlichung des Tractatus hätte sich hingezogen, erst die zweisprachige Londoner Ausgabe von 1922 könne man als adäquat ...«

»Routledge & Kegan Paul Ltd«, springt Plumpton ein. »Nachdem er das Vorwort von Russell für die deutsche Ausgabe als ›Gebräu‹ abgelehnt hat«, er grinst.

»Das Wörterbuch dagegen wurde gleich als wichtiger Beitrag zur Volkserziehung erkannt und zum Druck empfohlen!«, Screwley sieht sich um. »Und das trotz aller Widrigkeiten, die ihm in dieser Profession widerfahren sind, gerade in dieser Gegend!«

»Darf ich mal ...«, Hayek nimmt das Buch achtsam in die Hand, das Wörterbuch geht herum, unter Screwleys Blicken. Er nimmt es wieder an sich, bevor es die Russen in die Hände bekommen. Es wäre ihnen unter größten Schwierigkeiten gelungen, ein Exemplar der Originalausgabe bei Hölder-Pichler-Tempsky aufzutreiben, mit hoher Wahrscheinlichkeit ein Unikat. Sie hätten sogar das Glück gehabt, das Heft einer Schülerin aus Puchberg, die ursprüngliche Vorlage für das gedruckte Wörterbuch, leihweise zu erwerben! Plumpton holt ein schmales Heft aus der Mappe und legt es auf den Tisch. Die Anwesenden drängen näher.

»Schön, das Moiré-Muster«, haucht die Anhängerin.

»Wittgenstein ließ die Kinder die Hefte selbst herstellen«, sagt Plumpton. »Die Schüler bearbeiteten das Packpapier, so entstand ein Muster in der Textur, dann färbten sie es. Die tieferen Stellen wurden dunkel, die höheren blieben hell. Nach Auskunft der Leopoldine Eichberger ...«

»Ach, die Poldi?«, der alte Lehrer kommt heran. »Die war immer etwas vorlaut. Aber eine saubere Schrift hatte sie. Wie neu, nicht? Kaum benutzt. Der Einschlag wurde mit Kartoffeln abgerieben, meine Dame, dann gefärbt, das machten wir auch. Daß es dem Wittgenstein genügte, wundert mich allerdings. Ich mochte ›Das Sprachbilderbuch für Hans Müller‹ lieber. Auch zusammen mit Schülern erstellt, aber mit Bildern und Beispielen, nicht einfach so hindiktiert.«

»Das Wörterbuch von Wittgenstein ist bereits untersucht worden«, sagt ein Mann aus der Gruppe, der sich bisher überwiegend mit Bočaj unterhalten hat, ein Kärtner. »So rar ist es wiederum auch nicht. Er ist niemals auf mehr als dreitausend Wörter gekommen, und es ist anzuzweifeln, ob es wirklich nützlich war. Zu seiner Zeit gab's schon bessere, vollständigere, an denen Schüler mitgewirkt haben.«

»Seien Sie doch froh, daß er überhaupt so etwas geschrieben hat! Sie haben gehört, neben seinem Tractatus ist es sein einziges von ihm selbst herausgegebenes Buch!« meint die Anhängerin.

»Na und? Es ist mangelhaft wie der Tractatus.« Bočaj wirft seinen grauen Zopf zurück. »Auf die Bedürfnisse der Schüler nimmt er kaum Rücksicht, und an dem Heft der Eichberger ist nicht zu sehen, daß es später noch benutzt wurde. Es bleibt auch kein Platz für eigene Wörter und Eintragungen der Schüler.«

»Demnach ein lehrerzentrierter Unterricht statt schülerorientiert?« fragt der Bochumer.

»Darauf können Sie Gift nehmen!«

Stimmen:

»Kommen Sie uns nicht mit solchen Maßstäben bei Wittgenstein!«

»Wir wollen uns auf Wittgensteins Wörterbuch konzentrieren!«

»Wir nicht. Was der Lehrer diktierte, war für die Schüler Sprache genug? Sie sehen doch, sie haben damit nicht gearbeitet.«

»Er machte doch praxisbezogenen Unterricht!«

»Meinen Sie?«, der Kärtner zuckt mit den Schultern. »In seinem Lieblingsfach ließ er die Schüler ausrechnen, wieviele Tage, Stunden, Minuten und Sekunden seit dem Tod eines Menschen vergangen sind, der so und so viele Jahrhunderte vor Christus gelebt hat, und als es eine Schülerin fertig hatte – diesmal doch ein Mädchen, gab er ihr gleich noch eine zweite Aufgabe dieser Art.«

»Aber nicht nur!«

»Ja. Wie viele Körner in einem 800 kg schweren Sack sind.«

»Das ist doch schon was.«

»Bis auf das Gewicht. Solche Säcke dürften auch in Niederösterreich ungewöhnlich sein.«

»Und seine Ausflüge, seine selbstbeschafften Lehrmittel, seine Vorbereitung?«

»Was für eine Vorbereitung? Auf Briefe schrieb er seine Vorbereitung! Auf dem von Schallerbauer – ein Schüler aus Trattenbach, sind Burgen und Ritter und die Nibelungen notiert, auf dem von Gruber ein paar Rechenaufgaben, das Auge der Katze, die Stimmbänder, das Fadentelefon, und das Wort ›Mikroskop‹.«

»Er hat das erste Mikroskop für die Schule angeschafft!«

»Spielereien wie ›klampin‹ und ›pinalb‹ stehen da, ›Über das Mannbarkeitsalter der deutschen Waldbäume‹ und ›Sind Eichhörnchen zweihäusig?‹. – Es ist nicht klar, ob er die Frage eines Schülers wiederholt oder ob er einen Scherz machen wollte.«

»Das hat er nicht.«

»Es gibt keinerlei Hinweis, daß Wittgenstein Sinn für Humor hatte«, bestätigt Luitpold. »Schon bei seinem ersten Treffen mit Russell, als er unter der Bank nachsah, ob dort ein Elefant ist ...«

»Das gehört nicht hierher.«

»Doch. Wenn wir schon von ihm sprechen, von seiner Zeit in Cambridge.«

»Aber das tun wir doch gar nicht!«

»Es wurde hier Russell erwähnt«, sagt ein Mathematiker aus dem Nebenraum, mit englischem Akzent. »Ich möchte Turing nicht vergessen.«

»Was?«

»Alan Turing. Die ›Enigma‹ – Sie wissen schon. In gewissem Sinne ein Schüler von Wittgenstein.«

Die Pädagogen sehen sich an.

»Gut«, sagt der Mathematiker, »ich verstehe, daß hier«, er sieht sich um, »im deutschsprachigen Raum, der Name nicht unbedingt auf Verständnis stößt. Ohne ihn wäre der U-Boot-Krieg womöglich anders ausgegangen«, er grinst. »Aber schon die erste Arbeit von ihm, ›On Computable Numbers‹ . . .«

»Ich glaube nicht, daß wir so viel Zeit haben«, äußert Hayek.

»Wir sind hier unter Pädagogen, nicht wahr«, erkundigt sich der Naturwissenschaftler. »Dann will ich Sie nur darauf aufmerksam machen, was Turing über seinen ersten Mathematik-Lehrer geäußert hat: ›Er vermittelte einen *ziemlich falschen Eindruck* von dem, was mit x gemeint ist.‹«

»Hier stehen nicht Inhalte zur Debatte, sondern Methoden!«, sagt Hayek.

»Den Eindruck habe ich auch.«

»Bleiben wir bei Wittgensteins Tätigkeit als Lehrer in Österreich!«

»Auch da war er mehr ein Mystiker, beinahe Fanatiker«, sagt Luitpold. »In seinen letzten Ferien, bevor er Lehrer wurde, arbeitete er als Gärtnergehilfe im Augustinerstift in Klosterneuburg.«

»In Klosterneuburg?«, Frölich sieht auf. »Wo Kafka starb? Er arbeitete auch in einer Gärtnerei. Bei Prag!« Seine Aufregung wird kaum zur Kenntnis genommen.

»Wittgenstein wollte eigentlich mit den Kindern das Evangelium lesen«, sagt Luitpold.

»Und Volumenberechnung und Gleichungen mit zwei Unbekannten lösen«, Bočaj.

»Einmal schlug er einem Schüler den Kopf auf die Bank, weil er sagte, Jesus wäre in Jerusalem geboren.«

»Und ist er nicht?«, Manfred aus Erfurt.

»Ich weiß nicht«, Hayek schüttelt den Kopf. »Er mag ein engagierter, vielleicht sogar ein guter Lehrer gewesen sein. Ein Pädagoge war er nicht!«

Die Serviererinnen bringen Kaffee; die Bestellungen von Alkohol nehmen in dieser Phase der Tagung bereits unübliche Maße an. Die Russen bestellen nur noch Flaschen, die in sich zerstrittenen Wittgensteinianer und die Organisatoren ebenfalls.

»Wer hat die Veröffentlichung des Wörterbuchs besorgt?«, fragt Aebli, zum allgemeinen Verdruß.

»Die Schulbehörde. Sie hatten vorher ein Gutachten angefordert.«

»Von wem?«

»Vom Bezirksschulinspektor Eduard Buxbaum in Waidhofen an der Thaya«, höhnt Screwley.

»Er bemängelte Auslassungen«, sagt der Kärtner ruhig. »Es fehlen Aar, Bibliothek, Block, Brücke – mit dem Kädingschen Häufigkeitsindex 469/629! – Buche (289/415), Paragraph, Pfau, poltern, Promenade und andere. Auch Wittgensteins Sprache in seinem ›Geleitwort‹ läßt nach Buxbaum zu wünschen übrig: er schlägt statt ›mehrmonatliche Arbeit‹ ›die Arbeit mehrerer Monate‹ vor, und die Achsel ist seiner Meinung nach nicht dasselbe wie die Schulter, eher die Schulterhöhe.«

»Sind das nicht Pingeleien?«

»Natürlich, aber darauf kommt es in der Sprache an.«

»Er meint ja selbst, daß der wichtigere Teil des ›Tractatus‹ der ist, den er nicht geschrieben hat«, sagt der Ethologe.

»Ja, er konnte über ungemein wichtige Sachen sehr beeindruckend schweigen«, meint Bočaj bissig.

»Auch in seinem ›Tractatus‹ finden sich Uneindeutigkeiten, z. B. die Sätze 3.01 und 4.001: ›Die Gesamtheit der wahren Gedanken sind ein Bild der Welt.‹ Und dann: ›Die Gesamtheit der Sätze *ist* die Sprache.‹«

»*Ist* ist richtig.«

»Das sind Haarspaltereien!«

»Aber von diesen Haarspaltereien lebt der ›Tractatus‹ und die Logik schlechthin!«

»Er hat doch den Tractatus später selbst verworfen!«

»Was er uns auf jeden Fall eingebrockt hat, ist die Numerierung«, sagt Haydek. »In den Diplomarbeiten, die ich bekomme, wimmelt es seit einiger Zeit von Nullen und Einsen – Kapitel, Unterkapitel, sogar Sätze werden gezählt, wobei in den seltensten Fällen ersichtlich ist, warum. Bereits in den Seminararbeiten versuchen Studenten die Genauigkeit, die sie in der Sache nicht haben, auf diese Weise vorzutäuschen.«

»Bei mir gibt es dazu bei jeder Lehrerabschlußarbeit noch ein Soziogramm der Schülergruppe«, sagt der Bochumer.

»Unsere Studenten, als hätten sie sich unlängst mit dem Schreiben von Parolen völlig erschöpft, betreiben jetzt ›oral history‹, laufen mit Tonbändern durch die Gegend und lassen es dann von Schreibkräften abtippen. Das dürfen die Eltern bezahlen.«

»Davon habe ich nichts gehört«, Hayek sieht Bočaj streng an.

»Bei uns fängt es jetzt auch an«, sagt der Bochumer. »Man kann sich bald fragen, wozu noch Wörterbücher«, er blickt zu den Cambridgern.

»Daß er den Aar ausließ«, Hayek schüttelt den Kopf. »Na gut, aber Brücke? Und Buche? Womit hat er eigentlich angefangen?«

»Hier«, Pumpton schlägt das wittgensteinsche Wörterbuch auf. »Das Aas, Aase oder Äser, ab, ab und zu, die Abbildung, das Abc, der Abend ...«

»Und bei Leopoldine Puchberger?«

»Aas, Abend, abends, Abendmahl ...«

»Aal, Aale, Aleph, Alpha, Aas«, sagt plötzlich Prantl, der über seinem vierten doppelten Tee eingeschlafen schien. Er starrt in ein zerknittertes schmuddeliges Heft und grinst.

Karla sieht ihn an.

»Möchten Sie uns auch etwas über Wittgenstein sagen?«, lächelt Screwley.

»Arschloch.«

»Was?«

»Ich lese aus einem Vokabelheft, von Wittgenstein diktiert.«

»Das ist nicht wahr!« Screwley heult auf und stürzt zu Prantl. Der steckt sein Vokabelheft wieder in die Hintertasche.

Screwleys Reaktion erweckt allgemeine Überraschung. »Aber Kollege ...«, versucht Hayek zu schlichten.

»Er soll sofort sagen, daß er lügt!«

»Vielleicht hat er wirklich ein Vokabelheft ...« – Stimmen.

»Sie wissen doch, aus Trattenbach«, grinst Prantl.

»Jetzt hat er sich verraten! Wittgenstein hätte dort niemals ein Vokabelheft diktiert!«

»Warum nicht?«

»The people are so wicked in Trattenbach!«, zischt Screwley, »das hat er selbst gesagt!«

»Vielleicht war der Händler als Schüler in Puchberg«, Prantl trinkt. »Ist

146

auch egal. Es geht sowieso nur bis zu G – der Gummi. Der Greif!« Er fängt
an zu lachen.

»Wir müssen feststellen, ob da wirklich Aleph steht!«

»Alles gelogen! Der *Kädingsche Häufigkeitsindex* wäre bei Aleph nicht
hoch genug«, giftet Screwley.

»Dafür ist der Kädingsche Häufigkeitsindex bei Arsch geradezu überstra-
paziert«, meint Bočaj.

»Nur Arschloch«, sagt Prantl, er springt auf. »Dann holt es euch!«, er
wedelt mit dem Heft über dem Kopf.

Screwley und Pumpton stürzen in seine Richtung, alle drei zwängen sich
durch die Pädagogen, die verblüfft umherstehen. Prantl schliddert zwischen den Konferenztischchen, einige Stühle kippen um, leere Gläser,
halbvolle, und angerissene Weinflaschen; das gibt den anderen den ent-
scheidenden Schub, mitzumachen.

»Der Affe gar possierlich ist, zumal wenn er vom Apfel frißt!«

– Prantl kullert sich, schafft es aber noch, knapp vor den Cambridgern die
Kurve zu nehmen.

»Wie grausam ist der wilde Bär, wenn er vom Honigbaum kommt her!
Der Buxbaum!«

Er lacht so, daß er Gefahr läuft, den beiden in die Hände zu fallen. Er legt
an Geschwindigkeit zu, in wilden Sprüngen, allmählich kommen auch
leichtere Möbelstücke zu Schaden. »Camele tragen große Last, das
Cränzlein ziert den Hochzeitgast!«

Die Verfolger werden zahlreicher, Prantl überlegt, ob er sie aufhalten kann,
indem er einzelne Seiten aus dem Heft herausreißt und hinter sich wirft,
vielleicht wird ein Wald daraus, aber Respekt vorm Geschriebenen seit je
hält ihn zurück.

Aebli stellt ihm ein Bein, das sieht er rechtzeitig. Bentley verstellt ihm den
Weg, aus irgendeinem Grund möchten die Russen die ersten sein, die das
Vokabelheft in die Hände bekommen, die Hatz wird ernst. Es kommt zu
Handgreiflichkeiten unter den Teilnehmern; das verschafft Prantl etwas
Luft.

Er stolpert und läuft direkt auf Frölich zu; der läßt ihn durch, nach einem
einzigen Blick. Bočaj versucht, die Meute aufzuhalten, aber Aebli drängt
nach, die anderen im Anhang. Prantl rennt in die Ecke, die Hintertür zum

Blauen Saal ist verschlossen. Er könnte durch das Glas springen, er ist aber kein Stuntman, kein Kaskadeur, wo ist Karla?

Hände der eifernden Pädagogen greifen nach seiner Gesäßtasche, mit einem Stuhl kann er sie noch abwehren; er wird umzingelt.

– Das Heft Blatt für Blatt auffressen?

Die Verfolger scheinen sich zu beruhigen. Sie wollen lediglich einen Blick in das Heft werfen, fordert Screwley.

»Ihnen werde ich überhaupt nichts zeigen«, Prantl stopft sich das Heft hinters Hemd.

»Können wir es Ihnen abkaufen?« Hayek sieht, wie sich der verschlissene Einband an Prantls Brust verbiegt. »Tausend Schilling?« – Einerseits sicherlich zu viel, andererseits kann er sich nicht lumpen lassen. Der Kurs schnellt in die Höhe; die Österreicher möchten das Dokument im Lande behalten, die Engländer aber sind verbissen.

Prantl schlurft wohlgelaunt um den Tisch, kommt an seinen Platz und ergreift die Tasse. – Leoparden saufen die Opferkrüge leer. Er sieht ziemlich wahnsinnig aus. Karla zwängt sich zu ihm durch und faßt ihn am Arm. Von mehreren Seiten werden ihnen Flaschen entgegengestreckt, zur Beruhigung und als Bestechung. Prantl reißt eine Flasche an sich und zieht Karla zum Ausgang.

Elazar Benyoëtz
Identitäuschung

Sie waren Deutsche!
Deutsche waren sie wie wir.
– Und wer vermißt sie?
– Und wer beweint sie in Deutsch-
land, mit Tränen?

2 x Opfer
»Juden sind gemordet worden, weil sie Juden waren, nur Opfer sind sie
gewesen, so viele Opfer, aber doch wohl nicht, damit man heute endlich
daraufkommt, schon den Kindern zu sagen, daß sie Menschen sind?
Etwas zu spät, findest du nicht? Nein, das versteht eben niemand, daß
die Opfer zu nichts sind! Genau das versteht niemand, und darum beleidigt es auch niemand, daß diese Opfer auch noch für Einsichten herhal-
ten müssen.«
(Ingeborg Bachmann)

Man bringt seine Opfer dar, um seine Taten zu sühnen, nicht, um an sie
erinnert zu werden.
Das grobschlächtige Verbrechen des Mordens wird durch die Bezeichnung »Opfer« zur frevlerischen Tat, zu einer himmelschreienden Blasphe-
mie. Doch ragt kein Mahnmal in den Himmel.
Mit »Opfern« werden die mildernden Umstände, die man sich im nach-
hinein sehnlich wünscht, hervorgezaubert, durch ihre Benennung legiti-
miert. Daß eine blutrünstige Mordtat Gott vom Menschen abschlägt,
Himmel und Erde auseinandertreibt, sollen eben die »Opfer« verdecken,
die eine Welt als Altar suggerieren, zu dem Opfer wie Opfernde gehören,
damit zu verstehen gebend, es sei vorgesehen und vorgeschrieben und
geschehe vor dem Herrn, der seine Opfer, die er liebt, haben will, und
darum auch die Opfernden schätzt, die sie ihm hinaufschicken.
Es ist an der Bezeichnung »Opfer« etwas Verdammtes, das einem Verdammten in uns entsprechen muß, denn Opfer werden immer gutgeheißen.

Denkmalschutz
In Wien hatte man sich eine besondere Art ausgedacht, Juden zu diskrimi-
nieren: Sie wurden scharenweise von der Straße weggeführt und mußten
Denkmäler ablecken. (Aus den Memoiren meiner Mutter)

Denk- und Mahnmal
Das namenlose Denkmal, das hochbezifferte Mahnmal, die andern und
alle zusammen, die von Fremden sprechen, von Opfern, die niemand
kennt, von Namen, die kaum auszusprechen sind, und überhaupt – das
wird man noch sagen dürfen – von Menschen, die schon darum nicht
ehrenwert sind, weil sie weder Kämpfer waren noch ihr Leben für irgendein Ideal ließen. Ein solches Mahnmal ist dazu geeignet, beschmiert zu
werden. Und bitte, zu wessen Ehren dient ein bezahlter Beamter, der tags
abschrubben muß, was bei Nacht draufgeschmiert wird? In Deutschland sollen Denk- und Mahnmal deutsch sein. Ein Mahnmal hat deutsche Namen aufzuweisen, Ahnenstolz hervorzurufen, das Herz mit
Dank zu erfüllen, daß es Kämpfer gab, die fallen durften, die keine Opfer
waren, die auszogen, um etwas zu vollbringen und es vollbrachten.
Deutsche Denkmäler für deutsche Menschen, die Namen hatten von
Klang und Farbe, die wir kennen, Taten vollführten, die das Gesicht der
Erde und des Menschen bis zur Unkenntlichkeit veränderten. Säulen-
hoch soll dieses Mahnmal alles Monumentale überragen; Name für
Name, Tat für Tat, jeder mit seiner Ehrenrolle, seiner Totenliste, und alle
zusammen, beieinander, unzertrennlich und nicht zu leugnen.
Ein solches Mahnmal wird für immer unbeschmiert bleiben und täte
auch der Wahrheit keinen Abbruch. Hier stünden endlich alle Namen,
doch der Opfernden und nicht der Opfer, die in Zahlen freilich ihre Gel-
tung behalten sollten.

Bedenklich – leugwahr

> Wissen Sie wohl, daß Ihr lieber Getreuer,
> Friedrich Mergel, den Juden mag ebenso wenig
> erschlagen haben, als ich oder Sie? Leider
> fehlen die Beweise, aber die Wahrscheinlichkeit
> ist groß.
> *Annette v. Droste-Hülshoff, Die Judenbuche*

Die Deutschen haben Verständnis für uns, ich wünschte, sie hätten es für sich

Sie sahen nichts, sie wußten nichts – dennoch: um in Unschuld baden zu können, mußte aus uns nicht Seife gemacht werden.

Das allen Völkern zugute stehende Vorurteil haben die Deutschen verwirkt. Nach Auschwitz gibt es gegen Deutsche kein Vorurteil mehr – das bleibt auch für die Lügner wahr

Zahl und Nummer

> »Ich hieß Numero zwölf, und Numero zwölf galt
> seines langen Bartes wegen für einen Juden,
> darum er aber nicht minder sorgfältig gepflegt wurde.«
> *Adelbert von Chamisso, Peter Schlemihl*

Von Träumen wird er nicht verfolgt, Erinnerungen rufen nicht ihn hervor. Sein Gewissen ist so wenig beschwert wie sein Gedächtnis. Ihn geht das alles nichts an. Was ihn an der ganzen Geschichte stört, ja beunruhigt, ist einzig die Zahl, weil sie zu hoch ist, zu rund, zu jüdisch. Erinnert sie nicht zu sehr an wüste Zeiten, an die biblischen 600 000, die aus Ägypten ausgezogen sind? Was wahr von falsch und hoch von niedrig unterscheidet, sagt er, ist das Zahlenmäßige. Zahlen haben zu stimmen, und für ihre Stimmigkeit hat man geradezustehen. Er möchte nun, sagt er, daß ich ihn über diesen Punkt beruhige. Gern, sage ich, allein ich wage selbst auch nicht an diese Zahl zu glauben, obschon nicht ihrer Unstimmigkeit wegen. Daß sie stimmt, wissen wir alle; daß sie nicht stimmen *dürfte,* sollten alle denken. Mir ist auch kein Jude bekannt, der nicht dächte, 6 000 000 wären nicht zuviel, viel zuviel.

Eben-eben, sagte er, es gibt zuviel Juden, die das nicht glauben können, viel zuviel Juden ...

Er regte sich auf, und weil ich ihn nicht betroffen machen wollte, suchte ich nach einem passenden Wort, das vielleicht höflich sitzen könnte. Schließlich sagte ich: ob ausgezählt, ob zusammengerechnet, sie zählen ja alle nicht, und darüber könne er auch völlig beruhigt sein. Ob es aber nicht gerade die Nichtgezählten seien, die sich bei ihm Gehör schaffen wollen? Was die Zahlen verstellen, geht nur im Erzählen auf.

In diesem nicht endenden Erzählen der Nichtzählenden ist's und nicht an der Zahl. Und, das wollte ich auch noch sagen, sie werden so lange erzählen, bis vielleicht auch Ihnen, mein Herr, das Stichwort unter die Haut geht wie eine unleugbare Nummer.

Wer wäre so roh zu leugnen, daß es gute Menschen gibt, und wer so dumm, daraus schließen zu wollen, der Mensch sei gut?

Was ich wirklich denke

Meine Herrschaften, die deutsche Sprache will, daß auch der Arme etwas erreiche. Doch ehe ich mir etwas vormache, bitte ich Sie lieber um Nachsicht. Ich schreibe diese Sprache so unvollkommen als möglich, nicht bunt, nicht schillernd – wie es meinesgleichen geziemt. Allein für wen?

Nie werde ich für andere schreiben, noch geschrieben haben können, als für die Überlebenden unter den Mördern meines Volkes und deren Kindeskinder. Warum ich das tue? Weil es die mir einzig mögliche Weise der Solidarität ist. Es ist mein Auschwitz. Mit Abstand. Mit Verlaub. Was soll mir auch ein Lebtag ohne Kristallnacht, ein Überwintern ohne Gasofen. Was ich damit sagen will? Daß auch wir unsere Schuldgefühle haben.

Die erste Generation nach dem Krieg wollte das Verbrechen ungeschehen machen. Was sollte sie auch andres tun können. Sie sprach den gemordeten Juden ein Deutschsein zurück – ein weh und bitteres, ein wei-mar-sches. Was vermochte sie auch mehr, als dieses Armutszeugnis? Oder war das auch schon die Feigheit derer, die kein Erbe antreten wollen?

Die zweite Generation hatte es bereits mit Wiedergutgemachten zu tun. Sie unterhielt sich gern und gut mit jüdischen Witzen, garniert mit Liedern von Malech-Hamuwes und der Schojchet – Metzgermetzchen vor dem großen Vitzliputzli.

So ging es weiter, bis an die Grenze der Gemütlichkeit. Da sollte wenigstens ein Wort gebrochen werden, doch welches? Aber was vermöchte auch ein gebrochenes Wort, und wäre es aus Auschwitz und Gedicht, gegen eine zäh werdende Witzenschaft?

Worin Juden und Deutsche zusammentreffen können
Nicht im Deutschsein, nicht im Judentum, nicht im Brüderwahn, sondern in dem ihnen gemeinsamen Erbe: im Jiddischen. Dies ist die Herausforderung an die deutschen Dichter, und von daher könnte die ernste Antwort auf die vermessene Frage erfolgen: das Gedicht nach Auschwitz, das deutsche Gedicht mit dem jiddischen Taam. Denn ein adäquates Gedicht nach Auschwitz kann es nur in der deutschen Sprache geben, weil sie selbst Auschwitz mitbestimmte und ganz und gar und roh dabei war – bis zu den Gasöfen, da mußte sie versagen. Und da kann sie weiterhin nicht durch. Nimmt sie aber das Jiddische als Erbe an, dann wird sich ihr auch die Ofen-Perspektive öffnen. Das ist allerdings nicht billig zu haben, darum wär's aber auch recht.

Liebe und Haß haben nichts gemein, Liebende und Hassende aber das Teilbare, das ganze Erbe.

Kain wurde verdammt, Repräsentant seines Bruders zu sein.

SAHADUTHA
In abstumpfender Fremde, die Schafe seines Schwiegervaters, des listrei-chen Aramäers hütend, in Engschaft, bedrängt durch ihm widerstrebende

Sitten; sein einzig Glück – sein Kindersegen, er vergäße sonst seine Zunge und daß er Hüter eines kostbaren Guts sei: von Ruben bis Joseph brachte er ihnen das hebräische Flötenspiel bei. So diente er vierzehn Jahre um seine Frauen, weitere sechs um sein Vieh, zwanzig Jahre waren über ihn gezogen und nur die rahelsieben furchenlos. Er hatte in sich einen festen Grund, sein Grund aber hatte keinen festen Boden, so brach er auf und mit ihm alle Gefahren eines Gefährdeten. Laban setzte ihm nach, unentrinnbar; Esau wartete auf ihn um den bewaldeten Berg, in Edoms Gefild, unausweichlich; und dazwischen die Nacht und der Engel, den er wird passieren müssen. Schon holte ihn der Listreiche mit seiner starken Mannschaft ein und schwang über ihn seine Wortpeitsche, nach den Regeln aramäischer Rhetorik: kein Wort ohne Knalleffekt, Jakob flehbeichtete wie ein Mann, der außer Gott niemanden hat, mit dem er sprechen kann, der auch noch mit Gott allein, allein ist.

Aufbrechen – das lernte er von seinem Großvater – ist mehr noch als ein großer oder gewagter Schritt, den man zurücknehmen kann. Der Aufbruch bleibt, wenn die Schritte verhallen und die Wege zurückgelegt sind. Er mußte nur aufbrechen, da kam der Gott Abrahams zu Laban, im Traum der Nacht, und sprach zu ihm: Hüte dich, daß du etwas mit Jakob vom Guten weg zum Bösen hin redetest!

Nun wünscht Laban einen Bund mit ihm zu schließen. Jakob nimmt einen Stein und richtet ihn als Standmal auf; das tut er. Dann heißt er seine Verwandten Steine auflesen und zu einem Steinhaufen zusammentragen. Auf diesem Steinhaufen essen sie dann. Laban, der Aramäer, der große herrische Schwiegervater, führt die großen Reden, von Anfang bis zu Ende. Er gibt gern den Ton an und behält ebensogern das Wort; mit einem, das nun fällig ist, will er auch sich selbst bezeugen, so nennt er den Steinhaufen Jegar Sahadutha, das heißt Steinhaufen des Zeugnisses. Mit dieser Benennung, in der sich der Aramäer bekundete, werden das Gehör Jakobs und seine Verantwortlichkeit auf die Probe gestellt. Bei dem, was ihm bevorsteht, kommt es allerdings auf die Nuance an. Zwanzig Jahre hatte er keine andere Sprache gehört, und nun trat dieses eine Wort, wie aus jener Sprache herausgeschnitten, vor seine Seele: ein Fremdwort, eine einzige Herausforderung, ein Signal; in dem Augenblick kehrt sein Geist in den von ihm verlassenen Sprachkörper zurück, der Bund wird also hebräisch

besiegelt: Gal'ed nennt Jakob den Steinhaufen, das heißt Steinhaufen des Zeugnisses. Laban spricht weiter: der Gott Abrahams und der Gott Nachors mögen richten zwischen uns – der Gott ihres Vaters! Und Jakob schwur ihm bei der Furcht seines Vaters Isaak. Bund und klare Scheidung waren vollzogen. Über Nacht blieben sie auf dem Berg, danach war auch die Trennung vollendet. Auf das neue Gehör stellte sich die neue Optik ein: Frühmorgens, wie Jakob seines Wegs ging, trafen Boten Gottes auf ihn. Jakob sprach, als er sie sah: Ein Heerlager Gottes ist dies!
Und er rief den Namen jenes Ortes: Machanajim, Doppellager.
Nun konnte er sich in die eigene Nacht begeben, konnte sich seinem Bruder, dem Engel stellen, der Trauer um Rahels Tod und dem ihn hinfort bestimmenden Namen.
Zwischen Aufbruch und Verwandlung, an die Pforte eines ungeheuren Schicksals, setzte ein gottbegnadeter Dichter ein Fremdwort, das in der Thora, im Fünfbuch einzig vorkommende aramäische Wort, ein gehörschaffendes: Sahadutha.
Hermann Gunkel meinte, es sei »das Produkt einer sehr überflüssigen Gelehrsamkeit, mit der der Glossator sein aramäisches Licht leuchten lassen wollte.«

Giwi Margwelaschwili
Ein hartes Buchpersonenschicksal

Themi und Thomino

Ich bin eine Buchperson. Das bedeutet, daß ich eigentlich nur in einem Buch zu Hause bin, nur zwischen zwei Deckeln richtig existiere und statt einer Telephonnummer eine Seitennummer habe. Ab und zu – es geschieht nicht oft, aber auf ein paar Besuche im Jahr kann ich immer rechnen – steckt eine Realperson ihren Kopf zu mir herein. Ich sollte sagen zu uns, denn ich bin nicht allein in meinem Buch. Mit mir zusammen sind da noch hundert andere Gestalten. Wir bilden eine zahlreiche, auch ziemlich weit verzweigte thematische Verwandtschaft. Als beiläufige Erklärung sei eingeschoben, daß die Buchpersonenfamilien im Unterschied zur Realwelt – wo die Leute doch vor allem nach ihren Blutsverwandtschaften geordnet sind – immer ein Thema zur Grundlage haben. Zum Beispiel kann ich mir mein Leben ohne all die anderen Personen, die in meinem Buch vorkommen, gar nicht vorstellen. Obwohl uns überhaupt keine Verwandtschaft im geläufigen Sinne verbindet, ich bin sogar ganz anderer Abstammung als die übrigen, sind wir doch am engsten aufeinander angewiesen, und genau so sieht es – wie man sagt – in allen anderen Büchern aus. Blut und Thema können natürlich auch zusammengehen. Es gibt ja genug, zumeist auch sehr dicke Geschichten, die mit Familiennamen überschrieben sind, wo also das Blut, sehr oft auch in seinen weitesten Verzweigungen, Thema ist. Mit meinem Buch verhält es sich etwas anders. Es hat ein blutiges Thema: ich werde gleich am Anfang erschlagen.

Während der ohnehin nur sehr kurzen Zeit, die mir in meinem Buch zu leben vergönnt ist, habe ich keine einzige Sekunde frei. Meine ganze Aufmerksamkeit wird von einer anderen Buchperson in Anspruch genommen, welche mir an den Kragen will, so daß ich mich mit Schwert und Flinte verteidigen muß und bis zu meinem letzten Atemzug – ich unterliege in dem wilden Zweikampf – nur damit beschäftigt bin, zu zielen und zu schießen. Dieses Duell empfand ich auch immer deswegen als besonders fatal, weil es mich hindert, das zu machen, was wir Buchpersonen gewöhnlich am liebsten tun, nämlich: die uns lesend verfolgenden

Realpersonen in Ruhe zu betrachten, unseren Eindruck auf diese Personen zu studieren. Denn gerade dieser Eindruck, den wir auf die Leser machen, ist uns sehr wichtig, ich möchte sagen: lebenswichtig. Er gibt uns – natürlich nur, wenn er groß genug ist – ein Gefühl von Realität. Wir glauben dann beinah schon selbst, Realpersonen zu sein, nicht nur auf dem Papier, sondern auf festem Grund und Boden, unterm blauen Himmel zu stehen und, was der Wunschtraum von uns allen ist, volle Realbedeutung oder wenigstens irgendeinen Tatsachenwert zu haben. Dann sind auch alle Drangsale, die wir in unseren Büchern erleiden müssen, nicht so schlimm, dann sterben wir auch viel leichter unseren thematischen Tod. Unser höchstes Erlebnis ist daher, wenn wir uns in den Augen einer Realperson sehen, wenn wir aus der Weise, wie sie uns anguckt, erkennen, daß es uns gibt. Mein großes Pech besteht gerade darin, daß ich wegen des unglücklichen Duells, das ich in meinem Buch ausfechten muß, überhaupt keine Zeit habe, auf die Realpersonen zu achten. Ihnen einfach das Gesicht zuwenden kann ich, können wir nicht, denn dergleichen ist uns Buchpersonen nirgends vorgeschrieben, so was steht in keinem Text. Nur wo unser Tun in den Büchern es erlaubt, auch die Realpersonen mit möglichst verdecktem, schnellem, schrägem Blick zu streifen, lassen wir Buchpersonen uns auf solche Beobachtungen ein. Einige wenige Glückspilze unter uns kommen durch ihr Buch selbst in die Lage, den Realpersonen direkt ins Antlitz zu schauen, wenn es ihnen beispielsweise vorschreibt, sich von diesen Personen genauer mustern zu lassen, oder wenn sie ein Selbstgespräch führen müssen, das für niemand anderen als für die Ohren dieser Realpersonen bestimmt ist. Selbstverständlich dürfen auch solche Buchpersonen, wenn sie mit den Realpersonen unter vier Augen sind, diesen niemals zu fühlen geben, daß sie sie sehen. Sie müssen, im Gegenteil, jeden realen Anblick ganz für sich behalten und so tun, als seien sie weder Beobachter noch beobachtet.

Das Thema, bei uns im Buch wird es Themi genannt, ist uns allen heilig. Niemand würde jemals wagen, dagegen zu verstoßen, es beispielsweise zu ignorieren: sich nicht vorschriftsmäßig zur Vorstellung zu melden, wenn ein Realkopf uns anfordert oder gar im geöffneten Buch sich etwas Unthematisches herausnehmen. Ich glaube, wir könnten uns, selbst wenn wirs wollten, auch gar nicht um das Thema drücken. Es scheint nämlich, daß die meisten Ziegenhirten, auf alle Fälle diejenigen, die als absolute Nebenpersonen niemals direkt vor den realen Leserköpfen aufzutreten brauchen, nur in unser Buch bestellt wurden, um uns Buchpersonen zu überwachen. Es beweisen kann ich, können wir nicht, denn das hieße eine Probe aufs Exempel machen, nämlich mit dem Themi zu brechen, was sich – wenigstens noch bis heute – keiner von uns je im Ernst einfallen lassen würde. Für den Verdacht bestehen aber doch gewisse untrügliche Anhaltspunkte, wie zum Beispiel der Umstand, daß diese Leute, welche sich selber für Ziegenhirten ausgeben, gewöhnlich nur sehr selten bei ihren Ziegen, die womöglich gar nicht existieren, und viel öfter bei uns Buchpersonen sind; vielleicht nicht gerade in unserer Mitte, denn als absolute Nebenpersonen gehören sie ja nicht direkt zu unserem Themi, sondern – und wird meine Absicht über diese Burschen dadurch nicht eigentlich nur bestärkt? – immer abseits, etwa am Waldrand, wenn wir auf offenem Felde lagern, oder sie sind in einer leeren Scheune, wenn wir mal in einem Dorf Halt gemacht haben. Sehr verdächtig ist auch, daß sie zu keiner von uns wichtigeren Buchpersonen irgendeine, und sei es die kleinste, thematische Beziehung haben. Niemand hat auch das Geringste mit ihnen zu tun. Sogar Blutverwandtschaften haben sich während der nun schon recht ansehnlichen Zeit, seit unser Buch existiert, – wir feiern bald unser Jahrhundertjubiläum – nicht ergeben. Daß sie sich bei uns nicht ansiedeln wollen und immer Abstand halten, daß sie aber auch nach bestimmter Frist regelmäßig von irgendwoher abgelöst werden – jedenfalls sehen wir unter ihnen stets mehr neue als alte Gesichter –, führt logisch zu demselben Schluß: wir müssen es hier mit einer Art von geheimer, über unser gesamtes Themi eingesetzter, Wachmannschaft zu tun haben.

Diese Annahme bestätigt sich ferner noch durch ihre verblüffende Beschlagenheit in allem, was unser Themi angeht. Sie kennen es – wie wir alle uns in unzähligen Fällen selbst überzeugen konnten – wörtlich und allgemein auch viel besser als wir. Zum Beispiel sind wir gerade neuerdings, wo doch unser Buch immer seltener geöffnet wird, alle ein bißchen außer Rand und Band, das heißt: aus unserem Thema oder Themi geraten. Ganz vergessen haben wir, können wir es natürlich nicht. Jedoch fallen, weil wir so selten aufgeschlagen und zur Vorstellung vor realen Leserköpfen gerufen werden, die meisten von uns aus dem Text. Was wir machen müssen, das wissen wir, weil es leichter zu behalten ist, immer noch ganz gut. Was wir aber sagen müssen, besonders der genaue thematische Wortlaut, das kommt uns in unserem immer länger geschlossen bleibenden Buch allmählich aus dem Sinn. So stehen wir, um es bildlich zu sagen, mit einem Bein zwar immer noch in unserem Themi, aber mit dem anderen sicher schon ganz woanders, und wer weiß, was geschehen könnte, wenn die erwähnten Ziegenhirten nicht da wären. Sie geben, sooft unserem Buch und damit unserem Gedichtgebiet eine Öffnung bevorsteht, uns allen hilfreich das Stichwort, das alle unsere Reden und Äußerungen wieder frisch und genau nach Themi in unserem Gedächtnis erstehen läßt. Für diejenigen unter uns, welche die langen Ferien vom Themi dazu benutzt haben, um ein bißchen Lesen und Schreiben zu lernen, halten sie thematische Zettel bereit, aus denen sich jeder bequem vor und – weil es ja auch meistens winzige, daher unauffällige Papiere sind – sogar noch während der Öffnung über das Notwendigste informieren kann. Diese Zettel – zuerst waren es eigentlich bloß kurze, gegerbte Ziegenfellstücke mit darauf eingeritztem Stichwort, denn Papier kam erst viel später auf – sind mit der Zeit viel inhaltsreicher geworden. Auf ihnen steht jetzt häufiger schon alles, was wir Buchpersonen im Themi zu machen und zu sagen haben. Wenn nichts Besseres zu tun ist, legen wir alle unsere Zettel gerne zusammen und gelangen auf diese Weise zu einem unser gesamtes Themi widerspiegelnden Schriftstück, zu einer Art Liliputkarte unseres ganzen Gedichtgebiets; mit allerdings immer noch zahlreichen Lücken, welche alle auf die paar ungebildeten, dem Lesen und Schreiben verschlossen gebliebenen Buchpersonen unter uns zurückzuführen sind, die deswegen auch keine thematischen Zettel von den Ziegenhirten bekommen. Aber was diese Personen sagen müssen, ist uns, weil wir es so oft gehört haben, auch schon genügend geläufig, und so schreiben wir es uns häufig dazu. In allen anderen umliegenden Gedichtgebieten verfahren die gebildeten Buchpersonen auch schon in derselben Weise. Die thematischen Zettel sind hier überhaupt sehr beliebt geworden. Wir haben sie auf kleine Holzklötze aufgeklebt und belustigen uns mit ihrer Zusammenstellung, wobei immer derjenige als Sieger anerkannt wird, dem es durch geschicktes Ausspielen der Klötzchen gelingt, den ganzen Text irgendeiner seiner Äußerungen im Themi wortgetreu aufzubauen. Dieses interessante Spiel nennen wir in Anlehnung an das Domino, dem es ja gleicht, und an unser Thema oder Themi, auf das es sich doch auch bezieht: Thomino.

Die Ziegenhirten haben mich nie gewaltsam vom Thomino hochgebracht, etwa so, wie sie es mit allen anderen Buchpersonen tun, welche sich nicht mehr an das Themi erinnern. Sie lassen mich, ganz im Gegenteil, ruhig vor dem Spiel und schicken jemanden von sich aus in das Themi, einen jungen Mann meines ungefähren Wuchses, Bartes usw., um meine Kugel in Empfang zu nehmen. Als ich die Sache erfuhr, war ich – wie man sich denken kann – zuerst natürlich sehr unangenehm berührt. Nicht etwa wegen der Ziegenhirten, welche so ihr Blut für mich vergossen haben, sondern wegen der durch solche Vertretungen eindeutig bewiesenen Nebensächlichkeit meiner Buchperson für alle realen Leserköpfe unseres Themi. Allmählich habe ich mich auch an diese Tatsache gewöhnt und bin, da die Ziegenhirten mich schon seit langem gnädig übersehen, jetzt schon mehr im Thomino als im Themi beschäftigt. Meine Gewissensbisse wegen der vielen jungen Männer, die an meiner Stelle fallen mußten und müssen, sind nicht zu groß, jedenfalls arbeite ich ihrer ungeachtet immer intensiv an meinem neuen Spielplan. Graue Haare brauche ich mir deswegen auch gar nicht wachsen zu lassen, denn die Kerle kehrten und kehren – ebenso wie ich und jede andere Buchperson tödlichen Themis – nach Buchschluß immer unversehrt zurück. Eine kleine körperliche Anstrengung, verbunden mit der nur zu begreiflichen kitzligen Nervenprobe, ist wohl dabei, aber da unser wie auch überhaupt jedes bessere Themi unsterblich ist, besteht für diejenigen, die darin umkommen, kein ernster Grund zur Aufregung: wie mausetot wir auch sein mögen, lebendig bleiben wir doch. Der Tod im Themi ist kein absolutes Verschwinden, sondern ein verborgenes Dableiben der Buchperson in ihrem jeweiligen Gedicht- oder Geschichtsgebiet, eine Form von getarnter Bereitschaft für die nächste thematische Runde: für die nächste Buchöffnung durch einen neuen realen Leserkopf. Mit dem Buchschluß, wenn die letzte Seite umgedreht und der Hinterdeckel über die Geschichte – beziehungsweise die Gedichte – geschlossen wird, schlägt für uns die große Stunde der Wiederauferstehung: wir recken unsere verwundeten Glieder wie nach langem

Schlaf, heben unsere eingeschlagenen Köpfe hoch, wischen uns unser Blut aus den Augen und kommen zuerst zaghaft, denn verschiedenes tut zwar bloß dumpf, aber doch noch irgendwie weh, auf die Beine. Meistens ist der absolute Buchschluß auch gar nicht nötig, für unser neues Leben genügt es schon, wenn der reale Leserkopf über die Stelle, wo wir unseren Geist aufgeben, hinaus, wenn er nur mehrere Seiten, und manchmal sogar bloß Zeilen, in unseren Geschichten und Gedichten vorgerückt ist, damit wir wieder zu atmen anfangen. Wenn der Leser dann plötzlich zurückblätterte, würde er viele von uns, die er noch wenige Sekunden vorher in Gedanken begraben hatte, schon wieder quicklebendig auf dem Sterbelager, am blutigen Tatort oder wo sie ihr thematischer Tod sonst noch ereilt, antreffen. Solche unvorhergesehenen Rückzüge des Lesers sind im Prinzip selten, aber wo sie vorkommen, stellen wir uns sofort tot. Da wir dann noch von Wunden bedeckt sind und alles in unserem Blut schwimmt, fällt der kleine Schwindel niemals auf.

Nur die Buchperson, die im Themi regelrecht bestattet, in einen Sarg gelegt und unter die Erde versenkt wird, muß – da ihr Erscheinen oder auch bloß scheintotes Herumliegen auf der Erdoberfläche jeden Leserkopf befremden würde – bis Buchschluß abwarten. Solche sitzen, wenn der Leser sich mit dem Lesen Zeit läßt, manchmal ziemlich lange in der Grube, die übrigens für diese Zwecke unauffällig verbreitert und zum Atemholen und für kleine Augenblicksspaziergänge des thematisch Begrabenen durch einen unterirdischen Gang mit der Außenwelt verbunden ist. Der Tod der Buchperson kommt, sofern er im Prinzip nur ihre zeitweilige Versetzung aus dem Themi bedeutet, also einem Platzwechsel gleich. Er versammelt uns nicht zu den Vätern, sondern in still gewordenen, friedlichen Geschichts- beziehungsweise Gedichtswinkeln oder –plätzen, nämlich dort, wo das Themi schon endgültig vorüber ist und keine realen Vorstellungen mehr erwartet werden. Solche Plätze sind zugleich auch immer als Verbandsplätze eingerichtet, denn alle unsere thematischen Verletzungen, Wunden, Krankheiten usw. kosten, wie fürchterlich sie auch anzuschauen sind, zwar keinen das Leben, müssen aber, wenn alles vorschriftsmäßig heilen soll, trotzdem aufmerksam gepflegt werden. Wie es in den anderen Geschichts- beziehungsweise Gedichtsgebieten zugeht, weiß ich nicht; bei uns gießen jedenfalls die Ziegenhirten

Balsam auf die Wunden. Sie sind dann auch äußerlich ganz ausgewechselt, tragen weiße Mäntel mit rotem Kreuz, und statt der üblichen langen Kinshale haben sie Fiebermesser in den Taschen. Wir werden schnell gesund, denn eine seltsame Gesetzmäßigkeit regiert den ganzen Genesungsprozeß: mit dem Buchschluß schließen sich bei uns alle, selbst die größten klaffendsten Wunden, mit jeder Zeile, die der Leser weiterliest, mit jeder Seite, die er umwendet, kommen wir zu neuen, immer größeren Kräften. Die Ziegenhirten bringen unsere Arme, Beine und – wo er abgehackt wurde – auch den Kopf, kurz: alle Glieder, die wir in unseren thematischen Scharmützeln eingebüßt haben, akkurat wieder zurück und flicken jeden zusammen. Ich bleibe am längsten von allen, ungefähr bis Buchschluß, verstümmelt. Mein rechter Armstumpf ist dann immer sorgfältig verbunden, und ich bin, ehe man mir die Hand, welche dazugehört, wieder anpaßt, ein Krüppel. Dieses Mißgeschick ist, da es in jedem Fall todsicher behoben wird und die Verwundungen bei uns nicht sonderlich weh tun, leicht zu ertragen. Selbst als Erschossener, also Ausgeschiedener, zeitweise Verschiedener, habe und behalte ich meine Hand doch immer noch im Themi. Nicht viele tote Buchpersonen können Ähnliches von sich sagen.

Auf dem schwarzen Merani

Ich heiße Muzal, bin ein Kiste und wäre eigentlich niemals mit meinem Gegner und seinem strengen Themi zusammengekommen, also auch niemals meines Lebens und meiner Rechten in der schon oben bedeuteten garstigen Weise verlustig gegangen, wenn mich nicht in jedem Unglücksjahr – ich glaube, es war 1888 – der verdammte Höllengaul zu den Kristen oder Krevsuren gebracht hätte, welche ihr Themi leider in unserer direkten Nachbarschaft haben; wir brauchen unsere Köpfe nur über den großen Berg zu stecken, der uns von ihnen trennt, um ihre Dörfer und Pferde zu sehen. Wir sind alle Todfeinde, denn seit der Berg steht, wogt der Kampf zwischen Kisten und Kristen. (Diese schreiben sich in ihrer Sprache übrigens mit ch wie Christen, in ihrem zweiten Namen Chevsuren gibt es von Haus aus auch kein r am Wortanfang. Diese und andere Einzelheiten habe ich erst erfahren, nachdem ich den Ziegenhirten rettungslos in die Hände gefallen war und es keinen anderen Ausweg mehr für mich gab, als mich langsam an das vermaledeite Themi zu gewöhnen.) Wir Kisten haben eine unbezähmbare Leidenschaft für Pferde. Wir reiten alle wie der Teufel und können, so groß ist unsere Liebe zu diesem Sport, den ganzen Tag im Sattel zubringen. Ein hartes Stück Ziegenkäse in der Satteltasche und ein voller, um den Sattelknopf gewickelter, Weinschlauch genügen schon, um uns von morgens bis abends im Sattel zu halten. Nichts geht uns über den Anblick schöner Hengste und Stuten. Wir sind dann wie erstarrt und bringen außer irgendwelchen entsprechenden Koranstellen, außer dem, was unser Prophet Mohammed über die Pferde zu sagen gewußt hat, keinen Laut mehr über die Lippen. Pferde stehlen gilt bei uns nicht als schändliche, sondern umgekehrt als die ehrenhafteste Beschäftigung. Was anderes tun wir eigentlich auch gar nicht. Die Sucht, immer neue und bessere Pferde zu besorgen, treibt uns daher auch sehr oft den Berg hinunter zu den Kristen, zu dauernden Einbrüchen in die Koppeln und Ställe ihres Themi.

Seit meiner Kindheit habe ich an unzähligen Raubzügen dieser Art teilgenommen und bin auch immer mit reicher Beute: auf schönen Falben, Schimmeln und Rappen zu unseren Auls zurückgekehrt. Nur die tapfersten Kisten dürfen auf diesen Expeditionen mit, denn häufig kommt es zu blutigen Zusammenstößen zwischen uns und den Krevsuren, die, wenn sie uns in ihrem Themi entdecken, sofort bestrebt sind, uns zuerst den Weg, dann den Hals und zuletzt – wie es ihre grausige Sitte ist – auch noch die rechte Hand als Trophäe und Tapferkeitsbeweis abzuschneiden. Zwischen uns gibt es kein Pardon, und wenn wir nachts zu den kristlichen Ställen gehen, hat jeder von uns schon vorher sein Testament gemacht. In meiner Zeit war ich vielleicht der verwegenste Pferdedieb unter allen Kisten. Sogar den Tag scheute ich nicht, um bei den Chevsuren meine Besuche zu machen, aus allen Gefechten ging ich immer glücklich hervor, bis … ja, bis ich mein Auge auf Merani warf. So hieß das Rassepferd des Krevsuren Aluda Ketelauri. Hätt' ich es nie gesehen!

Zuerst ist Merani mir eigentlich nur zu Ohren gekommen. Gerüchte gingen bei uns um über das Pferd. Viele wollten dem Wunderrappen, der ganz frei und unbeaufsichtigt auf den Bergwiesen graste und dabei auch sehr oft über die Themigrenze in unser Kistengebiet geriet, begegnet sein.

Mancher behauptete, seine Hand auf das Tier gelegt zu haben. Aber Merani gelang es immer wieder, seinen Häschern auszureißen und wiehernd über den Berg zu entkommen. Viele Kisten bekamen seine Hufe zu spüren, wenn sie ihm zu nahe auf den Leib rückten, und einem, der es mit einem Stück Zucker ködern wollte, biß das Tier sogar die rechte Hand ab. Von unserer Seite wurden natürlich regelrechte Jagden auf Merani angestellt. Das Tier entzog sich aber jedesmal jedem Verfolger, jedem Lasso. Sogar Kugeln schienen es nicht zu treffen. Einmal kamen ein paar Kisten von solcher Hatz mit weiten Augen zurück und erzählten, Merani sei über eine steile Felsenkante hinaus durch die Luft davongerast, ohne in die kilometertiefe Schlucht zu fallen, die sich unter ihm ausbreitete.

Viele Dichter – hauptsächlich Chevsuren, aber später auch Kisten, denn die Mär von dem Roß verbreitete sich durch Volksmund schnell über alle unsere Berge und Themis – haben Merani besungen. Die Gedichte, welche manchmal sehr in die Länge gehen und dann nur mit Geduld anzuhören sind, tragen meistens bloß den Namen des Pferdes. Oft findet sich darin auch noch der glückliche Besitzer von Merani, Aluda K., erwähnt, der von den chevsurischen Quellen auf Merani in den Himmel reitend vorgestellt wird. Die kistischen Dichter schicken, falls sie über Alu – wie er bei uns gekürzt heißt – überhaupt ein Wort verlieren, den Chevsuren auf Merani zur Hölle. Was wir Kisten in der Wirklichkeit leider niemals erreicht haben, auch – das ist meine Überzeugung – niemals erreichen werden, gestatten wir uns in der Phantasie: in den Gesängen der kistischen Dichter haben wir Alu Merani abgenommen, und als der glückliche Besitzer diese Pferdes wird gewöhnlich irgendein besonders verdienter Kiste (Pferdedieb) genannt. Da ich schon in jener Zeit unter den Kisten hervorstach und mich durch meine verwegenen Beutezüge bei den Chevsuren mit großem Ruhm bedeckt hatte, tauchte mein Name in den Gedichten auch sehr oft neben Merani auf. Man pries mich als den Eigentümer des Rosses, und ich schwor mir, sooft diese in melodischem Singsang vorgetragenen Texte an mein Ohr schlugen, die Dichtung zur Wahrheit zu machen, Meranis wirklicher und alleiniger Besitzer zu werden. Besonders stachelten mich dazu meine persönlichen Feinde im kistischen Themi an, welche mich um meine verdiente Stellung beneideten und sie mit allen Mitteln zu schmälern suchten. Wenn dann beispielsweise ein Dichter das

Lied über Merani und mich anstimmte, wiegten sie immer verschmitzt die Köpfe, hüstelten, manche sahen mich auf unverschämte Weise fragend an oder sagten gar noch: ja, ist denn das auch wirklich wahr? Zum anspornenden Effekt der Meranidichtung kam schließlich auch noch mein eigener Ehrgeiz, auf der Höhe der an mich gestellten Ansprüche zu bleiben, und so war ich bald nur noch hinter Merani her, lauerte Tag und Nacht an den Stellen, wo das Pferd sich immer am liebsten tummelte, nämlich auf den saftigeren Weidestreifen unseres kistischen Grenzgebietes. Seltsamerweise ließ Merani auf sich warten, so daß ich mir, wenn die Zeit zu lang wurde, ob irgendwelche Gedichte (kistische, kristliche) über Merani zitierte. Ach, wenn ich doch nur etwas aufmerksamer gewesen wäre beim Aufsagen! Ich hätte dann wirklich doch noch im letzten Augenblick erkannt, wohin Merani führt, und alle selbstmörderischen Absichten auf den Höllengaul aufgegeben. Ich wäre dann sicher bei den Kisten geblieben und niemals der lebenslängliche Gefangene im kristlich-krevsurischen Themi geworden, der ich nun bin, sein muß. Aber statt mich abzuschrekken, machten mir die Gedichte Merani nur noch begehrenswerter. Ihr drohender Sinn entging mir völlig.

Da war und ist bis heute noch ein im Ursprung chevsurisches Gedicht über Merani, das, wenigstens nach ein paar Strophen, auch bei uns Kisten immer gern vorgetragen und gelernt wurde, aber nicht etwa zum Ruhme Meranis, sondern zur Abschreckung: zu vielen Kisten hatte das Tier bereits Unglück gebracht, und die klügeren kistischen Poeten verwendeten in ihren Liedern jeden geeigneten (selbst chevsurischen) Stoff, der Merani als verderbenbringendes Scheusal entlarvte und die Leute antrieb, einen Bogen um das Pferd zu machen. Das Gedicht, von dem ich spreche, ist in der ersten Person, also vom Stand- beziehungsweise Sitz (denn er sitzt im Sattel) -punkt des unglücklichen Besitzers von Merani geschrieben. Schon die erste Zeile spricht deutlich genug zu jedem vorsichtigeren, aufmerksameren Ohr:

›Es läuft und reißt, reißt mich fort, mein Roß ohne Weg und Spur.‹

Weg- und spurlos fortgerissen zu werden ist – ich darf es heute aus eigener bitterer Erfahrung sagen – das Schicksal eines jeden, der mit Merani anbandelt. Aber man höre die zweite Zeile, in der sich das böse Omen noch verstärkt:

›Und dicht hinter uns fliegt der Rabe, schwarz mit dem Unheilsblick.‹
Hier verfolgt nicht etwa der Unglücksrabe Roß und Reiter, sondern er
begleitet sie, er ist eine Zugabe (oder Zulage) zu Merani, mit ihm verbün-
det und nur darauf aus – so steht es wenigstens ganz deutlich in einer weiteren Zeile desselben Gedichts –, dem armen Reiter zwischen Gräsern
im öden Feld, wo ihn Merani letztlich abgeworfen (und zerstampft?) hat,
krächzend das Grab zu weisen. Der Zusammenhang zwischen Vogel
und Pferd erhellt auch aus der Ähnlichkeit ihrer sprachlichen Bezeich-
nungen, d. h. aus chevsurisch Merani und Korani (chevsurisches Wort
für Rabe), oder auch aus kistisch Rappe und Rabe. Die dritte Zeile kann
über die verderbenbringende Natur von Merani nicht klarer sein. Sie lautet:
›Lauf und lauf mein Roß, wo kein Ziel ist, wo keine Ankunft ist.‹
Wo weder Ziel noch Ankunft ist, das ist – ich weiß es jetzt leider nur zu
gut – genau das chevsurische Themi, in das mich meine blinde Lust,
Merani zu besitzen, geführt hat. Denn das ist das Gebiet, wo ich nur als
Toter in Frage komme, als geschändeter – seiner rechten Hand beraubter –
Leichnam. Das ist aber auch das Gebiet, welches mein guter Gegner Alu,
den es ehrlich reut, mich erschossen zu haben, zum Schluß mit Sack und
Pack verläßt, weil ihn das eigene grausame Themi dort zu sehr auf die
Seele drückt. Das ist aber auch der Ort, wo ich nur sterben kann, um nicht
etwa zu neuem, sondern stets nur zum alten Leben im Themi wiederauf-
zuerstehen, zu meinem Totschlag durch Alu und der Einbuße meiner
Rechten durch Handabschneider; das ist der Ort, wo Alu davonzieht und
unaufhörlich wiederkehrt, um zu töten und zu bereuen, der Ort, wo alle
übrigen in Ewigkeit und Themi nur dasselbe tun und reden, der Platz des
ewigen Totentanzes, den ich mir in den freien Momenten nach Buchschluß einzig mit dem Thomino versüße. Das Spiel gibt – wenn es an
sich vielleicht auch weiter keine Bedeutung hat – doch wenigstens ein
Ziel: jeder kann, besonders wenn er sich so gut darauf versteht wie ich,
der Kiste Muzal, darin gewinnen. Die dritte Zeile des erwähnten chevsurischen Gedichts über Merani drückt aber nicht nur das Unglück der
absoluten Ziel- und Ankunftslosigkeit aus, das den unglücklichen Reiter
des Pferdes erwartet. Sie ist – dieser Umstand muß extra hervorgeho-
ben werden, denn er hat neben anderem auch sehr zu meiner Irreführung

beigetragen – im Befehlston gehalten, was den Eindruck erweckt, als sehnte sich der Reiter, möglichst schnell auf Merani in die absolute Wüstenei von der Art meines bösen chevsurischen Themis zu kommen und dort zu verkommen. Ich halte den Befehlston jetzt für einen raffinierten Trick, der darauf angelegt ist, Merani so viele Opfer wie möglich in den Sattel zu spielen. Die Befehlsform verleiht dem Gedicht den Charakter eines Wunschgebetes, und jeder, der es nachspricht, tut damit zugleich auch seinen Willen kund, von Merani befördert zu werden.

Vielleicht wäre ich – wenn ich den Text nur soweit gewußt hätte, aber leider waren mir von diesem Gedicht nur die ersten drei Zeilen bekannt – bei den mittleren Strophen doch noch stutzig geworden, vielleicht, nein – sicherlich hätte mir der Wortlaut der neunten, zehnten und elften Zeilen die nötige Vorsicht gegen Merani eingegeben. Diese Zeilen, welche ich erst viel später, als ich nämlich schon unablösbar an das chevsurische Themi gefesselt war, in Erfahrung brachte und welche einen guten Begriff vom ganzen Herzeleid des Meranireiters geben, lauten:

›So verlaß ich doch nun mein Vaterland und die Freunde, und die meines Alters
Und seh nimmermehr meine Eltern, noch die süß redet, meine Geliebte
Wo die Nacht anbricht, soll mein Tag sein und, die mir Heimat ist, meine Erde.‹

Gerade um mein Vaterland, um die Freunde meines Alters, um das süße Beisammensein mit meinen Eltern (eine Geliebte besaß ich zum Glück damals noch nicht) hat mich Merani gebracht. Einmal auf seinem Rücken, sanken mir meine Berge mit allem, was darauf ist: Pferden, Kisten, Anverwandten, auf Nimmerwiedersehen in die Vergangenheit. Von jenem fatalen Moment an war ich dem Themi überliefert und zu seiner kläglichsten Nebenrolle bestimmt. Der Genauigkeit halber, und weil diese Frage auch zu den wichtigsten gehört, möchte ich hier noch von einer Stelle in dem Gedicht sprechen, welche einen Schlußgedanken über Merani enthält. Es handelt sich da um alle Reiter, die nach mir denselben Ritt auf Merani oder ähnlichem Klepper machen können, einzeln vielleicht auch schon gemacht haben, und welche – wenn es wahr ist, so sollte mich die Sache ehrlich freuen – auf diesem Weg in mildere (bessere) Themis kommen. Die Stelle lautet folgendermaßen:

›Und der Weg, mein Roß, den du stampfst, Merani, der Weg wird bleiben

Und dem Menschenbruder, der nach mir kommt, wird leichter sein die Bürde des Weges

Und sein Renner trägt tapfer ihn vorbei am Schicksal, am schwarzen Schicksal.‹

Der Verdacht besteht aber, daß auch diese Zeichen bloße Redensarten sind und dem armen Menschenbruder, der später kommt, dasselbe oder noch Schlimmeres blüht als mir. Die letzterwähnten Zeilen zeigen nämlich einen krassen Widerspruch, der ihren ganzen helleren Sinn dunkel überschattet. Wie kann – so frage ich – Merani einen Weg stampfen, der bleibt, wenn – wie das ja schon am Anfang und dann noch einmal am Ende des Gedichtes behauptet wird – selbiges Roß seinen Reiter ohne Weg und Spur mit sich fortreißt? Hieraus folgt, daß man dem Poem lieber nicht trauen sollte, ebensowenig wie dem Untier, das es zum Gegenstand hat.

Natürlich war ich weit entfernt von dieser Einsicht, als ich, an der Grenze zwischen Kisten und Kristen, in tiefem Gebüsch verborgen, auf Merani wartete. Tage verstrichen, ohne daß das Pferd sich sehen ließ. Regelmäßig um die Mittagszeit brachte mir ein kleiner kistischer Hirtenjunge Käse, Wein und Gebratenes aus dem nächsten Dorf herauf. Man hatte erfahren, was ich vorhatte, und war gespannt auf das Resultat. Viele Neugierige warteten in einiger Entfernung, was mich trotz der zuerst beinah aussichtslos anmutenden Langwierigkeit des Unternehmens auch noch bestimmte, auf meinem Posten zu bleiben. Endlich – es war eine helle Sternennacht, ich war fast allein, die wenigen Zuschauer auf den Hügeln ringsherum mußten eingeschlafen sein – erschien, nachdem ich mehrere Meraniverse besonders schwungvoll vor mich hingesprochen hatte, der so langersehnte Renner. Ich habe Merani, weil er doch die Hauptursache meines Unglücks ist, später oft genug mit den gröbsten Schimpfworten belegt, und wenn mich die Erbitterung packt, tu ichs auch heute noch. Aber wer mich genauer danach fragt, dem muß ich zugeben, daß Merani der schönste Rappe war, der jemals existiert hat: hochgebaut war er, hatte den langen, geschmeidigen Rumpf auf zierliche Füßchen gestellt und schnupperte so einladend, so artig, ich möchte sagen: mit solch edlem

Anstand in meine Richtung, daß ich, magnetisch angezogen, aus meinen Gebüsch heraus und auf ihn zuschritt. Er rührte sich nicht von der Stelle, stand da wie aus der Feder gegossen, wie das Gedicht selbst. Nur die feinen Nüstern verrieten, weil sie zitterten, daß die Erscheinung nicht mein Traum, sondern Wirklichkeit war. Um mich bei ihm einzuschmeicheln, zitierte ich mit lauter Stimme die schönsten Gedichte, welche sich auf ihn bezogen; hauptsächlich waren es Zeilen aus dem besprochenen Poem, welche mir in einer seltsamen, bisher für mich auch gänzlich ungewohnten Beredsamkeit vom Munde flossen. Ich kam so als regelrechter Bittsteller zu Merani, als der unendliche Tor, der sein schwarzes Schicksal herausfordert. Aber auch in diesem allerletzten kritischen Moment hätte mich etwas mehr kritische Überlegung vor dem Schlimmsten bewahren können. Ich hörte nämlich Flügelschlag und bemerkte beim Aufsehen einen Raben, der zuerst über uns seine Kreise zog und sich dann krächzend unweit auf einem Stein niederließ.

Die Ankunft des Pechvogels verriet schon deutlich genug, daß alle Verse, welche mir gerade so wüst im Kopf herumgingen, auch einen direkten Sinn in der Wirklichkeit besaßen, daß es hier bloß noch einer – eben meiner – Person bedurfte, damit Merani seinen Reiter bekam und das richtige Unglück beginnen konnte. Leider war ich in jenem Augenblick noch viel zu unbefangen, um die schlimmen thematischen Bezüge aus der Situation überhaupt herauszulesen, geschweige denn sie entsprechend zu bewerten oder irgendwelche Schlüsse zu ziehen. Ich tappte ahnungslos in die Falle: faßte Merani am Hals, saß auf (bezeichnenderweise war er extra für mich gesattelt) und preßte ihn, jubelnd vor Glück, endlich am Ziel zu sein, die Fersen in die Weichen. Das Pferd bäumte sich wiehernd hoch und schoß nicht ins Kistenland, wohin ich es doch haben wollte, sondern mit einer jähen Kehrtwendung nach links ins chevsurische Themi hinein. Vergeblich riß ich an den Zügeln, bearbeitete mit den Hacken wütend seine Flanken. Das Pferd stob ungestört von meinen Bemühungen den Chevsuren zu. Mir kam die Idee abzuspringen, aber der Galopp des Gauls war zu halsbrecherisch: wir preschten über Stock und Stein ungefähr so, wie Schneelawinen von den hohen Gipfeln unserer Berge nach unten in die Täler stürzen. Ich sah mich entsetzt um und erblickte den Raben, der kaum einen Meter weit hinter uns herflog. Da hatte sich das Gedicht verwirklicht, und alles, was ich wenig vorher gedankenlos nachgeplappert hatte, bekam jetzt eine furchtbare Bedeutung.

Übrigens gibt mir auch die Weise, wie Merani unter mir verschwand, besser: verdunstete, denn plötzlich war er weg, und ich ritt nur noch auf einem kräftigen, aber sonst doch ganz gewöhnlichen Hengst – diese überraschende Art seines Verschwindens, ich habe ihn auch später im Themi niemals wiedergesehen, gibt mir das volle Recht, Merani auch im Thomino nicht weiter zu berücksichtigen. Der Pferdewechsel ereignete sich in einiger Entfernung von den kistischen Bergen. Gerade stürmte ich auf Meranis Rücken an irgendwelchen Schafherden vorüber, als auf einmal mein Sattel mehrere Zentimeter nach unten abrutschte. Weil sich zugleich auch der Pferdehals verkürzt hatte, wurden die Zügel, welche ich bis dahin straff gespannt hielt, unversehens locker, und ich wäre um ein Haar abgestürzt. Nur dank der für uns Kisten in solchen Fällen besonders charakteristischen Geistesgegenwart behielt ich mein Gleichgewicht. Das neue Pferd unter mir gab sich sofort durch sein zwar immer noch rasendes, aber im Vergleich doch schon viel langsameres Tempo, dann noch durch Schnauben (Merani war ganz lautlos dahingerast) zu erkennen. Natürlich war mir diese Veränderung nur willkommen und mein Glück dann noch vollständig, als ich beim flüchtigen Umwenden auch den Raben nicht mehr hinter mir sah. Zwar bot ein ungewöhnlich dichter Sternenhimmel (die Sterne über mir standen ungewöhnlich nah beieinander), ein für unsere Gebirgsverhältnisse ungewöhnlich dichter Tannenwald, ferner die viel zu eng nebeneinander grasenden Schafe, die mit außerordentlich dichten Blumen geschmückte Bergwiese und letztlich auch noch die dichte Luft (ihrer ungewohnt, jappte ich förmlich nach Atem), wieder neuen Grund zur Beunruhigung, wenn – ja, wenn ich nur darauf geachtet hätte. Alle diese Zeichen innerer Bedrängnis kündigten nämlich schon das Gedichtgebiet an, in dem ich nun für alle Ewigkeit gelandet und gefangen war.
Allerdings wäre mir – wie ich heute weiß – auch mit mehr Aufmerksamkeit für besagte Zeichen nicht sehr gedient gewesen: selbst das sofortige Herumwerfen des Pferdes und schnelles Zurückreiten in Richtung Kistenland hätten mich allem Folgenden niemals entzogen. Denn erstens

sind die kistischen Berge, welche zu unserem Themi herüberschauen, eigentlich gar nicht dieselben Berge, wo ich geboren und aufgewachsen bin. Sie stehen dafür viel zu nah beisammen und machen – wenn mich auch viele ihrer zackigen Gipfelformen heimatlich anmuten – im großen und ganzen doch einen fremden Eindruck. Zweitens wäre ich auch schon gleich beim ersten Mal von meinem Gegner Alu aus dem chevsurischen Themi unweigerlich eingeholt und auf halbem Wege abgeknallt worden. Später habe ich – ehe mir die Nutzlosigkeit des ganzen Unterfangens einleuchtete – nämlich wiederholt versucht, mich in die kistischen Berge hinüberzuretten, aber es kam nie etwas dabei heraus: im Themi war und ist mir Alu immer dicht auf den Fersen, so daß ich keinen anderen Ausweg hatte und habe, als mich ihm zum Kampfe zu stellen. Außerhalb des Themi – wenn uns niemand liest und wir frei in unserem Gedichtgebiet umherschweifen – bleiben diese Berge, wie lange ich auch auf sie losmarschiere (-reite), doch immer in derselben Entfernung. Es ist, sooft ich mich zu ihnen hinüberbewege, genauso, als ob ich auf der Stelle träte, und die gleiche Erfahrung haben auch meine Kollegen vom Themi mit allen anderen Grenzbergen, -wäldern, -flüssen unseres Gedichtgebietes gemacht.

Da ich gar nicht mehr Merani, sondern irgendein anderes, ganz gewöhnliches Pferd ritt, machte ich bei meiner allerersten Begegnung mit Alu – als dieser nämlich wenige Sekunden nach dem seltsamen Pferdewechsel aus einer Felsspalte auf mich losging – auch weiter keine Anstalten, zu entfliehen. Ich hatte in jenem Augenblick nicht das stolze Roß von Alu zwischen den Schenkeln. Darum war mein Gewissen rein, und ich setzte sogar ein begrüßendes Lächeln auf, als der Chevsure näher kam. Erst viel später erfuhr ich, daß Alu mit Merani und Merani mit Alu thematisch gar nichts zu tun hat, daß alle kistischen Gesänge und Gedichte, in denen der Chevsure Aluda Ketelauri als Besitzer von Merani genannt wird, auf einem groben Irrtum beruhen. Merani ist Alu und allen übrigen Chevsuren nur in Gesängen und Gedichten, niemals aber leibhaftig begegnet. Wer die falschen Gerüchte über Merani bei uns in Umlauf, in die kistischen Lieder und Gedichte gebracht hat, sind – ich erinnere mich dunkel – ganz fremde Ziegenhirten gewesen, welche denen, die uns in unserem Themi ständig belauern, verteufelt ähnlich sahen. Direkte Beweise habe ich allerdings nicht, doch läßt die Tatsache, daß die besagten Ziegenhirten bei uns im

Themi auch eine Vorliebe für Rappen (sie reiten nur auf schwarzen Pferden) und Raben (diese Vögel fressen ihnen sogar aus der Hand) haben, schon einen kleinen Vergleich zu. Ich möchte heute behaupten, daß die Kunde von Merani und dann sicher auch Merani selbst auf unser Kistenland losgelassen wurden, um jemanden für das Themi zu ködern. Daß gerade ich, Muzal, es sein mußte, der sich fangen ließ, war in der ganzen Sache vielleicht bloß Zufall. Ich sage nur vielleicht, denn Merani konnte ebenso gut extra dafür ausgeschickt worden sein, um mich und Alu zusammenzubringen und auf diese Weise eine über Jahrzehnte hinausreichende alte Blutrache zwischen unseren Sippschaften (ein Neffe des Urgroßvaters von Alu wurde von einem Urgroßonkel meinerseits in einem Zweikampf erstochen) für das Themi fruchtbar zu machen. Diese alte blutige Geschichte kam mir aber – weil sie ja so lange her war – gar nicht in den Kopf, als ich, kurz nach dem Verschwinden Meranis unter mir, Alus ansichtig wurde. Froh, den zwar im Prinzip kistenfeindlichen, aber doch immerhin aus denselben Bergen stammenden Chevsuren zu sehen, denn verständlicherweise fühlte ich jetzt auch ein starkes Bedürfnis, mich jemandem mitzuteilen, trieb ich meinen Gaul näher an ihn heran.
Auf halbem Weg überkam mich aber ein eisiger Schreck, denn Alu machte ein furchtbar zorniges Gesicht. Er riß auch, ehe ich noch überhaupt begriff, was vorging, seine Flinte an die Backe. Der Schuß krachte, und die Kugel fegte ganz nah an mir vorüber. Gerade wollte ich mich zur Flucht wenden, als ich plötzlich ein gurgelndes Stöhnen vernahm. Rechts hinter mir war ein für mich völlig unbekannter, von mir bis dahin auch gar nicht bemerkter Reiter vom Pferd gestürzt. Sekundenlang glotzten seine toten Augen gläsern zu mir hoch, bevor ein für mich ebenfalls völlig neuer Pferdeschwarm wie die wilde Jagd über den Leichnam ging. Zusammen mit dem Grauen erfaßte mich damals zum ersten Mal das unbestimmte Gefühl, in eine der schrecklichsten Räubergeschichten hineingezogen worden zu sein, in das blutigste aller Themis, aus dem mich keine Erklärung mehr retten würde. Aber auch Wut gegen Alu, der in aller Seelenruhe nachlud und scheinbar fest entschlossen war, nun auch mich ins Jenseits zu befördern, wallte in mir auf. Ich zog mir geschwind meine Flinte vom Rücken, riß sie hoch und gab – ich wollte noch gar keinen Zweikampf, sondern nur eine Atempause, um Alu alles zu erklären – einen Warnschuß

ab. Meine Kugel zerbarst dicht über Alu an einer Felswand und überschüttete meinen Gegner mit feinem Splitterregen. Er machte ein so galliges Gesicht, daß ich auf einmal Sorge bekam, es möchte ihm nichts Ernsthaftes widerfahren sein. Darum fragte ich ihn schnell auf chevsurisch: – Biste nicht verletzt? – und nur infolge der vermaledeiten kistischen Gewohnheit, jeden Kristen mit solchem Schimpfnamen anzurufen – ich schwörs, es geschah gar nicht absichtlich – rutschte mir zu der freundlich besorgten Frage dann noch die allerdings sehr unflätige, schändliche Bezeichnung ›Ungläubiger Hund‹ mit aus dem Mund. Zwar biß ich mir sofort auf die Lippen, aber gesagt war gesagt. Heute weiß ich, daß selbst die größte Vorsicht meinerseits, die rücksichtsvollste Bedachtsamkeit, um den ohnehin so finsteren Alu nicht noch mehr zu ergrimmen, mir doch niemals etwas genutzt hätten: das Schimpfwort wäre mir dennoch entschlüpft, denn es gehörte schon zum Themi; es gehörte ebenso wie mein Warnschuß und meine Frage, aber auch ebenso wie noch kurz zuvor der Schuß von Alu und der Tod des Reiters zu den vorgeschriebenen Ereignissen auf unserem unglücklichen, chevsurischen Gedichtgebiet. Nur der humanere Zweck meines Schusses (die Warnung) und die warme Tonfarbe meiner Frage (die Bezeichnung ›Ungläubiger Hund‹ war, weil ganz automatisch von mir herausgestoßen, ganz farblos) sprachen noch in jenem Augenblick für meine völlige Fremdheit und Unerfahrenheit in dem Themi. Bezeichnend aber ist auch, daß Alu den wahren Sinn und Zweck meines Verhaltens gar nicht einsah, dieses vielmehr schon rein thematisch begriff, nämlich meinen Schuß als Fehlschuß, meine Frage – als Ausruf des Bedauerns ihn nicht getroffen zu haben, und den ungläubigen Hund natürlich als auf ihn gemünzten Schimpf.

Alus Feindlichkeit hatte ihren guten Grund, den ich freilich bei meiner ersten blutigen Begegnung mit ihm noch nicht verstehen konnte: das ganze chevsurische Themi hatte ihn gegen mich aufgehetzt und ihm weisgemacht, ich hätte mit noch einem anderen Kisten zusammen seine Pferde von den chevsurischen Weidegründen getrieben. Nun hatte ich – ehe Merani mich Unseligen wegholte – den Chevsuren zwar schon manches gute Pferd entwendet, aber gewiß noch niemals einen Raubzug in das Themi von Aluda Ketelauri gemacht. Dafür lag es viel zu weit ab von meinem Aul, und außerdem mied ich ihn auch wegen des vergossenen Blutes, das zwischen unseren Urvätern war. Was also in Alus Themi über mich behauptet worden ist, entspricht in keiner Weise der Wahrheit. Es war nur dazu bestimmt, den Mann gegen mich aufzubringen und die ganze Katastrophe über meinem Haupt zu entladen. Symbolisch genug sollen in Alus Themi zuerst die Ziegenhirten das Märchen von meinem vermeintlichen Pferdediebstahl aufgetischt und verbreitet haben. Zieht man nun aber noch in Betracht, daß das zweite Pferd unter mir allerdings ein Pferd von Alu war, daß der Pferdeschwarm, welcher nach Alus tödlichem Schuß an mir vorüberstob, ebenfalls ihm gehörte, daß Alu mich zu alledem noch auf seinem Eigentum sitzen und es forttreiben sah, so ist ihm seine unversöhnliche Wut auf mich gewiß nicht zu verdenken. Von diesen letzten, schwerwiegenden Umständen war mir bei meiner ersten Begegnung mit Alu natürlich noch nichts bekannt. Ich saß vielmehr wie ein völlig ahnungsloser Unschuldsengel auf Alus Pferd, immer noch bereit, mein schon sehr angespanntes Gesicht in ein gutmütiges Lächeln zu lösen, falls auch der Chevsure freundlicher werden wollte. Aber Alu war vollkommen aus dem Häuschen, er sprach und handelte nur noch im Namen des Themi.

Das war, von allem übrigen abgesehen, schon aus seiner lächerlich gespreizten Antwort verständlich, welche er wie ein böse aufgeschwollener Truthahn auf mich losließ. Sie machte mich für eine Sekunde starr vor Entsetzen, denn erst jetzt wurde mir klar, daß der Chevsure es bluternst meinte und der Zweikampf auf Leben oder Tod unvermeidlich war. – Bilde dir nur nichts ein! – schrie er mir zu. – Was kannst du ungläubiger Hund schon gegen einen Diener des Kreuzes von Gudani? – Bei der Erwähnung dieses Kreuzes wurde mir flau im Magen. Ich dachte sofort an die vielen Kreuzzüge der Chevsuren im Kistenland, an den wilden alten Glaubenskrieg, der zwischen unseren Stämmen waltete; ich sah in brennenden Auls den triumphierenden Feind rechte Hände von gefallenen Kisten hakken, und mein Blut fing an zu sieden, was gerade im Sinne des ganzen Themis lag.
Die Bestätigung dafür gab mir Alu selbst, der seinen giftigen Worten nämlich auch noch gleich eine Kugel nachschickte. Der Schuß hörte sich an wie ein Donnerschlag und war so nah gezielt, daß er mir meinen Schnurr-

bart versengte. – Hab ich dich . . ., Hund? – schrie der Chevsure frohlok-
kend, und er mochte wohl gesehen haben, wie ich zusammengezuckt war.
In allen realen Schießereien bleiben solche Fragen, wenn sie da überhaupt
gestellt werden, gewöhnlich unbeantwortet. Man richtet sie dann höch-
stenfalls auch immer bloß an sich selbst. Demgemäß wäre mir in Realver-
hältnissen natürlich niemals eingefallen, auf Alus Frage irgendeine Antwort zu geben. Vielmehr hätte ich sie gleich mit einem schnellen Schuß
meinerseits quittiert, der übrigens auch vollkommen hinreichend gewesen
wäre, um Alu über mich zu informieren. Statt dessen tat ich etwas völlig Undenkbares: ich antwortete Alu auf das genaueste. – Ungläubiger
Hund – sagte ich (diesmal schon aus vollem Herzen) – Muzal haste nicht
getroffen. Deine Kugel drückte der Felsen platt. Doch ist mein Schnurr-
bart versengt. Zu hoch wars gezielt. Darum sind alle meine Knochen noch
heil. – Ich hörte mit unendlichem Erstaunen mein Geplapper, ohne zu
ahnen, daß es schon ein vorgeschriebenes war und das Themi aus mir, wie
übrigens auch aus Alu, redete. Ich entsinne mich noch gut, daß ich mitten
in einem Satz den Mund zumachen oder etwas anderes sagen wollte. Es
war unmöglich: meine Zunge stand nicht still, wie sehr ich mich auch
bemühte, sie zu halten. Sie gehorchte gewissermaßen schon dem Themi,
welches mein Kopf und mein Herz noch gar nicht verstanden, geschweige
denn akzeptiert hatten. Ich möchte ferner hervorheben, daß auch die helle
Wut auf Alu, welche nach seinem zweiten, mein Leben beinahe gefährden-
den Schuß in mir kochte, trotz allem noch keine mörderische war, daß sie
bei mir doch nicht dazu ausreichte, um Alu mit kalter Hand abzutun. Ich
zielte jetzt nämlich meinerseits und zerschoß ihm dann nicht etwa den
Kopf – was für mich leicht, denn ich bin ein guter Scharfschütze, und an
sich auch viel besser gewesen wäre – sondern, auch wieder bloß zur Warnung, sein großes Schießpulverhorn, das an einem Riemen von seiner
Schulter hing. – Na! – schrie ich ihm zu, selbst stolz über meinen Treffer. –
Jetzt sag bloß noch, ich hätt dich nicht erwischt, du . . . – und ganz automatisch (thematisch) platzte mir wieder das Schimpfwort ungläubiger Hund
heraus. Ich hatte dabei die Hoffnung gehabt, Aluda würde, beeindruckt
von meiner Schießkunst, sich vielleicht auch selbst ereifern, einen ähn-
lichen Glanzschuß zu tun und vom Morden absehen. Hier ist noch einzufü-
gen, daß verschiedene ganz spontane Handlungen von mir, wie beispiels-

176

weise mein zweiter Warnschuß auf Alus Pulverhorn und die Worte, die ich, als er abgegeben war, dazu äußerte, später von dem Themi übernommen und dort schriftlich festgelegt wurden. Möglicherweise sind schon bei meinem ersten Zusammenstoß mit Alu irgendwelche Ziegenhirten heimlich zugegen gewesen, die den ganzen Wortwechsel mitgeschrieben haben. Sicher ist jedenfalls, daß nicht nur ich nach dem Themi, sondern auch umgekehrt, das Themi nach mir ausgerichtet wurde. Andererseits gab es aber auch verschiedenes zwischen Alu und mir, das später weggefallen (ausgestrichen worden) ist: Zum Beispiel preschten wir zur Abwechslung auch ein paar Mal mit gezückten Kinshals aufeinander los, Alu mehr um mich aufzuspießen, ich mehr, um ihm aus nächster Nähe den Frieden anzubieten. Dieses Geplänkel, in dem der Abstand zwischen unseren erhitzten Köpfen kaum einen halben Meter betrug, fand später nicht mehr statt.

Nachdem ich Alu sein Pulverhorn weggeknallt hatte, erfolgte von meinem Gegner zuerst wieder der unvermeidliche, mich in jenem Augenblick auch noch ganz fremdartig anmutende, thematische Redefluß. Er redete mir was von dem siegreichen Gudanikreuz, das alle Chevsuren beschützt und ihnen in jeder Gefahr den Beistand des Himmels erwirkt. Dann versicherte er mir, daß sein Herz von meiner Kugel unberührt geblieben sei und nur sein Pulverhorn durchbohrt worden wäre. Zum Schluß tat er seinen unverbrüchlichen Willen kund, mich auszurotten, mir alles (aber um Gottes Willen was?) heimzuzahlen. Während seiner Tiraden hatte ich das unbestimmte Gefühl, er spräche so nicht nur ausschließlich zu mir, sondern auch noch für jemand anderen. Mir war, als ob Alu alles, was er da sagte, gleichzeitig auch noch einer dritten Person vortrug, welche von mir bisher unbemerkt irgendwo, vielleicht in meinem Rücken, stehen mußte. Natürlich nahm ich an, es müßten ein oder mehrere Chevsuren sein. Ich wähnte mich von blutrünstigen, für meine Unschuld völlig verständnislosen Feinden umzingelt und beschloß – da nun alles andere schon wirklich gleichgültig war – mein Leben so teuer wie möglich zu verkaufen. Ein heiliger Zorn gegen die Ungerechtigkeit, deren Opfer ich war, machte mich rasend. Ich hätte, wenn ich jetzt nur noch zum Schuß gekommen wäre, Alu mit Vergnügen ins Jenseits befördert, und diese kalte Lust zu vernichten war, obwohl sie einem ganz anderen Motiv – nämlich mehr meiner

Verzweiflung über das grausige Mißverständnis und weniger aus irgendeinem persönlichen Haß gegen Alu – entsprang, in ihrer mörderischen Absicht allerdings schon ganz thematisch.

Aber ich kam nicht mehr dazu, meine Flinte anzusetzen. Alu drückte eher ab und traf mich leider nur zu genau in die Herzgegend. Ich begriff sofort, daß es tödlich war und der Schuft über mich gesiegt hatte. Zugleich verspürte ich einen tiefen, alle unmittelbaren physischen Schmerzen beinahe überdeckenden Groll gegen mein Schicksal, das mich so unschuldig von Alus Hand sterben ließ. Wie durch einen schweißig kalten Angstschleier hörte ich noch den Chevsuren fragen: – Na, wie gehts ungläubiger Hund? Haste vielleicht auch jetzt nichts abgekriegt? – Ich wollte nichts antworten, wollte, weil es nun einmal so sein sollte, nur noch sterben. Aber wieder zwang mich etwas, mir in dem Moment noch völlig Unverständliches, nämlich das Themi, meinem Mörder den Treffer zu bestätigen und genau zu beschreiben. Mein Herz haste getroffen, ungläubiger Hund! – brüllte ich ihm beinah dienstfreig und unter Anspannung meiner allerletzten Kräfte zu, ganz so, als hinge von dieser Meldung unendlich Wichtiges ab. – Bin unterm Unglückstern geboren. Meinen Bruder haste zuerst erschossen und nun auch mich noch dazu. Wo ist da die Gerechtigkeit des Himmels? – Was für einen Bruder ich da in meiner Antwort erwähnt hatte, wußte ich beim Sprechen selbst noch nicht. Ein leiblicher konnte es jedenfalls nicht sein, denn ich habe keine Geschwister. Aber nachträglich und gewissermaßen noch in meinem letzten klaren Moment fiel mir der Reiter ein, den ich nach Alus erstem Schuß stürzen sah. Das Themi hatte also schon in meiner Rede, und ehe ich selbst es überhaupt begriff, die Verbindung zwischen mir und jenem Mann, den thematischen Zusammenhang zwischen zwei Toten (denn zum Leben verblieben mir persönlich jetzt nur noch wenige Sekunden) hergestellt.

Obwohl nun schon fast am Ende: ich war inzwischen langsam vom Sattel gerutscht und kniete irgendwie auf der Erde, streckte ich die Waffen nicht bis zu meinem letzten Atemzug. Ich brachte es sogar auch noch fertig, mit einer Hand Berggras abzureißen und auf meine blutige Wunde zu pressen. Mit der anderen gab ich noch einen letzten Schuß auf Alu ab, der natürlich sein Ziel verfehlte. Dann versuchte ich ihm das Gewehr wenigstens an den Kopf zu werfen, er war langsam näher an mich herangekommen, aber auch dieser Wurf ging mir – wie alles in diesem verdammten Themi – daneben. Danach raffte ich mich noch einmal auf, um ihm an die Gurgel zu fahren, wenn er sich über mich beugte. Ich wollte ihm zum Abschied auch noch einen guten, mehrere Stockwerke hohen, kistischen Fluch zurufen, aber hier kam mir wieder das Themi dazwischen. Statt der Verwünschung entfuhren mir ganz andere Worte: ich sprach über mein Gewehr, das jetzt zu Alus Füßen lag. – Dein sei es! – röchelte ich mit letzter Kraft – Ungläubi ... Hund! – Ich wollte diesen thematischen Gedanken dann aber noch in meinem Sinn abrunden und sagen: – Gebrauche es, wenn du dich mal erschießen willst, oder ähnliches. Statt dessen äußerte ich zu meinem eigenen zornigen Erstaunen sogar noch ein Kompliment für Alu. Ich hauchte – Kein anderer als du soll jemals daraus feuern. – Vor Wut über diesen falschen, meiner seelischen Verfassung in keiner Weise entsprechenden Text hob ich anklagend den Kopf zum Himmel. Dann kam der letzte Moment: mein Herz stand still, es wurde dunkel um mich. Aber am Himmel des Themi selbst hatte ich noch einen riesengroßen Menschenkopf bemerkt, der interessiert zu mir herabstarrte. Ich dachte noch, es sei der liebe Gott, nahm aber diese Vermutung sofort wieder zurück. Der Kopf war nämlich ganz eindeutig der eines chevsurischen Ziegenhirten. Wie es kam, daß er da so riesengroß zwischen den Wolken hing, war die letzte große Frage, mit der ich dann auch gleich tot umfiel. Danach entfaltete sich unser blutiges Themi auf Kosten meines armen Lebens zum ersten Mal in der Geschichte.

Zé do Rock

kleines wörterbuch um die langeweile aus diesem buch zu vertreiben

achterbahn	zug für 8 personen
album	explosion des ganzen
argwohn	asylantenunterkunft
auspuff	bordell geschlossen
dilemma	andre schreibweise für *kleine schafe*
einwandfrei	haus mit nur 3 wänden
erdkunde	landkäufer
fassade	nie wieder saufen
feldherr	mann auf der wiese
fiskus	bösartiges knutschen
geistesabwesenheit	gespenstermangel
golfstrom	deutsche autobahn
insekt	modischer schaumwein
katastrophe	gedichtet am tag nach dem rausch
mißverständnis	die schönste psychologin
minimum	kleiner mut
nähmaschine	gerät das die arbeit verweigert
ohrfeige	mensch der sich vor leuten mit großen ohren fürchtet
pomade	arschwurm
saxophon	fernsprechgerät in Sachsen; im übertragenen sinne: gerät von schlechter qualität
schlafrock	sehr langweilige musik
grüner star	Joschka Fischer
stereotyp	kerl der auf beiden seiten hört
steuerknüppel	waffe zur zwangseintreibung von abgaben
stuhlgang	bande die auf den raub von sitzmöbeln spezialisiert is
taifun	spaß in Bangkok
ungar	roh
willkommen	kommt aber nich
zufall	wenn der fallschirm nich aufgeht

Zé do Rock
di balkanisirung der helden

in Jugoslawien hören wir zum ersten mal sprachen, di wir noch ni gehört ham. ich versuch mich mit meim armseligen russisch durchzukämpfen, di slowenen werden bitterbös und ich lass es sein. zum ersten mal sind wir in eim komunistischen land. Slowenien hat noch eine gewisse änlichkeit mit Österreich, Kroatien etwas weniger. je weiter es in den süden get desto unänlicher wird s.

von Jugoslawien nach Grichenland is ein unterschid wi von den Alpen zum Mittelmeer. das grichisse volk libt das gute lebon und gutis esson. das land ist trotzdem zimlich europäisch. es ligt ja auch in Europa, eigentlich is Europa hir geboron. nur is das esson anders als wir s uns vorgestellt ham. wir wollon orginal-grichiss esson. ›habt ir mussaka da?‹ ›nein‹. ›ja dann halt ein gyros.‹ ›nix.‹ ›suvlaki?‹ ›nix nix.‹ ›was habt ir denn überhaupt?‹ ›winer snitzel, steak, chips.‹ ›aha?!‹«

wenn ma in Grichenland is, muss ma immer sein spracharchiv durchstöbern. ich will *zan* sagon. was heisst *zanheilkunde* in Brasil? odontologia. *logia* is di *kunde, odonto* muss das wort für *zan* sein. *odontos* klingt noch besser. und es stimmt. ich will *kind* sagon, wi heisst *kinderheilkunde?* pediatri. pedi? richtig. buch? selbstverständlich *biblios*. nich immer funktionirt s: in einer kneipe will ich wasser und bestell *hydros* (hydrant, hydrografi). der wirt versteet mich nich. ich probir allis: hydro, hidro, idro, idros. es dauert lang, bis er versteet was ich will: nero. altgrichiss ist halt kein neugrichiss, in einer jugendherberge findon wir einon sprachfürer für grichiss. ich merk mir nur 2 sätze: deine augon sind nich wi di sterne im himmel sondern wertvoller. der andre satz is: fangt den dib! das wort für *dib* is übrigens *klefti*, wi sonst. kleptomani, kleptokrati. wir steigon in ein auto und der farer fragt ob ich grichiss kann. ich sag meinon erston satz und er shaut mich ängstlich an. nu meint er, ich bin swul. ein andris mal sitzon wir in eim restoran, der wirt bringt di rechnung, der spass is teuer gewordon und ich se zum erston mal eine gelegonheit, den zweiton satz anzuwenden. auch er findet s nich lustig. ma bemüt sich, ire sprache zu sprechon, und das kommt dabei raus.

im grichisson sreibt ma fremdwörter in lateinisser srift. *speiseeis* heisst *pagota* und *ice-cream*. *pagota* wird grichiss gessribon, *ice-cream* in lateinisser srift. auch namon wi John Murray oder Hans Peter Schmidt im telefonbuch, das in grichisser srift gedruckt is, sind in lateinisser srift angegebon. auf Deutssland übertragon, is es als wäron di russisson namon im telefonbuch von Berlin in kyrilliss gessribon und Mao Tse-Tung in kinesisson karakteron.

di helenisson gebite im oston wirkon son zimlich orientalis. söbald ma die grenze richtung Byzantion überssritton hat, merkon das nich nur di augon söndern auch di öron, di nase und der mund söfört. ma is im örient. natürlich is allis vermischt, und wenn ma vöm osten kömmt wirkt di Türkiye westlich. in Konstantinopel, das ma heute Instabul nennt, klingt di musik arabisch und laut, überall sind moscheen und die einheimischen machen aus dem geschäftemachen eine kunst und plage, was ich eer für eine arabische eigenschaft gehalten hab. di männer ham risen schnauzbärte, aber keine arabische kleidung. auch verschleierte fraun sind selten.

natürlich sind wir über di brücke über den Bosporus gegangen, sö das wir üns rümen können, vön Europa nach Asien zü füsz gegangen zü sein. ünd wir ham endgültüg festgestellt, das es kein ünterschid zwischen den beiden köntinenten gibt. weiter hinten in Anatolien *(ana-dolu* heisst *mütterschosz)* fült ma sich weder im mörgen- nöch im abendland, nür weit, weit wek. di zivilisation lässt nach ünd ma findet gegenden wö ma fraun prö kilö kauft ünd der eselverkeer stärker als der autoverkeer is. di Türkiye war, wi du weisst, ein risen imperium, das kann ma auf dem Balkan auch hören, da vile wörter türküscher herkünft sind. selbst westliche sprachen ham türküsche wörter, wi *schampu, sofa* und *ich andre baustelle.*

türken sind ser gastfröyndlich, ma könnte fast sagen tsü gastfröyndlich. di alte und verwurzelte tradizion schreibt es vor, und si ham spass daran. das trempen is schwirig, da alle wagen anhalten, auch di, in denen eine flige schwirigkeiten hätte platz tsü finden. in sölchen fällen füren wir lange düsküssiönen, in denen wir argümentiren, das wir tsü füsz gen wöllen und si, das das ünmöglich is. manchmal müssen wir üns im wald verstecken, üm den mitnemern zü entkömmen. wenn si üns gesichtet ham, ham wir keine schanss mer. wir faren mit, werden tsüm çay (te) eingeladen, tsüm essen, tsüm schlafen. kinder bringen üns öbst ünd erwachsene beschenken üns dauernd. einmal krigen wir sögar eine stange zigaretten. manchmal schläft eine ganze familie im freien und damit wir das eebett nützen können. ma darf nich nein sagen. immer das beste für di gäste. dises völk is entfernt mit den üngarn und finnän verwandt, ünd auch da is gastfröyndlichkeit erensache. ie weiter wek vön Istanbul destö gastfröyndlicher.

manchmal können di türken döytş. ›şprechen sie döytş?‹ ›ia, einigermaszen.‹ ›wö kömmen si her?‹ ›aus Brasil.‹ ›Brasil? wö ist das? näe Frankfürt öder Berlin?‹

wi gesagt, öft is es tsü vil, ma get keine 3 minüten auf der ştrase one angemacht tsü werden. ma will üns einladen. wir şprechen kein wört döytş, engliş, französiş mer. es nütst alles nix, si şprechen üns an. wir tün, als würden wir uns ştreiten, auch das şreckt kein ab. ich hab intswişen 600 türküşe wörter gelernt. vile türken şprechen selber eine fremdşprache, manchmal güt, manchmal weniger güt. ein farer, mit dem wir lange ünterwegs sind, kann 3 wörte engliş. i am (als ein wört gebraucht, für *ich, ich ge, ich bin*), yours, conversation. in iedem sats sind dize 3 wörte am anfang eingebaut. will er den sats ›ich lib di blumen auf der wize‹ sagen: ›i am, yours, conversation, çimen deki çiçekleri sevyorum‹.«

langsam ferstee ich, mit föllüg ünbekannten şprachen ümzügeen. ich lern di wichtigsten 20 wörte, damit kann ich şon ser fil sagen. güt, şlecht, ia, nein, fil, wenig, gros, klein, töyer, billig, is, kann, will, weis, sagen (şprechen), wö, was, wi, warüm, şön, häslich, geld, toalette, şnaps. di gegensätse nich tsü kennen, is nich sö şlimm. hauptsache ma kennt das wört für *nich, nein*. willst dü *billig* sagen ünd kennst das wört nich, kannst dü *nichtöyer* sagen. fileicht kennst dü das wört für *töyer* auch nich. dann kannst dü für *töyer fil geld* sagen, für *billig nich-fil-geld*. das erste wört das ich immer lernen will is *gut*. direkt an der grentse ştet ein diutifrişop. ich se eine flaşe ünd frag den ferköyfer was das is. er kann ser wenig ausländiş: ›raki! gut!‹ ich frag ihn wider, er widerholt es. wir trempen los, ünd iedesmal wenn wir in ein otomobül einsteigen, sag ich ›raki!‹. ich mein, das heisst *gut*, ich will mich bedanken. später fragt der farer, öb wir bei ihm şlafen wöllen. ich antwört selbstferştändlich: ›raki!‹ ich hab lange gebraucht, bis ich entdeckt hab, das raki der şnaps is.

di türken liben das handeln ünd faylşen. fön den döytşen sind si immer enttöyşt, entweder tsalen si den prays oder sind söfört wek. anders Tamu.

si fült sich gants dahaym. bay aynem händler get der prays fön aynem klayd fön 1000 lire auf 500 rünter. Tamu ist nöch nich interesirt. si will wider gen, öbwöl si das klayd şon interesiren würde. nür nich für den prays. es get wayter rünter, auf 400, 300, 200. nu sagt der händler: ünter 200 kann ich das klayd ünmöglüch ferkaufen, ich hab s für 200 lire gekauft! Tamu will wider gen, der prays get waiter rünter. 150, 100, 75, si get ünd kömmt, ya, nayn, nich so richtig. am şlüs stet der prays bay 50 lire. si get zür kase tsüm tsalen. der händler sagt tsü mir: ›dize frau macht mich fertig! ich hab für das klayd 200 lire betsalt, wirklich! ünd müs es für 50 ferkaufen. es is wirklich ayn mizes geşäft. aber si hat so fil talent! si kann wirklich handeln!‹ ünd sayne augen löychten, er is fasinirt.

Göreme in Kappadokien is ayns mayner 2 veltvünder. ayne fantastişe möndlandşaft, ayne irre ünterirdişe ştadt, ayne vansinnige atmosfäre. wir faren dann in den süden und tsürück in den nordwesten. wir sen ayne gruppe fön anhaltern di sicher den reköörd für di gröste trempergruppe aufstellen. da sten 6 pölen auf der ştrase ünd varten auf iren lift. 3 frauen ünd 3 männer mit risen rücksäcken. nür laster können di mitnemen. di şpinnen di pölen.

für solorayzende frauen is es varşaynlich nerfig, für di türkinen selbst veder güt nöch şlecht, si kenen nix andres. der eeman is in der Türkiye vas der şef in Döytşland is: hat ma glük gehabt, er-vişt ma aynen güten. ervişt ma aynen şlechten, hat ma pech gehabt. mit dem ünterşid, das ma in der Türkiye den şef nich vechseln kan. aber file frauen vechseln di arbayt in Döytşland auch nich, nür wayl si aynen şlechten şef ham. di frauen sind klar im nachtayl. aber imerhin ham die türkinen das valrecht för den fransösinen beкömen.

Ere vird in der Türkiye gros geşriben ünd manche frauen müssen hart darünter layden. venn es si richtig ervişt. es ist ayn ser üngerechtes süsteem, das di frau straft ünd den man ünbeheligt läst. aber di türküşe ere hat auch besere sayten. ayn döytşes pärchen is dürch die Türkiye gezögen, in aynem dörf sind sie aynige tage gebliben ünd als si wek wölten, ham si gemerkt, das ire fötöausrüstüng vek var. ayn ser töyres set, mit alen şikanen. baym abşid ham si den dibştal nöch flüchtüg ervänt. di dörfbevöner ham si nich abrayzen lasen. das ganse dörf hat sich auf di süche nach dem fötöaparat gemacht, ale höyzer dürchsücht, ayne rizen aksyon. si ham nix gefünden, da ham alle geld gesamelt ünd inen das geld für aynen nöyen aparat gegeben. nü stel dir för, ayn türke virt in aynem döytşen dörf beklaut.

di türküşe şprache find ich güt, si klingt bünt. auch venn di finnän ünd üngarn es nür üngern hören, is deren şprache mit türküş fervant. sö vi döytş mit pörtügiziş ünd indiş fervant is. *apfel* auf finiş hayst *omena*, auf üngariş *alma (olmo)*, auf türküş *elma*. auserdeem ham di dray şprachen ayne vökalişe harmöni, sö das sich die vokale höyfig viderholen: täläkä, kötörök, gümüsüyü. ales in alem is di Türkiye für mich ayns der 3 fasinirendsten länder der velt, neben den USA ünd Japan, was nich hayst, das ich in aynem der 3 länder mayn leben ferbringen möcht.

Zsuzsanna Gahse
Essig und Öl

Hefezopf, Schnaps, sogar Butter und Milch, sogar Butter und Milch und Marmelade sind von einem anderen Ort und wurden in einem Korb hergebracht.

Hier ist Wien. Hier ist Wien mit den persönlichen Nachrichten. Heute, am dritten Tag, gibt es in dieser Wohnung von Essig noch keine Spur, außer in Form der Zitrone. Aber Öl. Öl in Wien. Öl in der eigenen Wohnung.

Ein Telefon läutet, der Ton ist von vornherein, von Anfang an süß und wird hernach fehlen, das ist abzusehen, und weil vor dem Haus ein Bus abfährt, gibt es den Ton des anhaltenden und abfahrenden Busses, immer im Zusammenhang mit dem eigenen Öl, alles sollte in diesem Zusammenhang stehen.

Der fünfzehnte Bezirk ist nicht der achte. Eine Straße weiter, hinter dem Haus, im Milchladen (dort wird auch grauer, alter Aufschnitt verkauft, wer braucht das?, und die Verkäuferin hat kaum Zähne) standen gestern zwei betrunkene, verschlissene Männer.

Arbeiterviertel.
Öl im Arbeiterviertel.
Sich einrichten zwischen müden, schnell gealterten Menschen. Wien, ein Teil Wiens, hier ohne Kaffeehäuser, ohne Gasthäuser. Öl bedeutet sich einrichten, es hat auch andere Bedeutungen, aber sich einrichten bedeutet beinahe alles.

Der fünfzehnte, der achte Bezirk und der erste. Angewandtes Öl im ersten Bezirk, angewandter Bezirk, zu jeder Zeit angewandter Bezirk, zur Zeit Donald Judd dort im ersten. Café Prückel gegenüber dem angewandten,

hohen, hohen Don Judd, der es wagt, sich unpersönlich zu erheben. So
hoch ist Judd, kalt, weit weg von jeder Person, unerhört weit weg! So daß
er einen umwirft, was dann im höchsten Maße persönlich ist.

Das ist die Frage: persönlich, unpersönlich. Sich einrichten.
     Wer oder was
     richtet
     sich
     unpersönlich
     ein.
Was ist es
was sich
wohin richtet.
Wenn nicht eine Person.

Eine Nichtperson richtet sich in Wien ein. Unpersönlich. Unpersönlich
richtet sich jemand in Wien ein, und Wien schaut zu, stumm, schaut, starrt
in den Himmel, Wien starrt stumm nach oben. Und jemand oder nichtjemand richtet sich ein.

Nichtjemand. Nichtjemand richtet sich ein. Wer ist Nichtjemand. Nichtjemand ist nicht einmal jemand. Nicht einmal jemand in Wien. Nicht einmal
jemand hier richtet sich ein, ein. Nichtjemand, nicht einmal jemand ist
angekommen oder nicht angekommen, versucht anzukommen, versucht
immer anzukommen, und er ist nicht einmal sicher, daß er das schafft.
Anzukommen. Nichtjemand schaut sich um und versucht anzukommen,
richtet sich zunächst ein, ein (kommt oft vor), richtet sich, richtet sich nach
Wien und ein, wendet sich, richtet sich wie ein Wetterhahn. Nichtjemand
ist kein Wetterhahn, sondern Nichtjemand muß sich in diesem Vergleich
einem Wetterhahn vergleichbar drehen, um eine klare Richtung zu bekommen. Das aber war jetzt zu viel auf einmal. Wien und Nichtjemand.
     Wien
     Stahl
     Nichtjemand kommt.

Und Essig und Öl
Jeder kann Essig und Öl kaufen.

Vergeblich einkaufen.
Aufessen, austrinken.
Auf, hebe die Schale
gefüllt mit Wein
und lasse beim Freudenmahle
mich glücklich sein.
Dann sinke nieder.

Ein Blick von der Währinger Straße am frühen Nachmittag! Ein Blick hinunter, in eine Seitenstraße. Ein solcher Blick ist ein Gedicht.

Ein bestimmter Blick von der Währinger Straße, links hinaus in eine Seitenstraße, gerade kam eine halbe Sonne (die erste Sonne, es wird Frühling), die Seitenstraße fiel (wie immer und auch damals fiel sie hinab, und doch ist nur von einem Blick die Rede); im Augenblick fällt die Straße hinab. (Es ist eine Leistung einiger großer Städte, daß Straßen oder irgendeine Straße, ohne damit Staat machen zu wollen, nebenbei und auf besondere Weise eine Wendung nehmen, abfallen.)

Daß ich dort hinabgeschaut habe, ist jetzt vorbei. Ich, ja, das war ich.

Es gibt Probleme mit dieser Person, weil das geliebte Jahrhundert und gerade der geliebte Gombrovicz und auch andere darüber gesprochen haben, aber noch nicht zu Ende, das Problem ist überhaupt nicht kleiner und geringer geworden, zu Ende gesprochen schon gar nicht, aber daß ich es war, kann auch nur ich sagen, wer sonst sollte wissen, daß ich in der Währinger Straße weder allein war, noch mich allein fühlte, und eine halbe Sonne lag auf dem Gehweg, auf der Fahrbahn, hinab bis zum Ende der Sicht.

Wien und ich. Auch das Öl habe ich gekauft.
            (Habe auch Wein gekauft und im
            teilweise fremden Wien Besuch
            bekommen, wurde beschenkt,
            vom Öl ist noch etwas übrig, vom
            Wein nicht. Außerdem hat es Salz gegeben, in
            den Gesichtern, an den Wangen.)
Das Öl gehört mir.
Öl brauche ich, um mich einzurichten.
Wieviel Öl für wieviel Wien.

Brot ist eine andere Frage. Semmeln, Salzstangen, Kipferln und Gebäck
gehören zu dieser anderen, täglichen Frage. Germstriezel zum Beispiel,
die esse ich hier, kaufe sie, eß sie gleich auf, das ist der Tagesbedarf, die
Reste sind nicht nennenswert.

Öl nachgekauft. Schon zum zweiten Mal, schon zum zweiten Mal, wie oft
noch. Habe Öl zum zweiten Mal nachgekauft, wie oft noch.

Der Prinz in Wien, frisch eingeflogen, das heißt, per Zug zugezogen, mit
einem Stadtplan in der Hand, in zerknitterten Hosen, spitzen Schuhen:
schaut sich um.
Ein im Verhältnis zu den Ausmaßen der Stadt kleiner Prinz. Morgens
duscht er sich, zieht frische Unterwäsche an und ist groß. Dann schaut er
vom Fenster aus zur Stadt hinaus, womit sein Herz zu flattern beginnt.
Zwischendurch ist der achte Circus, ein Verzirk, in gelinde Aufregung
geraten. Im Café Eiles wird die Tür aufgerissen, der Prinz tritt ein, neigt
den Kopf zur Seite, ja, sagt er. Und geht weiter. Im Eiles liegt kein Teppich-
tibet, warum auch. (Unauffälliger Boden, für alle gemischten Empfindun-
gen.) Dann weiter setzt sich der Prinz an einen Fensterplatz und sagt
nochmals ja, also einen kleinen oder großen Braunen wird er trinken, hat
kaffeebraune Augen, und die Serviererin (sonst gibt es hier immer die
schwarzen Ober) sagt, während sie mit ihrer langen, weißgrauen Schürze
beschäftigt ist: Bleib lieber in der Josephstadt.

Aber er geht in den sechzehnten Bezirk und vertrinkt Portionen von Rotwein. Das findet am Nachmittag statt; die Kellnerin ist in dieser Stätte mächtig. Die Kellnerin ist mächtig, bleich, bleich vor Alter und Undurchsichtigkeit, die Haare lang, die Hüften ein Riesenquadrat, und auch das bedeutet Proportionen.

Die Proportionen und die am Nachmittag verrutschenden Maße, hinein in den Abend. An diesem Abend kauft der Prinz fast alle Rosen von fast allen Blumenbringern wütend und lächelnd ab. Wien ist anders nicht beizukommen. In den sogenannt schlechten äußeren Bezirken rutscht jeder und Nichtjemand, Prinz und Teufel noch unter, unter den Tisch, die alten Frauen sind besoffen oder auf je eigene Art heilig, die jungen werden zurechtgewiesen, was hast du so lang gebraucht, was brauchtest du für den so lang, sie senkt den Kopf, und alle schauen ihr lächelnd zu, der Wein ist säuerlich. So jung ist Wien auch wieder nicht, als daß der Stadt jemand leicht beikommen könnte. Das ist eine mächtige Stadt, und wenn sie will, und ich meine, sie will, schweigt sie sich und die anderen zu Tode. Während sie mit diesem Schweigen beginnt, teilt Lorenz, der Prinz, die Rosen auf, zahlt und legt sich zu der Kellnerin, um seinen Rausch auszuschlafen.

Schnell auf Wien zufahren. Schnell wieder weg. Jetten. Wien ist ein Punkt auf der Landkarte.

Schlecht ist es nicht, was sich Lorenz zustoßen ließ. Im sechzehnten Cirkus bei der Kellnerin landen, eine Rumba im Kopf, wirklich mit dem übelsten Magen aufwachen, gleich im Aufwachen eine Weinflasche umschmeißen. Er besieht sich ihre Mundwinkel, ihre Hüften zeichnen sich dadurch deutlicher, ermeßbarer ab.

Zur selben Zeit bin ich unterwegs.

Fabienne Pakleppa
Die toten Tiere

Meine Tante Else war gerade gestorben. Mir hatte sie ihre Grünpflanzen, ihren Kater Nero und den gesamten Inhalt ihrer Drei-Zimmer-Wohnung vererbt. Das Geld ging an die katholische Kirche. Ihre Beerdigung hatte sie bis ins letzte Detail organisiert, mehrere Jahre bevor es soweit war, und der Angestellte des Bestattungsunternehmens, der für sie zuständig war, schien über ihren Tod ziemlich erleichtert zu sein.
Sie kam ungefähr einmal im Monat in sein Büro, erzählte er, nur um sich zu unterhalten. Meistens kam sie am Nachmittag, setzte sich auf einen der gepolsterten Stühle und blieb bis fünf oder sechs. Manchmal brachte sie ihm ein Stück Kuchen oder einige Plätzchen, die sie selber gebacken hatte. Zuerst stellte sie nur Fragen und hörte aufmerksam zu, aber nach und nach fing sie an sich einzumischen. Sie erteilte Ratschläge über den Umgang mit Trauernden, kritisierte die Anzeigenkampagne in der No-vemberpresse, bemäkelte das neue Firmenlogo. Am Schluß, sagte er, hätte sie selber das Geschäft führen können, wenn sie gewollt hätte. Sie wußte alles. Einmal hatte sie einen Vertreter für Särge in die Mangel genommen und die Preise gedrückt. Und wenn ein Kunde da war, übernahm sie die Beratung.
Ich lachte.
»Das war, Sie werden mich sicher verstehen«, sagte der Angestellte leicht pikiert, »etwas unangenehm. Ihre Tante war eine sehr sparsame Frau, eine beinahe, wie soll ich es ausdrücken, eine, sagen wir fast asketische Persön-lichkeit, möchte ich behaupten, aber durchaus freundlich ...«
So kannte ich sie auch. Weißt du, Silvia, hatte sie zu mir gesagt, als ich ungefähr fünfzehn Jahre alt war, wenn du jetzt deine Beerdigung bestellst, zahlst du kaum etwas. Weil die Leute das Geld anlegen, verstehst du? Es hätte mich nicht gewundert, wenn sie mir zu meinem sechzehnten Geburtstag einen Gutschein für eine Beerdigung geschenkt hätte, aber ich bekam wie üblich ein Buch und zwei Paar schwarze Strumpfhosen mit Tupfen. Ich schenkte ihr weder zum Geburtstag noch zu Weihnachten etwas, das hatte ich aufgegeben. Früher sagte sie bei jedem Geschenk: Das

Geld hättest du dir sparen und für etwas Sinnvolles aufheben können. Genau das tat ich dann. Sie selbst hatte sich nie etwas gegönnt. Sie reiste nicht, das war ihr zu teuer, ernährte sich von Gemüsesuppen mit einem Stück Käse und heizte nur in der Küche. Doch seltsamerweise, wenige Monate vor ihrem Ableben hatte sie ihren alten Bestattungsvertrag stornieren und einen neuen aufstellen lassen.

»Sehen Sie«, sagte der Angestellte, »zuerst wollte sie eine Beerdigung der unteren Klasse, um Kosten zu sparen. Einen billigen Sarg aus Fichte, keine Blumen, keine Musik, keine Grabstelle. Sie wollte eingeäschert werden, und ihre Urne sollte in die grüne Wiese der Namenlosen gesetzt werden. Doch plötzlich hat sie ihre Meinung geändert, und jetzt ...«

Jetzt war ihr Sarg aus Eiche, mit weißem Satin gepolstert, und sie trug ein Leichenhemd mir Rüschen und Spitzen. Die Kirche quoll über von Blumen und Kränzen, die sie alle selbst beim teuersten Blumenhändler der Stadt bestellt hatte. Eine Blaskapelle aus fünf Musikern spielte in und vor der Kirche und begleitete den Sarg bis zum offenen Grab. Für wen dieser Aufwand, weiß ich nicht. Anwesend waren, wenn man die Musiker nicht dazuzählt, nur der Priester, die drei Jungen, die ihm als Meßdiener zur Seite standen, und ich. Und das war noch nicht zu Ende. Meine Tante hatte in letzter Minute keine Kosten mehr gescheut. Der Bestattungsunternehmer zeigte mir den Entwurf für ein enormes Denkmal aus schwarzem Marmor, das Gott sei Dank noch nicht fertig gemeißelt war. Alles war bezahlt, auch die Friedhofsgebühren für fünfzig Jahre im voraus, inklusive Grabpflege und Gärtnereikosten. Die Bepflanzung hatte meine Tante bis zum letzten Halm vorbestimmt. Sie mochte keine Dahlien.

»Eine gute Seele«, sagte der Priester nach der Zeremonie. »Sie hat sich um alles selber gekümmert. Sie wollte niemandem zur Last fallen. Sie waren Ihre einzige Verwandte, nicht wahr?«

Ich nickte. Unsere Familie hat sich selbst frühzeitig beinahe vollständig ausgerottet. Wir scheinen einen besonderen Hang zum Tod zu haben. Kaum einer unter uns überschreitet die Vierzig. Wir bringen uns um oder sind anfällig für tödliche Krankheiten oder sterben zu fünft in Frontalzusammenstößen auf der Landstraße. Es blieben nur Else und ich übrig, und einige entfernte Cousins aus Amerika, die jedes Jahr nach Europa flogen, um im Tiefschnee Ski zu fahren, wenn Lawinen angekündigt waren, aber sie zählten nicht. Ich wollte mit ihnen nichts zu tun haben und hatte ihre Adressen längst weggeworfen. Ich war erst fünfundzwanzig und hatte die Nase gestrichen voll vom Tod. Elses Beerdigung sollte die allerletzte in meinem Leben sein. Ich hatte mir sogar vorgenommen, selber niemals zu sterben, aber über dieses Thema wollte ich mich lieber nicht mit dem Priester einlassen.

»Jetzt sind Sie ganz allein«, sagte dieser. »Ein schweres Schicksal in Ihrem Alter. Ich hoffe, Sie haben Freunde?«

Ich schüttelte den Kopf. Keine Freunde.

»Na ja, einen Verlobten vielleicht?«

Ich schüttelte den Kopf. Das war nichts für mich. Menschen bringen einem nur Kummer. Kaum hat man begonnen, sie ein bißchen zu mögen, dann kriegen sie Leukämie oder Aids oder stürzen mit ihrem Gleitschirm ab. Und wenn nicht sie, dann irgendwer aus der Familie oder aus dem Freundeskreis, und man wird schon wieder zum nächsten Leichenschmaus mit Vorprogramm herbeizitiert. Nein, nichts für mich. Ich blieb lieber allein.

»Auch Ihre Tante war gern allein«, sagte der Priester nachdenklich. »Sie legte keinen Wert auf die Gesellschaft von Menschen und liebte nur ihren Kater. Der liebe Nero. Das war ihr eine große Stütze zu wissen, daß Sie sich um das arme Tier kümmern werden, wenn sie nicht mehr ist. Wissen Sie, er ist sehr anhänglich. Er läßt sich gern streicheln.«

Als er Nero erwähnte, verabschiedete ich mich von ihm. Ich hatte ein schlechtes Gewissen. Der Kater, ein fettes, kastriertes Ungeheuer mit rotem Fell, war verschwunden, und das war meine Schuld. Tante Else hatte peinlichst darauf geachtet, alle Fenster und Türen geschlossen zu halten, um ihren Liebling vor den Gefahren der Straße zu schützen. Als ich nach ihrem Tod in die Wohnung kam, muffelte es dort so sehr, daß ich alle Fenster öffnete, um die frische Nachtluft hereinzulassen. Ich hatte den Kater vergessen, rauchte in aller Ruhe eine Zigarette und sinnierte wohlwollend über Tante Else. Plötzlich sprang Nero mit einem Satz auf die Fensterbank und fauchte mich an, als ich die Hand ausstreckte, um ihn zurückzuhalten. Dann schoß er wie ein Pfeil über die Straße und verschwand in der Dunkelheit.

Aus pietätischen Gründen – die Tante war erst seit achtundvierzig Stunden tot – sprang ich ihm nach. Eine halbe Stunde ging ich mit der Taschenlampe umher, schüttelte dabei eine Packung Trockenfutter und flüsterte: »Nero, komm nach Hause, essen« oder »Komm, Nero, komm, du schöner Kater«.

Das war mir peinlich, und ich hoffte sehr, daß mich niemand dabei beobachten würde. Ich beugte mich gerade über eine Buchsbaumhecke, als ein Streifenwagen hinter mir anhielt. Der Polizist fragte mich durchs Fenster, was ich da tat. Ich erklärte es ihm. Er fuhr mit seinem Kollegen schnell davon, als fürchteten sie sich, daß ich sie um Hilfe bitten könnte. Ich gab die Suche auf.

Nero blieb weg, was mir recht war, denn ich hatte in Erwägung gezogen, ihn ins Tierheim zu bringen oder gar einschläfern zu lassen. Ich bin kein Typ für Haustiere, dafür übernehme ich gern die Pflanzen.

Ich war schon seit fast einer Woche mit der Wohnungsauflösung beschäftigt, als ein Brief ankam, an Frau Else Schmitt adressiert. Ich öffnete ihn. Er war mit Füller geschrieben, in elegant geschwungenen Buchstaben. Sehr geehrte Frau Schmitt, stand dort, ich habe die traurige Aufgabe, Ihnen mitzuteilen, daß Ihr Kater Nero Opfer des Verkehrs geworden ist. Ich habe ihn auf der A 3 gefunden. Er hat nicht gelitten und war sofort tot. Es tut mir leid, denn Sie haben ihn bestimmt sehr geliebt. Für die Beerdigung nehmen Sie bitte Kontakt mit mir auf. Herzliches Beileid, Ihr Johann Nowak.

Herr Nowak hatte seine Adresse und seine Telefonnummer aufgeschrieben, aber ich rief ihn nicht an. So hatte sich das Problem Nero von selbst erledigt, dachte ich erleichtert und brachte eine allerletzte Fuhre leerer Marmeladengläser zum Container. Am nächsten Morgen sollte der Antiquitätenhändler die Biedermeiermöbel abholen.

Dann wäre ich endlich und für alle Zeiten fertig mit dem Tod, würde nach Hause fahren und mich wieder ins Leben stürzen. Ich schlief sehr gut.

Als es gegen zehn Uhr klingelte, öffnete ich die Tür. Vor mir stand ein großgewachsener Mann in einem eleganten Nadelstreifenanzug. Er war um die dreißig Jahre alt, hatte breite Schultern und sah außerordentlich gut aus mit seinen schwarzen Haaren und seinen dunklen Augen. Unter dem Arm trug er eine längliche Holzkiste.

»Frau Schmitt?« fragte er.

Ich nickte. Ich heiße auch Schmitt, Silvia Schmitt.

»Das ist Nero«, sagte er und zeigte auf die Holzkiste. »Da Sie sich nicht gemeldet haben, dachte ich, daß ich ihn selber vorbeibringe. Möchten Sie ihn sehen? Ich habe ihn für Sie etwas hergerichtet ...«

Ich ging einen Schritt zurück. Herr Nowak schien es als Einladung zu verstehen, trat ein und schloß die Tür hinter sich. Dann legte er die Holzkiste vorsichtig auf die Biedermeierkommode im Flur, drehte sich zu mir und nahm meine Hände in seine.

»Seien Sie nicht traurig«, sagte er. »Dort, wo er jetzt ist, geht es ihm gut. Und haben Sie keine Angst. Sie werden kein Blut sehen, das verspreche ich Ihnen, im Gegenteil, Nero wird Ihnen vorkommen, als würde er schlafen. Fast als wäre er noch lebendig. Allerdings dürfen Sie ihn nicht zu lange aufheben, wegen des Geruches. Ich habe ihn nicht fachgerecht ausgestopft, das kann ich noch nicht. Möchten Sie sich vielleicht setzen, wenn ich den Sarg öffne? Oder etwas Musik hören? Eine Kerze anzünden?«

»Moment mal«, sagte ich und riß meine Hände los. »Hier liegt ein Mißverständnis vor. Ich werde Ihnen alles erklären. Nehmen Sie einen Augenblick hier Platz.«

Er folgte mir ins Wohnzimmer, zögerte, setzte sich dann auf das alte Sofa, auf dem ich die letzten Nächte verbracht hatte, und sah mich fragend an. Seine Augen beunruhigten mich. Ich räusperte mich.

»Herr Nowak«, sagte ich mit fester Stimme, »ich habe Ihren Brief bekommen, aber ...«

Er sprang plötzlich auf.

»Entschuldigen Sie bitte«, sagte er, ging an mir vorbei, holte die Kiste und setzte sich wieder hin, mit der Kiste auf dem Schoß, als würde er ein Kind halten.

»Fahren Sie bitte fort«, sagte er.

»Also, Herr Nowak, ich bin nicht Else Schmitt, sondern Silvia Schmitt. Else war meine Tante. Sie ist vor zehn Tagen verstorben.«

»Mein herzliches Beileid«, sagte er.

»Danke«, seufzte ich. »Halb so schlimm. Ein Glück, daß sie Neros Tod nicht erleben mußte.«

»Also war Nero …«

»Ihr Kater, genau.«

»Ach so«, sagte er. »Das ist interessant. Könnte es sein, daß er vor Kummer in ein Auto gerannt ist?«

»Wie bitte?« fragte ich.

»Ich meine, ob Nero vielleicht Selbstmord begangen hat?«

»Selbstmord?« wiederholte ich. »Nein. Niemals. Sehen Sie, Nero war ein Zimmerkater, ein bequemes und behäbiges Tier, nicht besonders klug. Meine Tante hat ihn nie hinausgelassen, nicht einmal in den Garten.«

»Das arme Tier«, sagte Johann Nowak.

»Nicht wahr? Als ich das Fenster öffnete, hat er's sich nicht lange überlegt. Er war gleich weg.«

»Das war sein erstes Abenteuer«, sagte Johann Nowak.

»Und sein letztes«, sagte ich.

Herr Nowak stellte die Kiste behutsam auf das Sofa neben sich.

»Sie sollten sich keine Vorwürfe deswegen machen«, sagte er und stand auf. »Im Grunde haben Sie ihn von seinen Leiden befreit. Er war verfettet und krank. Es hätte ihn sowieso bald erwischt. Infarkt oder Krebs. Das habe ich gleich gewußt, als ich ihn gefunden habe. Seien Sie nicht traurig. Glauben Sie mir, Silvia. Es ist für ihn besser so.«

Es klingelte. Diesmal war es der Antiquitätenhändler mit seinen Helfern. Sie begannen sofort, die Möbel aus der Wohnung zu schleppen. Ich kehrte zurück zu Johann Nowak. Er stand immer noch mitten im Zimmer. Ich hatte genug von ihm.

»Das war nett, daß Sie gekommen sind«, sagte ich, »es hat mich gefreut, Sie kennenzulernen, aber jetzt muß ich wohl zurück zur Arbeit.«

»Möchten Sie ihn vielleicht trotzdem sehen?« fragte er.

»Nein, wirklich nicht«, sagte ich unwirsch. »Ich habe die Nase gestrichen voll vom Tod. Nehmen Sie Ihre Kiste wieder mit, und werfen Sie sie in die nächste Mülltonne.«

Johann Nowak schaute mich an. Etwas rumpelte gegen einen Türrahmen. Die Möbelpacker fluchten laut im Nebenzimmer.

»Ich habe mir eine solche Mühe gegeben«, sagte Herr Nowak. »So was mache ich normalerweise nicht, wenn ich die toten Tiere einsammle, aber da sein Name und seine Adresse im Halsband steckten, dachte ich, daß Sie sich vielleicht freuen würden. Aber wenn Sie ihn nicht wollen, dann werde ich ihn mit den anderen beerdigen.«

»Wie bitte?« fragte ich. »Mit welchen anderen?«

»Mit den toten Tieren«, sagte er. »Nachts sammle ich die toten Tiere auf den Straßen. Dann bringe ich sie nach Hause zu mir. Ich habe einen großen Garten.«

Zwei Männer betraten das Zimmer.

»Das Gelump auch?« fragte der eine und zeigte auf das Sofa. »Oder brauchen Sie's noch?«

»Nein«, antwortete ich. »Sie sollen alles mitnehmen, nur die Kiste nicht. Sie gehört dem Herrn da.«

Herr Nowak hob die Kiste hoch.

»Na ja«, sagte er, während die Männer das Sofa wegtrugen, »dann werde ich wohl besser gehen. Es tut mir leid, wenn ich Sie gestört habe. Auf Wiedersehen.«

Er folgte den Männern. Ich sah ihm durchs Fenster nach. Er schob vorsichtig die Kiste in den Kofferraum seines Kombiwagens, blickte zum Haus und winkte mir zu.

»Komischer Kauz«, dachte ich. »Sammelt tote Tiere ein. Das hat mir noch gefehlt. Gott sei Dank ist er weg.«

Kurz darauf kam der Antiquitätenhändler, überreichte mir einen Scheck und ging. Ich schloß die Wohnung ab, gab den Schlüssel bei der Maklerfirma ab und fuhr los. Ich wollte sobald wie möglich nach Hause. Aber am selben Abend stand ich vor Herrn Nowaks Tür.

Wie üblich war ich auf die Autobahn gefahren, hatte das Radio eingeschaltet und darüber nachgedacht, was ich mir zum Abendessen kochen wollte. Plötzlich hörte ich vorne einen dumpfen Schlag. Ich bremste, hielt an, stieg aus und ging um das Auto. Am Kühler hing eine tote Taube. Blut rann herab. Ich nahm das Tier, das noch warm war, legte es neben mich auf den Beifahrersitz und fuhr zu Herrn Nowak.

Er wohnte auf dem Land, in einem größeren Bauernhaus, das nicht bewirtschaftet war. Das Licht brannte in der Stube. Ich klopfte. Niemand öffnete mir. Ich hätte die tote Taube vor die Tür legen und schnell davonfahren sollen, aber ich setzte mich auf die Bank vor dem Haus und wartete.

Ich muß wohl eingeschlafen sein. Spät nach Mitternacht weckte mich Herrn Nowaks Stimme.

»Fräulein Silvia«, sagte er, »was tun Sie denn hier? Die Tür ist offen. Warum sind Sie nicht einfach hineingegangen? Es ist kühl hier draußen, in der Stube hätten Sie es bequemer gehabt. Ich werde uns ein Feuer machen.«

Er half mir aufzustehen, führte mich zum Kachelofen und legte mir eine Decke um die Schulter.

»Hier, wärmen Sie sich auf, Silvia. Ihre Hände sind eisig. Wie lange haben Sie auf mich gewartet? Wenn ich gewußt hätte, daß Sie da sind, hätte ich mich beeilt.«

Ich dachte an die tote Taube in meinem Auto, wollte etwas sagen, aber statt dessen begannen meine Zähne lautstark zu klappern.

»Das haben wir gleich«, sagte Johann Nowak und schenkte mir einen Schnaps ein.

Das Glas zitterte in meinen Händen, ich verschüttete die Hälfte, trank den Rest aus und streckte ihm das Glas entgegen.

»Mehr«, sagte ich.

Er füllte mein Glas nach. Ich trank es in einem Zug aus. Der Alkohol brannte, aber mir war immer noch kalt. Johann Nowak stellte die Schnapsflasche auf die Ofenbank neben mir, holte eine zweite Decke, wickelte sie um meine Beine und ging in die Küche. Langsam wurde mir etwas wärmer. Ich schenkte mir noch ein Glas ein, nippte daran und schloß die Augen. Ich hörte, wie Johann Nowak Feuer machte, die Ofenklappe mehrmals auf- und zuschloß und Töpfe und Geschirr bewegte. Ich hatte plötzlich Hunger.

»Soll ich Ihnen helfen?« rief ich.

»Nein, danke, ich bin gleich fertig«, antwortete er und brachte zwei Teller. »Ich habe uns eine Gemüsesuppe aufgewärmt, außerdem gibt es etwas Brot und Käse. Mehr habe ich nicht. Aber morgen, da werde ich für Sie kochen. Ich kann gut kochen, Silvia, Sie werden sehen. Das wird Ihnen bestimmt schmecken.«

Ich setzte mich an den Tisch, er setzte sich mir gegenüber und öffnete eine Flasche Rotwein.

»Das ist mein bester Wein«, sagte er. »So habe ich es mir immer gewünscht. Nachts, wenn ich nach Hause komme, mit einer schönen

Frau zusammenzusitzen, zu essen und ein Glas Wein zu trinken. Das ist Glück, glaube ich. Essen Sie.«

Ich aß die Suppe auf und noch ein großes Stück Käse dazu. Es schmeckte mir. Er aß nichts. Er sah mir nur beim Essen zu. Als ich fertig war, hob er sein Glas.

»Prost, Silvia«, sagte er.

»Prost, Johann«, antwortete ich.

»Jetzt werde ich Ihnen Nero zeigen«, sagte er mit glänzenden Augen.

»Ja«, sagte ich, »deswegen bin ich gekommen.«

Er schob die Teller weg und holte die Kiste, die in der Ecke auf einem Stuhl lag. Er hob sie auf den Tisch und legte sie zwischen uns.

»Sind Sie bereit?« fragte er.

»Ja«, sagte ich.

Er öffnete langsam den Deckel. Ich blickte kurz hinein. Nero lag ausgestreckt wie eine Sphinx auf einem weißen Satinkissen. Ich dachte an Tante Else mit ihrem Rüschenhemd und brach in Lachen aus. Ich lachte und lachte, bis ich keine Luft mehr bekam. Johann Nowak stand bei mir und lächelte mir zu.

Später haben wir eine zweite Flasche Wein geöffnet und auf die toten Tiere getrunken. Ich hatte die Taube aus dem Auto geholt und sie vor Nero zwischen seine Pfoten in die Kiste gelegt. Der Kater sah stolz aus, wie ein echter Jäger, als hätte er den Vogel selber erlegt. Wir haben ein Foto von ihm gemacht, bevor wir ihn am nächsten Morgen mit der Taube im Garten unter einem Apfelbaum beerdigt haben.

Der ganze Garten ist ein Friedhof. Johann hat schon mehrere tausend Tiere da begraben, er weiß nicht genau, wie viele. Er führt kein Buch. Und es kommen immer neue hinzu, denn jede Nacht fährt er mit dem Auto die Straßen der Gegend ab, auch die Autobahnen, um sie alle einzusammeln, die Igel, die Füchse, die Hasen, die Katzen, die Hunde, die Mäuse, die Rehe und die Vögel auch. Die meisten sind plattgefahren, aber manchmal, wenn ein Tier noch am Leben ist, tötet es Johann mit seinem Jagdmesser.

Ich fahre selten mit. Ich bleibe lieber zu Hause und warte auf ihn. Morgens helfe ich ihm, die Löcher in die Erde zu graben. Und am Nachmittag, wenn er schläft, pflanze ich Blumen auf die Gräber der toten Tiere, nur keine Dahlien.

Autoren- und Quellennachweise

Elazar Benyoëtz, 1937 als Sohn österreichischer Juden in Wien geboren. 1939 emigrierten seine Eltern nach Israel. 1957 erschien sein erster Gedichtband in hebräischer Sprache, zwei Jahre später legte er das Rabbinerexamen ab. 1964 kam er nach Berlin, wo er die »Bibliographica Judaica« begründete. Adelbert von Chamisso-Preis 1988. Treffpunkt Scheideweg (1990), Filigranit (1992), Brüderlichkeit. Das älteste Spiel mit dem Feuer (1994), Variationen über ein verlorenes Thema (1997).
Aus: *Treffpunkt Scheideweg,* © 1999 Carl Hanser Verlag, München

Franco Biondi, geboren 1947 in Forli, Italien, kam 1965 nach Deutschland. Romancier, Essayist und Lyriker. Familientherapeut. 1980 Mitinitiator von PoliKunst, einer Vereinigung inländischer Künstler ohne deutschen Paß. Adelbert von Chamisso-Preis 1987. Die Unversöhnlichen (1991), Ode an die Fremde (1995), In deutschen Küchen (1997).
Aus: *In deutschen Küchen,* © 1997 Brandes & Apsel Verlag, Frankfurt a. M.

Şinasi Dikmen, 1945 in Ladik-Samsun, Türkei geboren. Lebt seit 1972 in Deutschland, seit 1988 als Autor und Kabarettist. Betreibt seit 1997 »die Käs, Kabarett Änderungsschneiderei«. Wir werden das Knoblauchkind schon schaukeln (1983), Der andere Türke (1986), Hurra, ich lebe in Deutschland (1995).
Aus: *Hurra, ich lebe in Deutschland,* © 1995 Piper Verlag, München

Zsuzsanna Gahse, geboren 1946 in Budapest. Aufgewachsen in Wien. Lebt in Stuttgart als Schriftstellerin und Übersetzerin. Aspekte Literaturpreis 1983, Ingeborg Bachmann-Preis 1986. Berganza (1984), Stadt Land Fluß (1988), Hundertundein Stilleben (1991). Essig und Öl (1992), Kellnerroman (1996), Nichts ist wie (1999).
Aus: *Essig und Öl,* © 1992 Europäische Verlagsanstalt, Hamburg

Radek Knapp, geboren 1964 in Warschau. Lebt seit 1976 in Wien. Studium der Philosophie. Aspekte Literaturpreis 1994. Ein Bericht (1989), Franio (1994), Herrn Kukas Empfehlungen (1999).
Aus: *Franio,* © Franz Deuticke Verlagsgesellschaft, Wien

Giwi Margwelaschwili, geboren 1927 als Sohn georgischer Emigranten in Deutschland geboren und aufgewachsen. 1946 wird sein Vater mit ihm in den Sowjetsektor gelockt, verhaftet und – wie Giwi Margwelaschwili erst später erfährt – erschossen. Er selbst wird nach eineinhalb Jahren im Lager Sachsenhausen nach Georgien verbannt, wo er seitdem als Germanist und Autor lebt. Das böse Kapitel (1991), Kapitän Wakusch. In Deuxiland (1991), Kapitän Wakusch. Sachsenhäuschen (1992), Der ungeworfene Handschuh (1992), Muzal (1993).
Aus: *Muzal,* © 1991 Insel Verlag, Frankfurt a. M.

Francesco Micieli, geboren 1956 in Italien, seit 1965 in der Schweiz. Hat als Schauspieler, Autor und Regisseur gearbeitet und war mehrere Jahre als wissenschaftlicher Mitarbeiter tätig. Lebt als freischaffender Schriftsteller in Bern. Sieben Gedichte für Max (1989), Ich weiß nur, daß mein Vater große Hände hat. Das Lachen der Schafe. Meine italienische Reise. Trilogie (1998). Mehrere Theaterstücke.
Aus: *Ich weiß nur, daß mein Vater große Hände hat,* © 1986, Kurt Salchli Verlag, Bern.

Libuše Moníková, geboren 1945 in Prag. Studium der Anglistik und Germanistik. 1971 Übersiedlung nach Deutschland. Alfred-Döblin-Preis 1987, Frank-Kafka-Preis 1989, Adelbert von Chamisso-Preis 1991. Eine Schädigung (1981), Pavane für eine verstorbene Infantin (1983), Die Fassade (1987), Treibeis (1992), Verklärte Nacht (1996).
Aus: *Treibeis,* © 1991, Carl Hanser Verlag, München

Emine Sevgi Özdamar, geboren 1946 in Malatya, Türkei. 1967-1970 Schauspielschule in Istanbul. 1976 Regiemitarbeit an der Ostberliner Volksbühne. Schauspielerin am Bochumer Schauspielhaus, diverse Filmrollen u.a. in »Yasemin« und »Happy Birthday Türke«. Adelbert von Chamisso-

Preis 1998. Mutterzunge (1990), Das Leben ist eine Karawanserai hat zwei Türen aus einer kam ich rein aus der anderen ging ich raus (1994), Die Brücke vom goldenen Horn (1998).
Aus: *Das Leben ist eine Karawanserei,* © 1994 Kiepenheuer & Witsch, Köln

Fabienne Pakleppa, geboren 1950 in Lausanne, Schweiz. Kam 1972 nach Deutschland, lebt seit 1977 in München. Arbeitet heute als freie Journalistin und Autorin. Schreibt nur deutsch, obwohl sie wegen des Fachs in der Schule sitzengeblieben ist. Gratwanderpreis für erotische Literatur der Zeitschrift *Playboy* 1998. Die Himmelsjäger (1993), Die Aufsässigen (1995), Schließ die Augen (1997), Die Birke (1999), außerdem zahlreiche Kurzgeschichten und Glossen in verschiedenen Zeitungen und Zeitschriften und zwei Hörspiele. Mein unverschämter Liebhaber, eine Sammlung erotischer Kurzgeschichten erscheint im Sommer 2000.
Die toten Tiere, © Fabienne Pakleppa, München

Rafik Schami, geboren 1946 in Damaskus. Zog 1971 nach Deutschland. Studierte Chemie, promovierte und arbeitete in der Industrie. Seit 1982 freier Schriftsteller und Geschichtenerzähler. Adelbert von Chamisso-Preis 1993. Fliegenmelker (1985), Die Sehnsucht fährt schwarz (1988), Erzähler der Nacht (1989), Der ehrliche Lügner (1992), Der brennende Eisberg (1994), Reise zwischen Nacht und Morgen (1995), Der Fliegenmelker (1997), Milad (1997), Sieben Doppelgänger (1999).
Subabe, © Rafik Schami

Rajvinder Singh, geboren 1956 in Kapurthala, Indien. Studium der Politischen Ökonomie, Anglistik und Mathematik. 1976 Inhaftierung während des Ausnahmezustandes. 1980 Emigration nach Europa, seit 1981 in Berlin. Veröffentlichungen von Gedichten und Kurzgeschichten in Punjabi, Hindi, Englisch und Deutsch. Stadtschreiber von Rheinsberg 1997. Spuren der Wurzeln (1996), Rheinsberger Rhapsodien (1998), Ufer der Zeit (1998).
Das Blaue im Meer, © Rajvinder Singh

Yuko Tawada, geboren 1960 in Tokio. Studierte Literaturwissenschaft. Kam 1979 mit der transsibirischen Eisenbahn zum ersten Mal nach Deutschland. Seit 1982 wohnt sie in Hamburg. Sie schreibt in deutscher und japanischer Sprache, Essays, Prosa und Lyrik. Adalbert von Chamisso-Preis 1996. Tintenfisch auf Reisen (1994), Talisman (1996), Verwandlungen. Tübinger Poetik-Vorlesungen (1998). Mehrere Theaterstücke.
Aus: *Talisman,* © 1996 Konkursbuch Verlag, Tübingen

Ilija Trojanow, geboren 1965 in Sofia, Bulgarien. 1971 Flucht der Familie nach Deutschland. Aufgewachsen in Kenya. Studium der Rechtswissenschaft, Ethnologie und Havarie in München. 1989 Gründung eines Verlages zu afrikanischen Themen. Lebt seit 1998 als Autor und Publizist in Bombay. Bertelsmann Literaturpreis 1995. Marburger Literaturpreis 1996. In Afrika (1993), Hüter der Sonne (1996), Die Welt ist groß und Rettung lauert überall (1996), Autopol (1998), Hundezeiten (1999).
Gatschews Rückkehr, © Ilija Trojanow, Bombay

Galsan Tschinag, geboren 1938 im Altai-Gebirge, Mongolei in einer Nomadenfamilie des türkischsprachigen Volkes der Tuwa. Studierte ab 1961 Germanistik in Leipzig. Schreibt seitdem auf deutsch. Seit seiner Rückkehr in die Mongolei unterrichtete er Deutsch an der Staatsuniversität, bis er 1976 Berufsverbot bekam. Nach verschiedenen Berufen lebt er seit 1991 als freier Schriftsteller in Ulan Bator. Adelbert von Chamisso-Preis 1992. Der siebzehnte Tag (1992), Das Ende des Liedes (1993), Der blaue Himmel (1994), Eine tuwinische Geschichte und neue Erzählungen (1995), Zwanzig und ein Tag (1995), Die Karawane (1997), Im Land der zornigen Winde (1997), Die graue Erde (1999).
Aus: *Der blaue Himmel,* © 1994 Suhrkamp Verlag, Frankfurt a. M.

Natasha Wodin, geboren 1945 in Fürth als Kind russisch-ukrainischer Eltern. Hat in verschiedenen Berufen gearbeitet. Adelbert von Chamisso-Preis 1998. Die gläserne Stadt (1983), Einmal lebe ich (1989), Erfindung einer Liebe (1993), Die Ehe (1997).
Aus: *Die Ehe,* © 1997 Gustav Kiepenheuer Verlag, Leipzig

Yusuf Yeşilöz, geboren 1964 in einem kurdischen Dorf in Mittelanatolien, kam vor zehn Jahren als Flüchtling in die Schweiz. Er lebt und arbeitet in Winterthur. Reise in die Abenddämmerung (1998), Vor Metris steht ein hoher Ahorn. Hafteindrücke eines politischen Gefangenen aus der Türkei (1998).
Aus: *Reise in die Abenddämmerung*, © 1998 Rotpunktverlag, Zürich

Rumjana Zacharieva, geboren 1950 in Bulgarien. 1970 Übersiedlung nach Deutschland. Studium der Anglistik und Slawistik. Zahlreiche Übersetzungen aus dem Bulgarischen. Eines Tages jetzt oder warum verändert Elisabeth Schleifenbaum ihr Leben. List (1987), 7 Kilo Zeit (1993), Die geliehenen Strapse (1998).
Aus: *7 Kilo Zeit*, © 1999 Horlemann Verlag, Bad Honnef

Zé do Rock, geboren 1956 in Porto Alegre, Brasilien. Nach dem Abitur 13 Jahre lang unterwegs in 102 Ländern. Verdingte sich in über 30 Berufen, darunter Taxifahrer, Filmemacher und Übersetzer. Er lebt seit 1992 in München. fom WINDE verfeelt (1994), UFO in der Küche. Ein autobiografischer seiens-fikschen (1998).
© 1996 Gustav Kiepenheuer Verlag, Leipzig

Bei den Literaturhinweisen handelt es sich um eine Auswahl. Trotz intensiver Bemühungen konnten nicht alle Fragen bezüglich der Rechteinhaber hinreichend geklärt werden.
Wegen eventueller Ansprüche wenden Sie sich bitte an den Verlag Kiepenheuer & Witsch.